龙湾区风景旅游志

龙湾区风景旅游管理局　编

方志出版社
Publishing House of Local Records

图书在版编目（CIP）数据

龙湾区风景旅游志 / 龙湾区风景旅游管理局编 . -
北京 ：方志出版 . 2015.5
ISBN 978-7-5144-1628-2

Ⅰ . ①龙… Ⅱ . ①龙… Ⅲ . ①区（城市）- 旅游业 -
概况—温州市 Ⅳ . ① F592.755.3

中国版本图书馆 CIP 数据核字（2015）第 112264 号

龙湾区风景旅游志

编　　者： 龙湾区风景旅游管理局
责任编辑： 刘方圆
出 版 人： 冀祥德
出 版 者： 方志出版社
地址　北京市朝阳区潘家园东里 9 号（国家方志馆 4 层）
邮编　100021
网址　http://www.fzph.org
发　　行： 方志出版社发行中心
电话（010）67110500
经　　销： 各地新华书店
印　　刷： 温州市北大方印务有限公司
开　　本： 787×1092　　　1/16
印　　张： 14.25
字　　数： 247 千字
版　　次： 2015 年 5 月第 1 版　　2015 年 5 月第 1 次印刷
印　　数： 0001 ～ 1000 册

ISBN　978-7-5144-1628-2　　　定价：68.00 元

瑶溪风景名胜区在温州市风景旅游网络中的位置

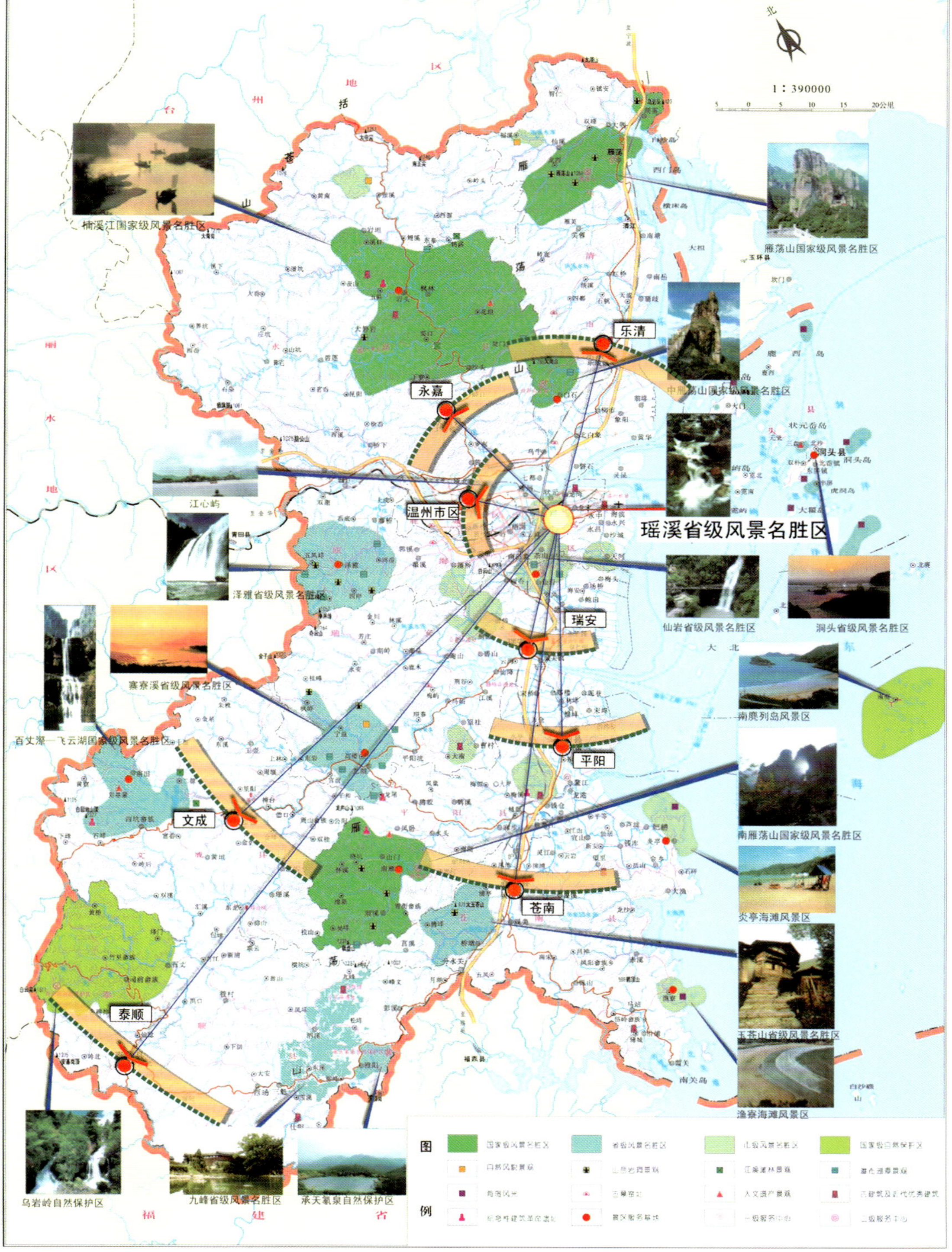

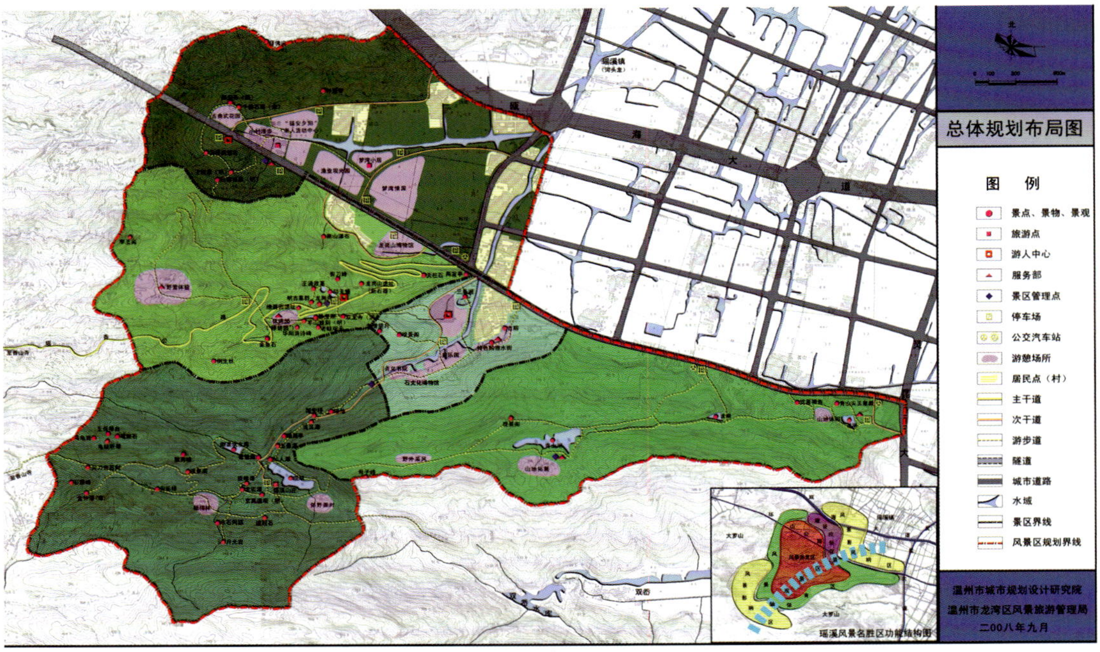

瑶溪风景名胜区总体规划布局图

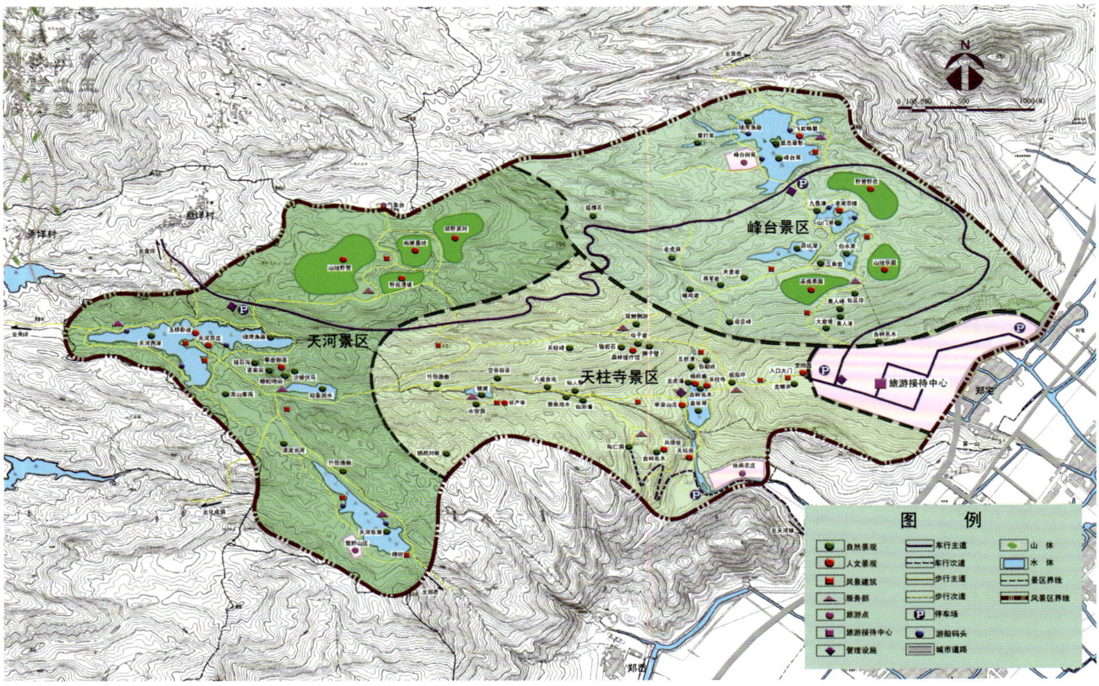

天柱风景名胜区总体规划布局图

2015 年 6 月，中共浙江省委书记夏宝龙在中共温州市委书记陈一新、龙湾区委书记王军的陪同下视察龙湾景区建设

2013 年 10 月 26 日，中共温州市委书记陈一新（中）视察永昌堡景区

2010 年 9 月 21 日，温州市人民政府副市长徐育斐（右一）和温州市旅游局局长张纯洁（左一）在有关人员陪同下，到瑶溪风景名胜区检查旅游安全工作

2011年7月，首届（龙湾）温州名品旅游购物节开幕，中共龙湾区委书记（时任区长）出席开幕式并致辞

2014年11月10日，陈应许区长（右一）调研龙湾区旅游业发展，图为检查了解永昌堡景区

2012 年 9 月，龙湾区欢乐旅游节开幕，副区长朱大志出席开幕式并致辞

2015 年 5 月，副区长盛嘉伟（左一）调研莲情文化园

1993年1月24日，中共中央政治局常委、国务院副总理朱镕基在省长万学远、市委书记张友余等陪同下视察龙湾区并为瑶溪镇题写镇名

1984年5月2日，中共中央书记处书记、国务委员谷牧（右二）在省委常委、副省长张万兆，市委副书记、市长卢声亮等领导陪同下登临炮台山景区，为建立龙湾区选址

1991 年秋天，法国高等汉学研究院原院长侯思孟（中）教授同诗人张桂生（右）和作家章方松（左）游览天柱风景名胜区（章方松提供）

2004 年 6 月，中国人民大学孔子研究院院长、博士生导师、教授张立文（中）同上海复旦大学博士生导师、教授潘福恩（右）及温州大学副教授、原政协温州市委员会副主席马允伦（左）一起游览瑶溪风景名胜区（张卫中提供）

2010 年 1 月 10 日，台湾著名诗人余光中到龙湾参加文化活动并签名留念（金晓敏提供）

2004 年 6 月，参加龙湾区首届旅游文化节活动部分人员在永昌堡博物馆合影

2014 年秋天，国内外二十多位专家、学者到王瓒家庙进行考察活动（张卫中提供）

部分旅游宣传资料书影

游客在永强涂滩

外国朋友在永昌堡

永昌堡·环海楼

瑶溪·瑶湖

瑶溪·板嶂瀑

天河·奇石观天

瑶溪·金钟瀑

大罗山奇石

高山流泉

郑岙岭春色

灵昆大桥夜景

瑶溪·烟雨亭

瑶溪水库大坝

泉高识道源

天河水库

天柱·美人瀑

天柱·盘谷湖

瑶溪·国安寺·千佛塔

双岙·石胜观摩崖石刻

汤和庙（龙湾博物馆提供）

瑶溪·龙岗寺（金晓敏提供）

天柱寺

瑶溪·炮台山

明抗倭英雄纪念碑

张璁祖祠

永昌堡·都堂弟门台

龙湾万吨码头

雅林现代农业园

莲情文化园

白鹿堡酒庄

温州文化商品市场

温州市非物质文化遗产馆

温州滨海大酒店

瑶溪王朝大酒店

《龙湾区风景旅游志》编纂委员会

顾　问：朱大志　盛嘉伟

主　任：王莲莲　王进光

副主任：沈　跃　张恩东

委　员：鞠金贵　林铁强　刘伟宾　郑　光

　　　　陈李军　包晓萍　林钟立

《龙湾区风景旅游志》编辑部

主　　编：沈　跃

副 主 编：林铁强　刘伟宾

执行编辑：张卫中

特邀审稿：赵章培

撰稿校对：林铁强　刘伟宾　郑　光　陈李军

图片除署名外其他均由龙湾区风景旅游局资料室提供

序

龙湾位于瓯江口南岸，北靠瓯江，东临大海，大罗山横亘西南，为邻水依山滨海的一方福地。龙湾历来民物富庶，人文会萃，素有“鱼米之乡”、“东南邹鲁”之美称，璀璨的瓯越文化便是滥觞于此，域内自然风景迤逦秀美，乡土文化多姿绚烂，名胜古迹意韵悠远。

斗转星移，世事变迁，许多人与事都注定会掩进历史烟尘中，社会转型裹挟着现代生活方式，不断冲击着旧建筑和老风俗，很多城市遗失了自己的历史记忆，而变得“千城一面”。龙湾却是一个列外，龙湾人尊重自己的过去，敬畏自己的历史，这是沉淀着四、五千年的龙岗山遗址，现存唐代国安寺、宋朝千佛塔、明代民间抗倭遗址——永昌堡，还有汤和庙、张璁祖祠、王瓒家庙，更有遍布境内的文人诗碑题词。这些古迹串起了龙湾历史演进的脉络，也承载着龙湾人的文化记忆与乡愁，更是龙湾谓之龙湾的身份标识。

除了厚重的人文底蕴，龙湾的自然禀赋也堪称秀美。瑶溪风景区因“溪石皆玉色”而蜚声，天柱风景区则以“峰奇、石怪、瀑飞、水碧、庙古”而见长，大岙溪农业观光园区因植被完美而享有“浙南绿宝石”之称，景点之多，不胜枚举，然而各处却各有特色，相映成趣。

《龙湾区风景旅游志》的出版，是对龙湾旅游文化资源的梳理综述，也是外界探究龙湾风土人情的简明索引。在旅游消费方兴未艾之时，出版该书，突显必要，也非常及时。《龙湾区风景旅游志》资料翔实，脉络分明，文风朴实，既有鲜明时代特征，又有独特的地方特色，是一部集山川地貌、社会风情、历史文化、经济发展及旅游文化等综合性的工具书，具有学术价值、史料价值和实用价值。该书的出版，对保护和传承龙湾的人文根脉，挖掘旅游资源优势，做好景区资源保护、利用和开发工作都将发挥重要作用。

温故知新，志励盛世。值此《龙湾区风景旅游志》付梓在即，特向付出辛勤劳动的编辑人员，给于帮助支持的各级领导、单位及各界人士，表示衷心的感谢。祝愿龙湾风景旅游工作，更加借鉴历史，汲取新营养，再谱新篇章。

谨书短文，是为序。

龙湾区人民政府区长：

二〇一五年春

凡　例

一、全志以马列主义、毛泽东思想、邓小平理论，“三个代表”重要思想和科学发展观为指导，依照详今略古的原则，忠实记述龙湾区风景旅游发展的历史和现状，力求存史资治，服务于社会。

二、记述时间上限因事而异，追溯事物开端，下限为2013年，个别人事和数据延伸到2015年6月。

三、记述范围限于龙湾区行政区域，涉及外区域明确注明。

四、体例采取章、节、目形式，按类别编纂。

五、中华人民共和国前采用朝代纪年，后括注公元纪年。中华人民共和国成立后采用公元纪年。

六、数据以实地调查和有关部门统计为准，计量单位和数字均以法定计量单位为准。

七、地名按当地习俗称谓，新地名按新公布地名标准称谓。

八、历史人物以本区籍为主，收录部分外区籍人士。

九、资料来源于新旧志书、文史资料、各类著述及档案资料，均经鉴别后入志，不注明出处。

目　录

瑶溪风景名胜区在温州市风景旅游网络中的位置……3
瑶溪风景名胜区总体规划布局图……4
天柱风景名胜区总体规划布局图……4
编委会名单……1
序……2
凡　例……3
目　录……4
概　述……8
大事记……10

第一章　机构与建设
第一节　历史沿革……23
第二节　管理机构……23
第三节　规范性的文件与职责……27
一、规范性的文件……27
二、职责……29
第四节　规划与建设……30
一、瑶溪省级风景名胜区规划建设实施情况……30
二、天柱市级风景区规划建设实施情况……32
三、永昌堡规划建设实施情况……33
第五节　宣传营销……34

第二章　瑶溪风景名胜区
第一节　自然景观……36
一、地貌成因……36

二、山景……37
三、水景……41
四、生景……43
第二节　人文资源……47
一、园景　陵墓……47
二、建筑……49
三、胜迹（遗址遗迹　摩崖题刻）……54
第三节　艺文……58
一、诗　词……58
二、楹联……73
三、碑文……75
四、记　赋……76
五、序　志……80
六、杂录……82

第三章　永昌堡

第一节　重点文物……86
第二节　历史人物……88
第三节　艺文……92
一、诗　词……92
二、记　序　文……95
三、杂录……100
四、楹联……105
第四节　永昌博物馆……106

第四章　天柱风景名胜区

第一节　自然景观……110
一、地貌成因……110
二、山景……111
三、水景……115
四、生景……117
第二节　人文资源……117

一、园景……118
二、建筑……119
三、胜迹（遗址　遗迹　摩崖题刻）……123
第三节　艺文……124
一、诗　词……124
二、楹联……135
三、序　杂文……136

第五章　其他旅游资源
第一节　双岙风景区……142
一、人文景观……142
二、艺文……144
第二节　炮台山风景区……154
第三节　响动岩风景区……154
第四节　祠庙与大堤……156
一、祠　庙……156
二、大堤　街　岭……158
附：诗、词、记、文……158

第六章　旅游业
第一节　旅游业经营状况……166
一、内外交通……166
二、旅游业经营状况……167
第二节　风景点……169
一、瑶溪风景名胜区……169
二、天柱风景名胜区……169
三、永昌堡景区……170
四、百家尖景区……170
五、炮台山……170
六、永强大堤……170
七、温州非物质文化遗产馆……171
八、河泥荡公园……171

第三节 农家乐……171
一、农家乐……172
二、地方特产……172
第四节 饭店、宾馆、旅行社……176
第五节 旅游商场……178
第六节 旅游线路……179
一、特色一日游推荐……179
二、其他一日游线路推荐……180
三、二日游线路推荐……180
第七节 娱乐设施……181
一、温州国际网球中心……181
二、东方夏威夷……181

第七章 附 录
第一节 名人名家……182
第二节 非物质文化遗产……188
第三节 水库 溪流 古村树名木 步道一览表……191

后 记……194

概　述

龙湾区是一个新区。1984 年 12 月 27 日，为适应对外开放的需要，经浙江省人民政府核准，析温州市郊区的状元镇、龙湾乡和瓯海县永中镇的黄石、黄山二村，始建龙湾区。 龙湾区位于瓯江入海口南岸，地理位置在北纬 27° 48′ —28° 01′ 、东经 120° 43′ —120° 55′ 。东南连瓯海区，西接鹿城区，北濒瓯江，与乐清市、永嘉县隔江相望。区域陆地面积为 61.433 平方公里。建区始，区人民政府驻地状元镇。1984 年年末，全区常住人口为 75，482 人。2001 年 8 月，经国务院批准，温州市辖区行政区划进行调整，将原属瓯海区的永中镇、沙城镇、天河镇、海滨镇、灵昆镇和瑞安市的部分区域（塘下镇梅头办事处）划归龙湾区管辖。2002 年 1 月，经省、市人民政府批准，龙湾区内行政区划进行调整，调整后全区辖永中、蒲州、海滨、永兴、海城 5 个街道和状元、瑶溪、沙城、天河、灵昆 5 个镇。2011 年 4 月，经省、市人民政府批准，龙湾区内行政区划又一次进行调整，调整后全区辖永中、蒲州、海滨、永兴、海城、状元、瑶溪、沙城、天河、灵昆、星海 11 个街道。2013 年年末，区域陆地面积 282.78 平方公里，户籍人口 350066 人。

龙湾区域位置优越，交通发达。温州永强机场坐落龙湾境内，“市门第一路”机场大道贯穿全区；区内建有温州港最大的码头——龙湾万吨级码头；金温铁路直通龙湾港区，并在状元设客货站；沿海高速公路控制性工程温州大桥也从状元经过；龙湾交通中心已被列为全国 45 个交通主枢纽站场之一。

龙湾区属亚热带海洋季风湿润气候，一年四季分明，气温适中，雨量充沛，日照充足。土地肥沃，物产丰富，素有“江南鱼米”之乡之称。自古以来，龙湾作为温州城的东部城郊，擅舟楫之便，得人文之胜，人杰地灵，文化积淀深厚。拥有距今四五千年历史的龙岗山遗址；全国重点文物保护单位永昌堡，市级爱国主义教育和国防教育基地龙湾古炮台；建于唐朝的国安寺，建于宋朝的千佛塔；明清时期格局建筑汤和庙、张璁宗祠、王瓒家庙等。众多的摩崖题刻、古代墓葬、名人诗碑、名人故居等文物古迹点缀于青山碧水玉石之间，自然与人文浑然一体。

龙湾山水多奇秀，迷古今游客，留下许多的诗文。AAA 级风景名胜区瑶溪因“溪石皆玉色”而闻名；天柱风景名胜区以“峰奇、石怪、瀑飞、水碧、庙古”见胜；大岙溪农业观光园区以其植被完美无缺被人称之为“浙南绿宝石”；景美趣雅的双岙风景区，观赏滨海风貌的好地方——东海大堤等，其旅游资源独具特色。

龙湾的旅游业历史悠久，涉及面广，而风景旅游行政管理部门抢抓旅游朝阳产业蓬勃发展的良机，龙湾坚持实施政府主导、市场化运作的战略，定位“山海龙湾，都市休闲”，建成集人文景观、滨海风光、生态休闲于一体的温州都市休闲旅游核心区，旅游业已经成为全区第三产业之一，主要特点：

——旅游产业体系全面。形成立体化的“一心”“四区”“一带”旅游产业体系，“一心”即永中旅游接待中心，“四区”即永中旅游中心区、瑶溪风景名胜区、灵昆海岛旅游区、状元生态农业旅游区，“一带”即滨海旅游风光带。以品摘杨梅等农林产品为主的“生态农业旅游产品”，以农家乐、品尝海鲜、永强海堤观潮为主的“滨海旅游产品”，以瑶溪传统景区提升为主的“观光度假旅游产品”，以永昌堡为主的“瓯越文化旅游产品”，以天柱风景名胜区为主的“宗教文化旅游产品”，以及工业经济商务游等凸显特色。

——旅游配套和服务不断完善。景区公路、环山通景公路和农业生态园入园通道顺畅，主要景区停车场点，公交通景线路，以及城区的宾馆饭店、餐饮、购物、休闲娱乐等服务设施配套齐全，旅游接待能力和服务质量不断提高，逐步形成以永中为核心，以瑶溪、灵昆、状元为辅助节点的旅游接待服务格局。

——旅游营销和管理得到加强。“山、水、文、海、岛”等旅游资源得到整合，区域旅游品牌在产品升级、形象策划和旅游促销中逐步提升。“龙湾旅游文化节”的内容和文化内涵不断丰富，滨海旅游节、观潮节、海鲜美食节等成为温州都市区的休闲度假品牌。结合旅游者的需要，为合理安排理想的旅游线路，提供称心满意的行程线路。

近年来龙湾风景管理局以“贴心服务·乐游龙湾”为主导思想，不断改善服务质量，努力提高管理水平，全面推进永昌堡AAA级景区创建、全盘深化创建特色旅游产品。把自然风光和历史文化结合起来，成为闻名中外的旅游区胜地。

大事记

唐

贞观年间（627—649）

重建始创于晋的天柱寺。天柱寺古称“瀑泉寺”，坐落在大罗山东侧天柱峰下，明中叶改称“天柱寺”。

宋

元祐五年（1090）

瑶溪皇忝建造千佛塔，位于唐古刹国安寺东首，又名国安寺石寺塔。

建炎四年（1130）

正月十二日，高宗移避温州。

正月廿五日，高宗由灵昆渡江至龙湾云亭山脚，歇息于枕江亭。

绍兴三十一年（1161）

宋政府在龙湾建烽火台，该台是当时温州沿海36座烽火台的第一台。

明

洪武二十六年（1393）

明政府在梅头设巡检司，驻兵防守。

成化元年至三年（1465—1467）

英桥王氏建大派宗祠。

成化元年（1465）

英桥王廷芳建东门桥，英桥王廷善建联芳桥。

成化二十二年（1486）

张璁就读瑶溪精舍，周边有钟秀园、来鹤亭、千桔亭、溪山一览亭等。

弘治年间（1488—1505）

永嘉知县汪循游天柱寺并撰诗。

正德年间（1506—1521）

乐清朱荡南、永嘉李阶同游天柱寺。

正德五年（1510）

张璁游天柱寺并撰诗《猛虎行》。

正德六年（1511）

李阶中进士。

正德十三年（1518）

张璁在瑶溪创办“罗峰书院”，屋三间，园5亩（1公顷=15亩）。

嘉靖三年（1524）

礼部左侍郎王瓒病逝，葬于瑶溪风景名胜区内凰岙山（皇岙山）。同年12月，追赠礼部尚书。

嘉靖七年（1528）

三月，张璁奉敕扩建“罗峰书院”，更名为“贞义书院”。敕建抱忠堂、敬一亭、富春园、栏干桥、万竹亭、观荷亭等。

嘉靖十六年（1537）

张璁养疾于瑶溪山中，并奉旨准留侄张郡侍养，作《观荷亭记》，勒石立碑于贞义书院前荷花池旁。

嘉靖三十七年至三十八年（1558—1559）

王叔果、王叔杲率众人筑城堡，历时13个月城建成，费金7000两。因地处永昌，故名永昌堡，俗称新城。

嘉靖三十七年（1558）

四月，因倭患，瑶溪贞义书院毁于兵火，仅留遗迹。

嘉靖三十九年（1560）

倭寇又犯，王叔果率众抵御，寇退。

嘉靖四十四年（1565）

王叔果辞官回乡，在瑶溪景区半山建缭碧园。归隐潜修，撰《半山藏稿》。

隆庆年间（1567—1572）

英桥永昌堡王诤建都堂弟。

万历二年（1574）

永昌堡王继明建家庙。

万历四年（1576）

王叔杲建世大夫祠，与王叔果建左昌桥。

万历二十六年（1598）

永昌堡状元王名世建状元第和状元坊。

崇祯十五年（1642）

永昌堡王龙友建东昌桥。

清

顺治十八年（1661）

八月，清廷下令永嘉场迁界大罗山茅竹岭以东之地，离海五里为界。永昌堡内庐舍之为一空。

康熙八年（1669）

英桥王氏在永昌堡内重修城池建庐舍。

康熙二十五年（1686）

礼部主客司主事王锡管撰《天柱无文和尚石室稿序》。

雍正九年（1731）

清军驻守龙湾山、茅竹岭山寨。

咸丰四年（1854）

青山东谷庵和尚广元，当地人王德宗联络农民武装，准备同红巾军一起起义。

光绪九年（1883）

清政府在龙湾云亭山建造炮台，刻石“龙湾炮台”。

民　国

3 年（1914）

吴佐卿在龙湾青山创办青山瓷窑。

20 年（1931）

英桥重修王氏宗祠。

23 年（1934）

张云枕在青山（璋浃桥）开壁 60 多亩（1 公顷 =15 亩）山园为林场，取名“统记农场”，种植除虫菊。

27 年（1938）

四月，中共青山党支部成立。

夏，中共浙江省委书记刘英居住于天柱寺。

秋，书法家王荣年撰五言古诗《大罗山杂咏》。

30 年（1941）

4 月 19 日，“三民主义永强抗日青年游击队”在双岙寮成立。

31 年（1942）

秋，日本侵略温州前夕，中共永强地下党组织部分成员组建应变会，准备武装斗争，确定大罗道人洞（现天柱风景名胜区观海寺）为活动据点。

38 年（1949 年 9 月 30 日止）

夏，人民解放军战士过天柱风景名胜区南入口百步梯，解放永强。

中华人民共和国

1951 年

3 月，坐落于永嘉梧埏区罗北乡响动岩村（现龙湾区状元街道响动岩村）的明内阁首辅张璁墓遭受严重破坏。

1956 年

大罗山西垟头村 107 户山民移迁山下，建成天河水库。

1957 年

原居住峰台山上的 63 户山民，300 多人口迁到 10 公里外山下，建立新峰台村，原村址成峰台水库库区。同时，建成白水、后坑、雷打岩、三门坑计五个水库相连一体。

11 月，永强区委决定在大罗山建造天柱寺、瑶溪、青山水库（含东谷庵和西谷庵水库）等 12 座水库。12 月，天柱寺水库建成。

1959 年

10 月 1 日，瑶溪公路桥建成，温州至永强公路竣工通车。

10 月 16 日，白水电站正式发电，拍摄《英雄征服大罗山》新闻纪录片。

1961 年

10 月 4 日，台风侵入温州，龙湾瑶溪倒垄坑水库水坝被洪水冲塌。

1969 年

4 月 29 日，12 级台风和冰雹袭击永强，郑岙村村口的百年古榕树连根拔起。

1970 年

郑宅村对天柱寺周围进行封山育林，并建立郑宅林场。

1981 年

6 月 11 日，浙温市革〔1981〕193 号文件下达，国安寺石塔、永昌堡被公布为温州市第一批重点文物保护单位。

1983 年

12 月 30 日，温州市政府发温政〔1983〕199 号文件，规定永昌堡保护范围与建设控制地点。

1984 年

5 月 1 日，国务院副总理谷牧在温州市领导陪同下，到龙湾炮台山考察龙湾区（经济技术开发区选址）。

7 月，浙江省文物局在温州市召开文物普查工作会议。各地、市领导到永昌堡参观考察，并建议编写乡土教材对人民进行爱国主义教育。

8 月，天柱寺西南山头上建造“天柱寺疗养院”。

12 月 27 日，经浙江省人民政府批准，建立县级建制的龙湾区。下辖蒲州、状元、龙湾 3 个镇和瑶溪、水心 2 个乡。继将永中镇的黄石、黄山 2 个行政村划归龙湾区管辖。

是年，唐湜在宁夏人民出版社出版的《幻美之旅》发表《美人瀑》散文诗。

是年，温州市民俗工作者协会编《张阁老传说》发行

1985 年

6 月，浙江省文物局下达〔1985〕浙文财字 31 号文件，公布全省 12 处文保单位维修经费，其中永昌堡共计 7 万元（1985 年至 1986 年间永昌堡内重修环海楼瓮城，修复城墙长达 1000 米）。

8 月 21 日，瑶溪风景名胜区半山摩崖题刻与华阳洞诗碑被列入温州市第二批重点文物保护单位。

9 月，温州市科协组织人员对天柱风景名胜区进行综合考察。

10 月 4 日，张雁云在《温州日报》发表《一派风光天柱寺》文章。

年底，永昌镇组织有关单位对天柱风景区制定的初步规划进行修改。

1986 年

9 月 20 日，龙湾区人民政府发出《关于加强瑶溪乡文物古迹及风景游览区保护管理工作通告》。

是年，状元镇响动岩上山公路动工兴建。

1987年

2月23日，省民政厅批准瑶溪乡更称为瑶溪镇。

7月24日，温州市政协主席陈国钧率领视察组一行7人到永昌堡视察，对群众集资修复永昌堡表示赞赏。

是年，国安寺石塔落架大修，发现塔内造碑记12通，除塔刹早毁。现补作铁质葫芦形塔刹外，其余均按原状原材质修复。

是年，张乘健在《温州文艺报》第六期发表《望美人赋》。

1988年

11月25日，温州市政府温政发〔1988〕285号文件，调整永昌堡保护范围和建设控制地点。

1989年

3月12日，瑶溪风景区开发办公室刊印《瑶溪风光名胜》。

6月13日，龙湾区首届杨梅节开幕。

12月12日，浙江省人民政府下达浙政〔1989〕113号文件，公布永昌堡、国安寺石塔为浙江省第三批重点文物保护单位。

冬月，天柱寺进行整体修建，规模有所扩大。

1990年

1月1日，上海同济大学出版社出版张立新等编著的《龙湾》。

3月，诗人吴军、陈又新、吕人俊等游览天柱风景区。

11月21日，"第一山"摩崖、双岙石胜观摩崖造像被列入瓯海区第一批重点文保单位。

1991年

6月13日，瑶溪风景名胜区龙岗山遗址、王瓒墓、张氏宗祠内的"兄弟岩诗碑"和"观荷亭记碑"被列入温州市重点文物保护单位。

6月20日至22日，龙湾区人民政府组织有关部门召开瑶溪风景名胜区总体规划评审会议。

8月26日，瑶溪风景名胜区被省人民政府批准为省级风景名胜区（浙政发〔1991〕80号。

11月秋，法国高等汉学研究院原院长侯思孟教授在诗人张桂生与作家章方松陪同下游览天柱风景名胜区。

1992年

4月，清华大学建筑系3人到古城考察，认定永昌堡是全国唯一的民间建造的城堡。

4月17日，瑶溪风景名胜区内上河滨龙岗山梳妆台发现新石器时代晚期古文化的遗址。

9 月 5 日，龙湾区人民政府决定建立温州市瑶溪风景旅游管理处。

12 月 31 日，瑶溪风景名胜区 4.5 公里长的环山旅游公路建成通车。

1993 年

1 月 24 日，中共中央政治局常委、国务院副总理朱镕基、浙江省省长万学远、省委副书记葛洪升以及温州市委书记张友余等省、市领导到瑶溪镇视察。副总理朱镕基为瑶溪题写镇名。

6 月 24 日，瑶溪风景名胜区开发建设指挥部成立。

8 月，杭州园林设计院编制天柱风景区总体规划。11 月 4 日，天柱风景区经过省、市专家考察审定，成为温州市首个市级风景名胜区。

秋，群众集资对天柱寺内外进行修缮，旧貌有所改观。

1994 年

2 月，瑶溪风景区首条公路长 2300 米，投资 130 万元，按国家四级公路标准开工建设。

6 月，坐落在瑶溪风景名胜区内的瑶溪山庄建成，占地近 7 万平方米。

7 月，温州市委宣传部命名永昌堡、龙湾炮台、赵尔春烈士陈列馆为“爱国主义革命传统教育基地”。

7 月 18 日，由状元镇组织人员编写《响动岩旅游观光区调查评价报告》。

秋，在天柱风景名胜区观海坪建招待所。

12 月，茅竹岭隧道建成通车。

是年，天柱风景区被列为温州市级风景名胜区（温政发〔1994〕27 号）。

1995 年

4 月 7 日，《龙湾区旅游发展总体规划纲要》顺利通过市级会审。

7 月 6 日，天柱风景区旅游管理所成立（温瓯编〔1995〕21 号）。

夏，徐桂芳、王思本、叶云帆、王书之等游览天柱风景名胜区。

1996 年

5 月，王璞印行《罗东诗编》。

1997 年

3 月 12 日，中央军委副主席、国防部部长迟浩田为龙湾炮台题词：“缅怀英烈、振兴中华”。9 月 27 日，龙湾古炮台国防教育基地落成。

11 月，浙江省文物局下发浙文物〔1997〕204 号文件，批准建立永昌堡博物馆，成为浙江省首例农村建博物馆。

1998 年

2 月，瑶溪风景名胜区和龙湾古炮台被列入上海辞书出版社编纂的《中国名胜词典》。

5月，郑通主编的《天柱风光》出版。

7月，永昌堡被命名为市级国防教育基地。

8月，瑶溪镇被评为省级旅游镇。

9月，中国人民解放军总参十三局专家代表团参观永昌堡，并题词“王氏家族英雄辈出”。

9月27日，国防部部长张爱萍为龙湾炮台题词“加强国防，保卫中华”。

是年，市、区两级政府拨专款修缮龙湾炮台山，并建成“炮台山公园”。

是年，永昌镇旅游开发小组编《双岙景点简介》印行。

是年，温州农业开发区制作《旅游观光园》光盘发行。

1999年

2月2日，浙江省文化局、旅游局、浙江大学、东南大学及温州市有关专家和领导40人，对省级文物重点保护单位永昌堡标准和发展规划进行会审。

7月22日，张宪文和张卫中合著《张璁年谱》印行。

2000年

5月，修缮明代状元王名世故居。同月，永昌堡被浙江省文化厅命名为“浙江东海文化明珠”。

6月15日，温州军分区官兵到永昌堡参加浙江省国防教育基地命名大会。

9月29日，国家文物局副局长黄景略率文物专家考察永昌堡。

12月23日，温州市委书记蒋巨峰、副市长陈莲莲、市文物处长金福来及瓯海区长刘允南等考察永昌堡。

12月31日，经温市编〔1999〕64号文件批准，撤销温州市瑶溪风景旅游管理处，成立温州市龙湾区风景旅游管理局。

2001年

1月1日，国家文物局常务副局长郑欣淼在省、市有关领导陪同下考察永昌堡。

1月，浙江省城建建筑设计院环艺所编制《温州市农业示范区 · 旅游观光园总体规划》。

5月，永昌堡被浙江省国防科委列入省级国防教育基地。

6月15日，国务院〔2001〕25号文件，公布永昌堡等为第五批全国重点文物保护单位。

8月17日，温州市人民政府在永昌堡东门举行国家重点文物保护单位揭牌典礼大会。

2002年

3月，修缮永昌堡内王净府第及名人王光蕴故居。

5月，温州国际网球中心开工仪式在瑶溪风景名胜区举行。

6月10日，龙湾区永昌堡保护修建工作领导小组成立。

6月23日，温州市市长钱兴中等率市规划、土地局等有关人员考察永昌堡。

8月，龙湾区风景旅游管理局刊印发行《走近龙湾》。

9月，龙湾区政府建立永昌堡保护修建管理委员会。

10月15日，意大利普拉托省长在副市长陈莲莲陪同下参观永昌堡。

12月8日，欧盟同温州市合作修复永昌堡，举行“亚洲城市”项目启动仪式。

12月16日，龙湾区永昌堡修建保护管理委员会正式挂牌成立。

冬，天柱风景名胜区荣阳园进行整体维修并建门牌坊。

2003年

1月20日，《温州日报》报道，龙湾区永昌堡、瑶溪、天柱等景区全面开花，2002年游客达30万人次，收入达3亿元。

3月，首部全面反映大罗山风土人情、地理风貌的《大罗山志》由香港出版社出版。

5月6日，中共中央总书记、国家主席、中央军委主席习近平（时任中共浙江省委书记）在市委书记李强、市长刘奇陪同下，一行32人考察永昌堡。

6月3日，中国科学院院士谷超豪参观永昌堡并题词“先贤先烈的爱国主义革命精神永垂不朽”。

6月27日，刘宅村、庄桥村、郑岙村、孙垟村、双岙村的古榕树被列入龙湾区古树名木保护名录。

6月，龙湾区风景旅游管理局聘请浙江东方学院旅游专业师生组成3个小组，在全区范围开展旅游资源普查工作。

7月，张卫中带领温州市生态园摄影组进入大罗山，协助拍照资料专题片工作。

9月，永昌堡都堂第开始维修。

10月，瑶溪山庄前西南山坪上建造仰止亭，并在亭东侧立张璁撰写《穷源记》碑。

10月，李修懂主编的《龙湾风光》导游词由人民日报出版社出版。

11月13日、14日，欧盟官员到温州评估永昌堡都堂第修复工程。

2004年

6月，龙湾区人民政府在瑶溪风景名胜区举行首届“龙湾旅游文化节”，发行《锦绣龙湾》光盘。

10月9日，龙湾区天柱风景区管理所成立（温龙机编〔2004〕38号）。

11月20日，温州市文学艺术界联合会举办第五届“温州文学周”，有50多位作家、艺术家到瑶溪风景区采风。

年底，永昌堡总体保护规划通过国家文物局审批。

2005 年

1 月 31 日，龙湾炮台被浙江省政府命名为省国防教育基地。

5月9日,永昌堡保护规划被评为2004年度“全国十佳文物保护工程设计及规划方案”。

6 月 24 日，由香港大学、香港科技大学、中山大学、厦门大学、武汉大学、北京师范大学、华东师范大学等海内外历史学者 13 人分别到瑶溪、永昌堡进行综合考察。

8 月，省建设厅组织专家对瑶溪风景名胜区总体规划进行评审。修编后的瑶溪景区总面积为 13.5 平方公里，由八大景区构成。

12 月 31 日，瑶溪风景名胜区通过浙江省旅游区质量评定委员会的评定，被评定为“国家 AAA 级旅游区”。

是年，龙湾区风景旅游管理局编印第二辑《走进龙湾》发行。

2006 年

1 月 10 日，龙湾区天柱风景名胜区荣获“市级文明旅游区”称号。

6 月 16 日—22 日，以“山海景象 · 田园风光”为主题的“龙湾区乡村旅游文化节”在天柱风景名胜区隆重开幕。

7 月 2 日，“温州市旅游形象亲善使者评选活动”在瑶溪风景名胜区举行。

7 月 8 日，温州市市长邵占维到瑶溪风景名胜区调研景区建设和旅游产业发展情况。

9 月 30 日，龙湾区人民政府与欧盟援助城市在都堂第举行庆典仪式。

是年，李修懂主编的《龙湾旅游》由旅游教育出版社出版。

2007 年

5 月 6 日，温州市人民政府有关领导视察生态园大罗山天河、秀才垟保护区。

是年，市、区领导到金沙河流域调研治理情况，投资建设天柱风景名胜区南入口金沙湾公园。

6 月 1 日，永昌堡民俗文化研究会成立。

6 月 30 日，龙湾区土地、规划、公安、旅游、瑶溪镇政府等有关部门与单位联合在瑶溪风景名胜区内开展违章建筑拆除行动。

7 月 20 日，瑶溪风景名胜区顺利通过 AAA 级旅游景区复核。

8 月 3 日，温州旅游局局长张纯洁率有关人员到天柱风景名胜区调研旅游业发展情况并召开座谈会。龙湾区委书记王祖焕参加座谈会，龙湾区区长陈玲玲陪同调研。

2008 年

3 月 12 日，永昌博物馆重新陈列布展开放。

3月27日下午，瑶溪省级风景名胜区内发生森林大火，经过八个多小时奋战，大火扑灭。

5月12日，永昌堡东城观整修工程启动。

6月6日，温州市人民政府副市长徐育斐在市政府副秘书长徐森、市旅游局局长张纯洁、市旅游局副局长吴光福等陪同下，到龙湾区专题调研旅游发展，实地考察灵昆农家乐经营点与永昌堡。

6月17日，《天柱风景名胜区总体规划修编》评审会召开。

7月26日上午，龙湾区常委、组织部部长阮云富在有关人员陪同下实地调研国家级文保单位永昌堡及瑶溪风景名胜区龙岗寺、千佛塔等景点。

8月5日，龙湾区人民政府在灵昆举行“第二届旅游文化节”。

8月19日，龙湾区风景旅游管理局联合土地、规划等部门对瑶溪风景名胜区8间违章建筑进行拆除。

11月19日，龙湾区人民政府区长陈玲玲带领发改局、农林、水利、旅游、三产办、国土、规划等部门主要负责人到瑶溪风景名胜区专题调研旅游工作。

11月30日，瑶溪镇被浙江省政府命名为省级生态镇。

12月19日，温州市建设局（温建字〔2008〕88号）批复文件《天柱风景名胜区总体规划》审定意见。

下半年，相续修复永昌堡通市楼与环海楼。

2009年

4月9日，横塘钟桥、王鸿年故居门台、章邦元墓被龙湾区列入文物保护点。

6月20日，龙湾生态旅游节在瑶溪风景名胜区开幕。

7月15日，浙江省副省长陈加元考察永昌堡安置小区。

7月16日，浙江省人民政府批复瑶溪风景名胜区总体规划（浙政函〔2009〕号）。

11月，永昌堡环海楼广场建设开始。

12月28日，龙湾区举行王瓒书院落成典礼。

2010年

1月10日，台湾诗人余光中到永昌堡参观。

2月24日，龙湾区举办纪念永昌堡建堡450周年系列庆典活动。

3月19日上午，龙湾区人民政府组织规划、国土资源、农林、风景旅游、公安、瑶溪镇人民政府等部门共200多人对瑶溪风景名胜区内共计3处700多平方米违章建筑进行强制拆除。

6月27日，瑶溪风景名胜区苏川村榕树被评为“温州十大生态木”。

7月18日，浙江省委书记赵洪祝视察温州名品旅游购物中心。

9月21日下午，温州市人民政府副市长徐育斐在市旅游局局长张纯洁陪同下，率领温州市旅游局、建设局、安监局、质监局、交通局等市假日旅游指挥中心成员单位人员到龙湾瑶溪风景名胜区检查“十一”黄金周旅游安全工作。

10月，瑶溪钟秀园公园第一期工程正式开工建设。

10月17日，瑶溪王朝大酒店通过国家四星级酒店资质认证并正式挂牌。

11月22日，全国著名明史专家商传、毛佩琦、方志远、刘志伟、朱鸿林等60多位学者教授参观永昌堡。

11月23日，龙湾区人民政府联合举办首届温州·龙湾明代文化研讨会召开。

12月28日，上岸桥（姜合桥）、王珉墓、环川王氏始祖墓、马初翁墓、坦头尖祭坛、王荣年墓被列入区文物保护点。

2011年

2月24日，温州市旅游局副局长吴高宏到龙湾调研旅游工作，专题指导永昌堡保护工程建设。

7月，永昌堡文化研究会举行庆祝成立五周年活动。

7月，龙湾区人民政府在温州文化商品市场举办“温州龙湾首届名品旅游购物节暨温州名品旅游购物中心成立一周年”活动。

10月，天柱寺水库（盘谷湖）环湖坎道进行复建并附花岗岩栏杆。

2012年

3月2日，浙江教育厅领导干部参观永昌堡。

3月21日，香港约20位客人到永昌堡参观。

4月1日，龙湾区人民政府取消瑶溪省级风景名胜区门票收费，将景区功能逐渐由“旅游景区”向“城市公园”转变。

6月，王瓒书院碑林工程正式开工建设。

9月4日，永昌堡上仓巷1号古民居开始维修。

9月12日，龙湾区风景旅游管理局与永昌堡管委会在管委会会议室召开永昌堡创建AAA景区新闻发布会。

9月21日，龙湾区风景旅游管理局在瑶溪风景名胜区举办了以“赏山海胜景品幸福龙湾”为主题的2012年龙湾欢乐休闲旅游节。

国庆节前夕，温州市政府安全生产检查小组在副市长陈浩带队下到龙湾瑶溪风景名胜区检查、指导旅游景区安全生产工作，龙湾区副区长朱大志、区风景旅游管理局局长王莲莲、副局长沈跃陪同检查。

11月2日，台湾台南安平古堡文化交流活动在永昌堡举行。

11月18日，永昌堡管委会对王氏大派宗祠开始维修。

是年，区委书记陈玲玲在区风景旅游管理局局长王莲莲陪同下到天柱风景名胜区检查指导。

是年，龙湾区旅游共接待海内外游客253.37万人次，同比增长25.32%；旅游总收入208016.77万元，同比增长28.29%。

2013年

2月22日，江苏省南通大学30位学者参观永昌堡。

2月28日，龙湾区人民政府召开全区风景旅游工作会议，区人民政府副区长朱大志参加会议。

4月10日，温州市旅游局组织市、区旅行社到永昌堡考察。

4月，龙湾旅游形象广告首次在浙江卫视播出。

4月27日，温州市旅游局安全检查组由副书记余爱玉带队对龙湾风景名胜区进行节前旅游安全大检查。

5月8日，永昌堡文化研究会举行第二届第一次会议。

5月10日，瑶溪风景名胜区、天柱风景名胜区划归温州大罗山投资有限公司管理。

5月17日上午，龙湾区风景旅游管理局在区府大院内设点，开展“5·19”中国旅游日宣传活动。

7月17日，温州市半年度旅游工作会议在龙湾万达广场会议室召开。

8月4日，由温州市旅游局举办的“坐上高铁游温州”大型宣传活动在上海龙之梦购物中心举行，龙湾区风景旅游局组织相关人员、旅游企业参加此次活动。

9月12日，龙湾区举行国安寺塔（千佛塔）晋升为全国重点文物保护单位揭牌仪式。

9月12日，龙湾区“文脉之旅暨龙湾区第四届文化艺术节”开幕式在永昌堡东门广场举行。

9月14日，龙湾区人大常委会主任周赞一行，在龙湾区风景旅游管理局局长王莲莲、天柱风景管理办主任郑朝阳等陪同下，到天柱风景名胜区调研节日旅游安全工作。

9月20日，台湾浙江同乡会40人参观永昌堡。

9月29日，龙湾区风景旅游管理局在区府广场举办《中华人民共和国旅游法》宣传活动。

10月6日，龙湾区风景旅游管理局全体党员干部全力做好强台风“菲特”防御工作。

10月27日，温州市委书记陈一新带领专家考察永昌堡。

11月18日，“温州旅游招商大会”在温州市人民大会堂新闻厅召开，会上中房集团与龙湾区人民政府签订了龙湾永昌堡景区旅游开发项目意向书。

12月4日，龙湾区全区旅游行风监督员工作会议召开，会议新聘任沈旭东等8人为旅游行风监督员。

12月26日，龙湾陡门、尖刀岩摩崖题刻、茅竹岭古道、王瓒墓、王静庵墓神道门、上岸桥、镇东桥、玄真观民国厢房等被龙湾区人民政府列入文物保护单位。

第一章　机构与建设

从 1999 年至 2013 年，在龙湾区人民政府的领导下，合理设置机构，建立管理服务体系，逐步投资景区设施建设，加强宣传力度，推进风景旅游业发展。

第一节　历史沿革

龙湾拥有的旅游资源，不论是自然的还是人文的都是十分丰厚。瑶溪风景名胜区的历史可追溯到距今四五千年的新石器时期，在龙岗山一带的考古挖掘证实了此地是长江流域中华民族古文化发祥地的一个组成部分。先民在此狩猎、耕种、制陶，为生存而向自然索取最基本的物质生活资料。

唐代，在风景区内建设了国安寺（公元 879 年建成）标志着景区的开发已进入精神层面，国安寺香火鼎盛，到了北宋元祐庚午—癸酉年间（1090—1093 年）当地群贤集资捐助兴建了千佛石塔，标志着其发展的高度。自古名山僧占多，多寺必择佳地兴。

明代是瑶溪的极盛期，大批官僚、文人至此或修学，或隐居，建设了园林、别墅、书院、祠堂等建筑，加上他们在此吟诗、作画、讲学、研讨，在物质上和精神上丰富了景区的景观，并使其成为名副其实的世外桃源。清初的迁界，使景区衰落。1958 年大炼钢铁，大量的伐树采石，对景区造成损坏。

同样，永昌堡、天柱风景区等也因自然或人为因素的严重破坏，一些旅游资源没有得到应有的保护。直至 1978 年中共十一届三中全会后，党和政府开始对风景名胜区建设十分重视，最早的是文物古迹的维修和保护，要求“科学规划、统一管理、严格保护、永续利用”。瑶溪风景名胜区、永昌堡、天柱风景名胜区的发展才迅速走上正轨。

第二节　管理机构

1992 年 1 月 30 日，温州市瑶溪风景旅游管理处成立。1999 年 12 月 29 日经温市编委〔1999〕69号文件批准，撤销温州市瑶溪风景旅游管理处，成立温州市龙湾区风景旅游管理局。2002年5月30日，温州市龙湾区机构编制委员会批复成立龙湾区瑶溪风景名胜区管理所（温龙机编〔2002〕47号），列入全民事业单位序列，经费实行自收自支。主要职能：负责瑶溪风景名胜区范围内风景名胜资源保护、生态环境治理、规划建设以及行使政府赋予的行政管理和综合执法职能。

2002年6月26日，经《温州市龙湾区人民政府办公室关于印发温州市龙湾区风景旅游管理局职能配置、内设机构和人员编制规定的通知》（温龙政〔2002〕45号）文件批准，龙湾区风景旅游管理局为龙湾区政府直属主管风景旅游事业的行政职能部门，内设一室两科，即办公室、风景管理科、旅游管理科。新增职能：①假日旅游工作；②一、二星级旅游饭店评定。龙湾区永昌堡保护修建管理委员会（简称永昌堡管委会）在旅游业务上由局指导与协调。

办公室

主要职能：协助局领导处理日常事务，做好局内外联络和协调工作；负责文秘、档案、信访、接待和后勤服务工作；负责本局财务管理及票据管理工作；负责直属企事业单位的财务监督和审计；负责本局所属国有资产的监督管理；负责本局组织、人事、纪检监察、工资福利等工作。

风景管理科

主要职能：负责宣传贯彻国家和省、市有关保护景区风景旅游资源的法律、法规；负责对全区风景旅游资源（包括山、水、森林、植被、名木古树、野生动物、古洞、古建筑和古村落等）的保护管理；负责全区风景旅游资源的普查和资料收集，全区各风景名胜区上报审批，总体规划和详细规划的编制；负责编景区中长期发展规划；负责制定全区风景名胜区办法并组织实施；参与景区建设项目资源保护环境影响的评估工作；负责风景名胜区有关资源规费的征收；负责审查、审核、申报风景名胜区的建设项目选址意见书，按《浙江省风景名胜区条例》规定审核、核发“风景名胜区建设用地规划许可证”和“风景名胜区建设工程规划许可证”；负责景区建设项目的管理；负责风景名胜区的地形地貌的保护、制止风景名胜区及其外围保护地带内的各种擅自开山采石、采矿、挖沙取土、建坟或其他改变地形地貌、破坏景区景观、危害安全、妨碍游览的工程项目和设施；负责风景名胜区及其外围地带内的林木按规定放牧、砍伐树木；负责景区的森林防火工作；指导各景区、景点做好保护、宣传、开发、安全保卫管理工作。

旅游管理科

主要职能：宣传贯彻《中华人民共和国旅游法》及国家和省、市关于发展旅游业的方针、政策，编制全区旅游业发展的中长期规划和实施计划，并组织实施；负责旅游行业的宏观管理，指导、归口审核、报批或审批经营旅游业务的企业；开拓和培育旅游市场，组织、指导旅游资源、重要旅游商品的开发；负责旅游项目的前期效益评估工作；负责管理、监督旅游服务质量，会同有关部门管理景区旅游市场、旅游区秩序、旅游安全、旅游价格和旅游卫生管理工作；承办区旅游发展工作领导小组工作，统计监测全区假日旅游情况，发布假日旅游信息；掌握旅游市场动态，研究旅游宣传策略，制订旅游宣传促销计划，搞好对外宣传促销和招商引资及其项目的落实；管理指导局属企事业单位的业务，推行现代企业制度；做好全区一、二星级旅游饭店的评定工作；负责全区旅游行业的精神文明建设；负责旅游业统计工作。

龙湾区风景旅游管理局下设 瑶溪风景名胜区管理所，其主要职能为负责瑶溪风景名胜区范围内风景名胜资源保护、生态环境治理、规划建设以及行使政府赋予的行政管理和综合执法职能。

永昌堡管委会机构基本情况：

2002 年 6 月 10 日，成立龙湾区永昌堡保护修建工作领导小组。

2002 年 10 月 18 日，龙湾区机构编制委员会同意成立龙湾区永昌堡保护修建管理委员会，全面负责永昌堡历史文化遗产的保护与开发，为区政府直属事业单位，列入全民事业单位序列，内设办公室、规划修建科，经费由区财政实行全额拨款。

2002 年 12 月 16 日，龙湾区永昌堡保护修建管理委员会正式挂牌成立，方志方任主任（兼），潘可旺任副主任（兼）。

2003 年 11 月，管委会增设拆征科。

2008 年 11 月 1 日，潘可旺任管委会党组书记。

2011 年 5 月，吴振弟任管委会主任。

2012 年 3 月，王国建任管委会书记兼主任。

现管委会下设办公室、规划修建科、拆征科 3 个科室，核定编制 14 人。

天柱风景名胜区机构基本情况：

1. 风景区政府批文命名

1994 年，根据《关于公布南雁门和天柱景区列为市级风景名胜区的通知》（温政发〔1994〕27 号）文件精神，天柱风景区被列为市级风景名胜区。

2. 风景名胜区机构沿革

1995 年 7 月 6 日，根据《关于核定和建立泽雅、茶山、天柱风景区管理机构的批复》（温瓯编〔1995〕21 号）文件精神，建立天柱风景旅游管理所，定为集体事业单位，核定事业编制 3 名，经费自收自支，行政隶属所在乡镇人民政府管理，业务归城建局指导、管理。2001 年 8 月，温州区划调整，天柱风景区划归龙湾区。2004 年 10 月 9 日，根据《关于同意成立龙湾区天柱风景区管理所的批复》（温龙机编〔2004〕38 号）文件精神，同意成立龙湾区天柱风景区管理所，为龙湾区风景旅游管理局下属自收自支事业单位，实行企业化管理。主要职能：负责天柱风景区范围内风景名胜资源保护、生态环境治理、规划建设以及行使政府赋予的行政管理和综合执法职能。

龙湾区风景旅游管理局领导班子情况一览表

表 1—1

起止	局长（主任）、书记	副局长（副主任）、副书记	党组成员	备注
1992 年 3 月—1993 年 8 月	郑才沛（兼）	——	——	瑶溪风景旅游管理处
1994 年 1 月—1996 年 3 月	王进良（兼）	董纯心（主持工作）	——	同上
1996 年 3 月—1998 年 2 月	——	林宗武（主持工作）	——	同上
1998 年 2 月—2000 年 10 月	廖银霜	——	——	同上
2000 年 10 月—2002 年 3 月	娄文贵	——	——	温州市龙湾区风景旅游管理局
2000 年 10 月—2009 年 9 月	——	郑松标	——	同上
2001 年 3 月—2002 年 3 月	——	——	程海彬（局长助理）	同上
2002 年 3 月—2003 年 11 月	——	李修懂（主持工作）	——	同上
2003 年 11 月—2007 年 11 月	李修懂	——	——	同上
2003 年 9 月—	——	鞠金贵	——	同上
2007 年 11 月—2011 年 12 月	王敏	——	——	同上
2008 年 9 月—2012 年 3 月	——	沈跃（纪检组长）	——	同上
2012 年 3 月—	王莲莲	——	——	同上
2012 年 3 月—	——	沈跃（副局长）	——	同上
2012 年 3 月—	——	——	林铁强（兼办公室主任）	同上
2014 年 11—	——	张恩东	——	同上
2015 年 3 月—	王进光	——	——	同上

第三节　规范性文件与职责

一、规范性文件

《关于加强瑶溪风景名胜区管理的通告》

温州市龙湾区人民政府《关于加强瑶溪风景区管理的通知》（温龙政〔1988〕009号各乡镇人民政府、各有关部门：

瑶溪风景区位于温州市龙湾区西南部，是温州市风景旅游体系中的重要组织部分。瑶溪一带人文历史悠久，景观独具，素有“溪石皆玉色”之美称，有着很大的风景开发潜力。风景区内不但有岩石之秀和山水之乐，而且还有新石器时期遗址、唐朝国安寺、北宋石塔等众多的文物古迹，景点之多，范围之大，在温州是屈指可数的。为此，龙湾区人民政府已将其列为近期开发建设的重点项目。为了保护、恢复、整治自然生态环境；保护、修复文物古迹，全面规划、开发瑶溪风景区，特通告如下：

一、即日起对瑶溪风景区范围内实行全面封山育林。

二、严禁开岩采石，正在开岩采石的应立即停止，并由开采者负责将矿渣清除干净。

三、严禁在风景区范围内造坟。对已建的老坟，要有计划地逐步迁入公墓。

四、不准在风景区规划范围内建筑非风景性房屋。凡是在风景区规划范围内建造建筑物和构筑物（包括道路建设、房屋新建、复建、改建、扩建和迁点等）都要报风景区开发领导小组审查，经有关部门批准后，方可动工，未经批准的，一律作违章建筑论处。

五、严禁在风景区范围内猎鸟捕鱼。

六、保护风景资源，严禁破坏文物古迹。如果需要在风景区题刻或对原题刻进行整修的，要经风景区开发领导小组批准后方可付诸实施。

七、对违反上述规定的行为，各级政府和广大人民群众有权干涉 和制止。根据情节轻重，给予批评教育和罚款。情节特别严重的，直至追究法律责任。对于维护风景区的有功人员，要给予表扬和奖励。

以上各条，希有关部门和广大人民群众遵照执行。

温州市龙湾区人民政府

一九八八年五月十七日

《瑶溪风景名胜区管理暂行条例》

第一章　总则

第一条　为了保护、整治瑶溪风景名胜区的自然生态环境，保护、修复文物古迹，全面规划、开发瑶溪风景区，发展旅游事业，促进龙湾经济的发展和温州的对外开放，根据国务院颁布的《风景名胜区管理条例》和龙湾区人民政府温龙政〔1988〕009号《关于加强瑶溪风景区管理的通告》精神。特制定本条例。

第二章　管理和保护

第二条　对瑶溪风景区实行封山育林，全面绿化。禁止采伐树木、毛竹，不准攀折树枝和采摘花草。

第三条　严禁在风景区范围内开山采石，正在开采者必须立即停止，并由开采者负责将所有的废料、矿渣清除干净。任何单位和个人不得延缓执行或阻挠违抗。

第四条　在风景区规划保护范围内一律禁止出售坟地和建造坟墓。

第五条　禁止在风景区内开垦耕地和山园，防止造成水土流失。

第六条　禁止在风景区内狩猎飞禽走兽和以各种方式捕钓鱼类。

第七条　禁止在风景区内建办工厂，防止环境污染。

第八条　必须讲究卫生，保护水源。禁止在溪、湖中洗澡、游泳。不准乱扔废纸、袋和食品盒、罐等其他脏物。严禁随地大小便。

第九条　禁止在风景区内建设非风景性建筑物和构筑物，任何建筑物和构筑物的格局、体量及色彩等都必须与自然环境相和谐、协调。

第十条　不准在风景区内擅建寺庙、祠堂。确需建设的，须由风景区开发办公室审查，报经区人民政府同意后，上报市人民政府批准。

第十一条　不准在风景区内随意题刻，损害景区风貌。若确需题刻留念者，须先报经风景区开发办公室批准后，方可实施。

第十二条　必须切实搞好安全防火工作。禁止烧纸钱、放鞭炮；禁止乱扔烟蒂及一切玩火的行为。确需组织野炊者，须在五天前报风景区开发办公室审批后，在指定地点进行，并切实搞好安全防范工作。

第十三条　必须自觉遵守和维护风景区的游览秩序。严禁寻衅滋事，妨碍公共场所安全。

第十四条　必须爱护风景区的一草一木。严禁任何单位或个人以任何形式损害破坏文物古迹、自然景观、园林建筑及服务设施。

第十五条　保护风景名胜区，人人有责。对于损害破坏瑶溪风景区的行为，任何单位和个人有权予以干涉制止和检举控告。

奖励和惩罚

第十六条　对于有下列事迹的单位或个人，给予适当的精神鼓励 和物质奖励：

（一）认真贯彻执行国家政策、法律和本管理条例成绩显著的；

（二）为保护风景区敢于揭发检举违法犯罪行为并与其作坚决斗争的；

（三）发现文物及时上交或上报的，将个人搜集的文物或资料上报或捐献的，发现景点及时上报并加以保护的。

第十七条　对违反本管理条例的单位和个人，根据我国刑法、 文物保护法、森林法、环境保护法和治安管理处罚条例等有关法律、法规，按情节轻重，予以严肃处理：

（一）批评教育、警告记过处分；

（二）罚款处理；

（三）移交执法部门依法惩处。

第四章 附则

第十八条　希望有关部门或单位、当地群众和游客自觉遵照、执行本管理条例规定。

第十九条　本管理条例自颁布之日起施行。

龙湾区瑶溪镇人民政府

龙湾公安局瑶溪镇派出所

瑶溪风景区开发办公室

一九八九年六月一日

2004 年为进一步加快旅游产业发展，区政府根据龙湾具体实际制定和出台《关于进一步加快旅游产业发展的若干意见》。该意见从加强对旅游产业发展的领导；加强规划的实施和监督。加大招商引资力度，发动社会力量，多元化投入；加快基础设施建设，优化旅游发展环境；加强旅游宣传促销力度，积极拓展旅游市场；加快旅游产品开发，树立龙湾旅游品牌；改善旅游产业发展软环境等 7 个方面。着重就营造有利全区旅游经济加快发展的政策环境、法制环境和服务环境等作了明确的政策规定。

二、职责

局主要职责：

（一）贯彻执行国家、省、市关于风景名胜区和旅游业发展的方针、政策、法律、法规，制定全区风景名胜区的总体规划和旅游业发展中长期规划和年度计划。

（二）负责全区风景旅游资源的普查和资料的收集，制定全区风景名胜区管理办法及负责全区风景名胜区的保护、开发，会同有关部门抓好风景名胜区内建设项目的实施和管理。

（三）指导旅游业的经济体制改革，积极培育和完善旅游市场体系；管理和指导全区旅游行业基本建设和利用外资工作；负责全区旅游资源的规划并协调资源开发利用和保护工作；参与对区内旅游度假区及重点旅游建设项目实施宏观指导和检查；做好全区的旅游统计工作。

（四）负责组织全区风景旅游整体形象的宣传和重大促销活动组织并指导重要旅游产品的开发；负责收集和研究各地旅游市场动态并向旅游企业提供市场信息；归口管理旅游涉外事务。

（五）负责全区旅游饭店的一、二星级评定工作；对经营旅游业务的企事业单位进行行业管理，报批或审批经营国际国内旅行业务的旅行社（公司）；监督、检查旅游服务质量，受理国内外游客的投诉。

（六）负责管理和指导全区旅游教育培训及岗位资格考试认证，指导和协调旅游行业人才交流和专业技术职称资格考评工作。

（七）承办区旅游发展工作领导小组工作，统计监测全区旅游假日情况，发布假日旅游信息。

（八）会同有关部门加强对全区旅游市场的管理、监督和整顿，协调旅游效能运输秩序，指导和协调旅游商品生产销售、旅游安全、旅游娱乐等工作。

（九）负责旅游行业的票务管理工作。

（十）承办区政府和上级风景旅游管理部门交办的其他事项。

永昌堡管委会职责：

1. 主持永昌堡的保护规划，负责永昌堡的维护修建。

2. 组织堡内拆迁工程，做好居民安置工作。

3. 严格监督永昌堡控保范围内现有房屋的改建修建行为，在管委会统一引导下有规划的进行改造、修建，改善居民的居住环境。

4. 加强对文保范围内居民进行文物法律、法规的宣传，提高居民的文物保护意识。

5. 积极引入市场机制，适度开发永昌堡旅游文化资源。

6. 做好永昌堡的宣传推广活动，扩大对外交流。

第四节　规划与建设

一、瑶溪省级风景名胜区规划建设实施情况

瑶溪风景名胜区于 1991 年被浙江省人民政府列为省级风景名胜区。1991 年 2 月，瑶溪风景名胜区管理处委托杭州园林设计院编制《瑶溪风景名胜区总体规划》，1992 年 3 月

21 日，浙江省建设厅浙建规〔1992〕49 号正式批复《瑶溪风景名胜区总体规划》；2005 年，龙湾区风景旅游管理局委托温州市城市规划设计研究院对《瑶溪风景名胜区总体规划》进行修编。修编后的总规于 2005 年 8 月 12 日获省建设厅组织专家论证通过，龙湾区人民政府于 2006 年 1 月 12 日上报温州市人民政府要求上报省人民政府审批。2009 年 7 月 16 日，浙江省人民政府浙政函〔2009〕101 号正式批复《瑶溪风景名胜区总体规划（2008—2020）》；2009 年 10 月 29 日，浙江省住房和城乡建设厅浙建规批〔2009〕14 号正式批复《瑶溪风景名胜区钟秀园景区修建性详细规划》；2014 年 8 月 21 日，浙江省住房和城乡建设厅浙建规批〔2014〕18 号正式批复《瑶溪风景名胜区瑶溪泷景区详细规划》。

瑶溪风景区设立以来，在保护风景名胜区资源的同时扩大景区的游览面积。对瑶溪风景区千佛塔景区内的唐朝国安寺、宋朝千佛塔，瑶溪泷景区内的玄真道观等历史性建筑进行保护性修复；恢复龙岗山景区的缭碧园、觞咏亭、半山草堂等文物古迹，为新石器文化遗址和摩崖题刻群建成相应保护设施；设立风景名胜区标志，改造瑶溪风景区入口，整治提升瑶湖景点景观环境，打造“姚溪穷源记”碑刻和仰止亭、观瀑亭、望湖亭等景观及相应基础配套设施，新建、扩建瑶溪风景区游步道 30 多公里；对景区环境进行合理整体布局与环境综合整治。

瑶溪风景名胜区工程投资建设情况一览表

（2004 年至 2014 年共投入 12936 万元）

表 1—2

时间	投资金额（万元）	工程名称	备注
2004 年	17	游步道改建	景区水石同踪洞至乌奇峰道路
2004 年	5	游步道改建	景区瑶湖路道（局部）
2005 年	10	六角亭建造	景区六角石亭及花坛等设施
2006 年	12	入口改造	景区倒垄坑入口（第一期）
2006 年	8	大坝改建	景区板漳潭大坝（含装饰）
2007 年	13	拦水坝建设	景区拦水坝
2008 年	17	观瀑亭建设	景区金钟瀑景点观瀑亭
2009 年	16	公厕建设	景区内
2009 年	20	入口改造	景区板漳潭入口（第二期）
2011 年	80	景区建设	景区老路亭修复、景区公厕改造、灾后道路修建、景区标志（标牌）和景点指示牌更新等
2012 年	150	景区建设	主要有瑶湖至火烧岭、瑶溪垄至青山湖、水机岩至新城村、潭山至瓯海大罗山自然村的游步道建设。景区指示（警示）标牌和宣传栏以及观瀑亭配套、绿化的改建。景区的相关基础设施等

续表 1—2

时间	投资金额（万元）	工程名称	备注
2013 年	120	景区建设	瑶溪国际网球中心北侧公路边坡滑坡地质灾害点整治工程和景区“三化”（绿化、美化、洁化）建设等
2014 年	12000	瑶溪钟秀园建设	该项目规划用地面积 25.7 公顷，总建筑面积 1340.6 平方米，景观绿化面积约 180000 平方米。主要由三条湘景群、果园撷秀景群、桑田农趣景群，瑶溪滨水景观带、基础设施等构成工程总投资结算 1.6 亿元，分三期建设，2012 年开始项目启动
	400	瑶湖景点滨水景观建设	该项目主要对瑶湖景点整体环境进行提升，打造环湖畅游目的，主要建设有游步道、木栈道、木桥、观景平台、景观廊亭等并进行相应绿化及景观小品
	30	望湖亭观景平台建设	该项目为游客在登高后提供一处休息观景处，能使游客在休息的同时欣赏瑶湖及瑶溪泷核心景区周边全景
	38	瑶湖至水石同踪游步道美化提升建设	对瑶湖至水石同踪环线游步道沿途安全隐患及光线较阴暗地段设置若干处太阳能景观路灯；对沿途边坡较陡地段建设与环境相协调的仿树状防护栏；对沿途若干处路基损坏及石板松动处进行修整并在适当位置增设相应休息石椅及垃圾桶等

二、天柱市级风景区规划建设实施情况

2007 年龙湾区风景旅游管理局委托温州市致庭景观设计咨询有限公司编制《天柱风景名胜区总体规划》；2008 年 12 月 19 日，温州市建设局温建字〔2008〕388 号审定《天柱风景名胜区总体规划》意见；2009 年 1 月 12 日温州市人民政府温政函〔2009〕2 号正式批复《天柱风景名胜区总体规划》。

1. 天柱寺景区

以天柱寺为主题，以寺观文化为主线，以幽谷飞瀑、奇岩异洞为景观特色，适宜中老年游。该景区以盘谷湖为主体，以空谷回音、天柱寺、森林理疗馆、天柱三峰等为主要游赏内容，总面积约 3.95 平方公里。

2. 峰台景区

以人工湖为主题，以休闲度假为主线，以群湖串连、山地岩坡为景观特色，适宜家庭欢乐游。该景区以峰台湖为主体，以度假山庄、山地乐园、采摘果园等为主要游赏内容，总面积约 4.44 平方公里。

3. 天河景区

以人工湖为主题，以观光体验为主线，以碧湖浩渺、高山台地为景观特色，适宜郊野远足游。该景区以湖泊、山地为主体，以攀岩部落、漂流长河、山地野营、郊野派对、野花漫坡等为主要游赏内容，总面积约 4.77 平方公里。

4. 景区内主要的游赏线路和风景旅游发展概况

（1）揽胜径

荥阳园—龙眼井—入口大门—观海坪—天柱寺—杨府庙—龙虎潭—听泉山庄——盘谷湖—天坛观—风情馆—仙浴潭—仙人影—雏燕戏水—八戒贪吃—银湖—水帘洞—金龟洞—竹径通幽

（2）家乐径

飞虹映碧—绿湾渔趣—峰台闲苑—九叠瀑—野营野炊—山地乐园—仙足印—采摘果园—大岩坡

（3）远足径

野花漫坡—郊野派对—拓展基地—山地野营

（4）野趣径

玉桥卧波—天河茶庄—高山草海—漂流长河—荒野山庄—竹径通幽—百家尖—攀岩部落—绿湾渔趣

天柱风景区工程投资建设情况一览表

（2005 年至 2013 年共投入 367 万元）

表 1—3

时间	投资金额（万元）	工程名称	备注
2005 年	68	游步道改建	景区盘谷湖环路道与配套设施
2006 年	96	景区入口改建	景区东入口处（郑宅村）
2006 年	40	管理房、广场建设	景区管理房、广场、公厕及其他设施
2007 年	36	道路改建	景区入口处道路
2008 年	23	管理用房建造	景区入口管理服务用房
2010 年	20	标志（标牌）改造	景区标志（标牌）更新美化
2011 年	24	防护栏改造	景区盘谷湖防护栏
2012 年	25	入口处改造	景区入口处公厕、道路等
2012 年	15	湖心亭修缮	景区盘谷湖湖心亭
2013 年	20	“三化”建设	景区“三化”（绿化、美化、洁化）建设

三、永昌堡规划建设实施情况

一是文物维修有序开展。城墙一期维修工程已经完成，都堂第、上仓巷 1 号古民居、王氏大派宗祠等古民居维修完成，部分古民居得到抢维修，其他文物点均得到有效保护。

二是配套设施逐步完善。新城街、上仓浃立面整饬效果显著，已完成 100 多间民居的立面整饬；堡内主要街道架空网线已经全部下埋；堡内道路仿古铺装基本完成，配置栏杆和绿化；城墙东北面绿化景观工程全部完成，堡内外整体环境得到极大改善；

强旅游配套设施建设，逐步引进商业业态，旅游接待能力不断提高。

三是安置小区即将完成。共22栋楼，建筑面积14多万平方米，现12栋安置房已经完工，8栋安置房已经结顶。部分拆迁户已经入住。

四是文化研究卓有成效。成立永昌堡民俗文化研究会，对永昌堡原始资料整理和归档，部分研究成果结集出版。扩大对外宣传和交流，推动永昌堡的各项工作。

第五节　宣传营销

在旅游市场的发展中，旅游的宣传营销也是一项主要的工作。在区委和政府的指导下，通过区境内各旅游资源的整合和建设，树立旅游景区形象，并于此基础上进行特色分割与重点宣传、点面结合，扩大知名度，利用各种新闻媒体宣传，采取“请进来，走出去”等多种渠道，多形式对外宣传，进一步显示龙湾旅游业发展新气象。参加各类旅游交易会、促销会，如参加“首届中国中部（河南）旅游交易会”“2012年中国（上海）国际交易会”、“2012年浙江（江苏）旅游交易会”、“2013年浙江（湖南）旅游交易会”等旅游交易会。2011年9月，组织旅游企业赴福建省福州、厦门两地开展为期3天的宣传促销活动，积极拓展旅游客源市场。为促进龙湾区旅游业向着可持续方向发展、多元化改进，先后在2004年举办“龙湾首届旅游文化节”，2005年策划组织主题为“走进龙湾——生态休闲游”的旅游活动，2006年举办“龙湾区乡村旅游文化节”，2008年举办“龙湾第二届旅游文化节”，2009年举办“龙湾生态旅游节”，2011年成功举办“龙湾首届名品旅游购物节暨温州名品旅游购物中心成立一周年”活动，2012年举办“龙湾双乐、休闲旅游节”活动。通过上述旅游文化节活动，不断提升龙湾旅游的知名度和美誉度，促进健康旅游与经济的融合。

以旅游市场为导向，大力推进旅游资源开发，大力实施龙湾旅游形象工程。出版或制作精美的画册、书籍、光盘、导游线路图等宣传营销资料。2004年上半年开始，先后编辑了几期《龙湾旅游》报刊。2009年“龙湾旅游网”开通，让全世界游客认识龙湾、了解龙湾。为旅游市场增添了新的亮点，同时也使龙湾旅游宣传营销走上新的台阶。

专著、书刊、宣传资料目录一览表（供参考）

表1—4

名称	出版单位	时间	编者	类型	备注
龙湾	上海同济大学出版社	1990年	张立新等	综合	图文
张璁年谱	上海古籍出版社	1998年	张宪文、张卫中	编年记	——

续表 1—4

名称	出版单位	时间	编者	类型	备注
龙湾风光	人民日报出版社	2003 年	李修懂	导游词	图文
大罗山志	香港出版社	2003 年	林长春	志书	图文
张璁集	上海社科院出版社	2003 年	张宪文校注	文集	（明）张璁撰
王瓒集	人民日报出版社	2003 年	张卫中等点校	文集	（明）王瓒撰
龙湾概览	新星出版社	2004 年	王莉编	综合	图文
王叔杲集	上海社科院出版社	2005 年	张宪文校注	文集	（明）王叔杲撰
永昌堡民俗文化调查	银河出版社出版	2005 年	潘一钢等	文集	——
龙湾历代诗词选	中国文史出版社	2005 年	王兴森编	诗词集	——
龙湾老建筑	人民日报出版社	2006 年	朱文松	图文	文史资料
龙湾旅游	旅游教育出版社	2006 年	李修懂	风光摄影	——
弘治温州府志	上海社会科学院出版社	2006 年	胡珠生校注	文集	（明）王瓒等撰
文化沉思	同际出版公司	2008 年	王敏、曹凌云	论文集	龙湾旅游
古堡深处	大众文艺出版社	2008 年	王璋、王一平	诗文集	——
巍巍大家	华文出版社	2008 年	诸松华	图文	文史资料
王德馨	黄山书社	2009 年	王妍点校	文集	（清）王德馨撰
王叔果集	黄山书社	2009 年	蔡克骄点校	文集	（明）王叔果撰
龙湾概览	新星出版社出版	2009 年	龙湾宣传部编	图文	年度出版几次
守望记忆	西泠印社	2009 年	编委会	图文	非遗选粹
千年墨迹	中国民族摄影艺术出版社	2009 年	诸松华	图文	龙湾区历代书画集
明代英桥王氏诗录	中国文史出版社	2010 年	陈伟玲校注	诗集	（明）王毓等撰
嘉靖永嘉县志	中国文史出版社	2010 年	潘猛朴点校	文集	（明）王叔果撰
普门文献综录	中国文史出版社	2011 年	张侃、张卫中辑注	文集	——
龙湾七人集	中国文史出版社	2011 年	方长山校注	诗集	项国楠等
槐阳集注译	香港出版社	2011 年	王振成、王一平等	诗文集	（明）王毓等撰
明人明事	人民出版社出版	2012 年	曹凌云主编	论文集	——
清代英桥王氏诗录	中国文史出版社	2014 年	陈伟玲校注	诗集	王至彪等撰

第二章　瑶溪风景名胜区

瑶溪，本名瑶川，因溪而得名，明朝内阁首辅张璁以其“溪石皆玉色”，遂改名瑶溪。1991年8月26日，根据《浙江省人民政府关于公布第二批省级风景名胜区的通知》（浙政发〔1991〕80号）文件批准，瑶溪风景名胜区被评为浙江省第二批省级风景名胜区，景区命名为瑶溪风景名胜区。2005年12月，被评为国家AAA级旅游区。景区坐落于温州市龙湾区瑶溪街道，地处瓯江之滨，大罗山麓（东北部），龙湾经济技术开发区后翼，东起灵昆大道，南至瑶溪镇界，西从金钟瀑至李王尖，北从瑶溪街道界至瓯海大道。景区距温州市区16公里，面积约13.5平方公里。景区内有皇岙村、雄心村、永胜村、瑶溪村、河口村、浃底村、南山村、环一村、青山村。由金钟瀑、瑶溪垄、钟秀园、龙岗山和千佛塔五个景区组成。瑶溪风景名胜区以溪谷风光著称，素有“溪石皆玉色”之誉，具有“溪石如玉”的典型花岗岩地貌，并保留国内罕见的大面积完整裸岩，水质清冽，流为青溪，储成碧潭，悬若银河，泻如烟雨，沿途花岗岩构成的孤峰峭壁、石柱叠岩和成片的杨梅林，构成了独特的景观；历史上曾为修学隐居的世外桃源，至今仍留有丰富的人文遗迹，景区内有国家级、市级文物保护单位多处。

第一节　自然景观

通过对瑶溪风景名胜区67个现有大小景点（含景物、景观）的科学评价，最终得出结论：已通过测评。其中，二级自然景点6个，三级自然景点19个，四级自然景点13个。

一、地貌成因

悠悠岁月，沧海桑田。漫长的地质年代，造成了瑶溪风景名胜区地质构造的特征，塑造了丰富多姿的地貌景观。

瑶溪风景名胜区地层分布以前长四纪地层为主，燕山晚期钾长花岗岩侵人体分布广泛。风景名胜区在大罗山脉东北部，位于新华夏系巨型隆起带南段东翼，浙东大腹背斜南东，镇海—平阳新华夏系深断裂东南侧缘，即乐清—平阳基底隆起带上，构造形式以断裂为主，显示华夏式、新华夏系、东西向及北西向等断裂带的构造形迹。第四纪期间，大罗山区发生 3—4 次海陆交替变化；距今六七千年的冰川后期最大海侵，大罗山沦为海中孤屿，惊涛拍岸，别具一番风光。

风景名胜区在地貌上属东南火山岩低山丘陵区，地貌景观丰富多姿。南部为雄伟奇特的花岗岩山体，西北部为苍郁青翠的丘陵，东南坡由悬崖峭壁直接与平原相连，东部中部为河川纵横的平原沃野。低山丘陵经过长期侵蚀，地表水流的侵蚀下切作用强烈，尤其是区内花岗岩山间有北西向及东西向断裂带交割通过，表流冲刷和风化作用相当活跃，加上地壳相对上升和稳定作用交替变化，岩体节理断层相当发育，形成了奇特的峡谷风光和花岗岩地貌。在崩解、坍塌和剥离作用下，形成了悬崖峭壁，石柱叠岩，摇摆石及幽洞等奇异的景观。

二、山景

皇岙山　位于龙湾区瑶溪街道皇岙村境内。因整座山体形似张翼凤凰，故名凰岙。南宋高宗因金兵入侵，南逃温州，曾传从龙湾登岸，避居凰岙，故又名皇岙。清代亦名凰岙山。整座山体由莲花心，美人尖，李王尖下东北山坡及钵盂山构成。北临拜佛山，西依响动岩村，南与上南山自然村相交，东坐落在皇岙村落。东麓有国安寺，岙底的山脚曾有石煤田，被当地人挖去做生活用煤。钵盂山中有王瓒墓、张璁祖辈墓群及张璁潘氏夫人墓。近年，在山麓建有公园及水产养鱼池，满山杨梅林郁郁葱葱。

龙岗山　位于龙湾区瑶溪街道上河滨村与瑶溪村境内。山体西高东低，向温强公路延伸。海拔 233 米，俗称半山。又因山背中有摩崖石刻“龙岗“二字，故又称龙岗山。西倚李王尖山坡与倒生丝（海拔 268 米），东靠温强公路，北坐落在上南山村与下南山村，南近蜈蚣山北坡。其山人文景观与自然景观十分丰实。出土有新石器时代晚期至战国时期的石器和陶器遗物，明、清时期的摩崖题刻及其他历史文物，等等。天然石峰有剪刀岩、独秀岩、龙蛙石等，奇峰怪石，姿态各异，似人像物，移步换形，妙趣横生。现存仰天镬、华阳洞、龙岗寺，以及古代园林胜地的“缭碧园”遗址。林木茂密。全年温暖湿润，土壤肥沃。历代文人墨客题诗歌咏颇多。近年，山脚建有牌坊及通往龙岗寺公路，并且在山中建有电力、电信等设施。

蜈蚣山　位于龙湾区瑶溪街道瑶溪村境内。以山形如蜈蚣得名。海拔 89—122 米。该山北与小岸坑交界南位于瑶溪下游北岸的入山公路侧傍，与门前山隔溪相望，西靠石壁山，东临山麓的沙田果树园林。整座山体属低山台岗型，地势由西向东呈梯阶下降。其表面花岗岩裸露，形成了岩石层层叠叠，天然佳石繁多，有万石山之称。西南植被较好，山坡有山园种植经济作物。山东部山麓地带，垦为果园花木园地。雪梨、玉兰各种花木生长茂盛。周围山麓历史文物十分丰富。是瑶溪风景名胜区的重要开发旅游区资源之一。近年，在东南山麓进行有规划地开发，建成钟秀园生态公园。

瑶溪山　以溪得名。主要有门前山、石壁山、倒垄坑山、屯山背、水库头山、路前山、路亭山等10余个山体组成。海拔约93—262米。西南与瓯海区茶山街道、永中街道交界；东面大部分坐落在瑶溪村。北部与倒垄坑交界。山谷小气候温暖、雨量充沛、日照充足、植被丰富，以常绿阔叶林为主，同时，也是大罗山主要的药用植物资源生长地。水土保持较好，大气无污染，环境清幽，森林覆盖率高，常有蛇、松鼠、野兔、山鸡等出现。土壤肥沃，以黄红土壤为主。种植有杉、竹、松、杨梅、桃、雪梨、桉、枫、乌柏等经济林，特别是水库头山、屯山背、路前山、老路亭山杨梅林繁茂，较有特色。

青山　位于龙湾区瑶溪街道青山村境内，海拔340米，因山色青苍，故名。由大小海拔在200米以上的10余个山体组成。南依弹子山与火烧岭，北坐落在璋川村与青山村，西靠瑶溪，东北近温强公路与青山敬老院（原址）。南部山峰耸立，北部依山势形成数座小山坡。在这坡谷中已垦为山园种植经济作物。依规划有花岗岩开采场。山中有将军岩，大主山，杀僧峰，东、西谷庵水库，月光坟，青山尖等自然景观与人文景观。北麓延伸长线上建有陶瓷、花岗岩加工、青山电站等数家企业单位。还有青山碗窑遗址、青山尖玉皇殿等。

弹子山　位于龙湾区永中街道朱垟村北面。海拔316米。形长如弹子故名。西临青山将军岩，东近朱垟村落，南坐落在孙垟村，北至青山范家岙水库与青山尖交界处。南部山坡有花岗岩生产基地。西部山谷有山园，种植番薯、豆、麦、油茶等作物。山中有王德坟墓。

万石山　龙岗山岭和蜈蚣山北坡上，风光岩层层叠叠，奇峰怪石，星罗棋布，尤其是蜈蚣山北坡，漫山遍布天然叠石，所以又将龙岗山岭和蜈蚣山并称为“万石山”。在御桥头山麓，原有旗障岩、兄弟岩、三叠岩、龙船岩、将士岩和天然赤壁等名胜均被人工开采毁灭。现存有仙叠岩、龙岗岩、天柱岩、倚云岩、火棍岩、雌雄鲤鱼岩、美人岩、水牛岩、乌龟岩、金鱼岩、独秀岩、剪刀峰、莲花瓣、砂照屏、老僧望月、老蛙观天等，不胜其数。这些奇峰怪石姿态各异似人像物，移步换形，妙趣横生。

李王尖　位于瓯海区与龙湾区之间，海拔460.2米，为大罗山中著名山峰。主峰山顶平坦，竖有航标。东观沧海日出，西望鹿城远貌，山麓南为李王尖自然村，西南为大茶山自然村，西北为响动岩自然村，东北为皇岙村，东为龙岗山，据《李氏宗谱》载：“唐年间王讳孝恭王妃申屠氏卒永嘉德政乡。西有平坦三顷，寝宫遗地尚存，至今名其墓曰李王坟，其峰曰李王尖。”山上有“校场”遗址。主峰西南山峦围绕，山间地势平坦，大茶山村坐落其中，有小溪由东向西北流向倒龙坑，南望可见一座凌云碧霄的奇峰，这就是“霹雳尖”，又名“李王尖”。

母子峰　位于瑶溪景区瑶湖东北面，群峰环抱，东面的母子峰挺秀凌云，花岗岩山体垂直节理相当发育，岩体竖向纹路清晰，颇有特色，峰顶两侧各有一巨岩，宛如年轻的少妇拥抱着熟睡的婴儿，相北而坐，故名。

石猴峰 金钟潭与尖刀岩之间，一座陡峭挺拔的山峰，巍然屹立，这就是石猴峰。站在石岭上，就可望到接近峰顶的山坡上似蹲着一只千年“石猴”，传说这是花果山的孙悟空，因偷食仙果，为了躲避惩罚，而不辞千辛万苦，跑到这里来隐修，只见它弓缩身子，耷拉着脑袋，还在闭目沉思，似在自惭悔过，又似在思念它的伙伴，它那栩栩如生的神态，可亲可爱。

歇马崖 位于善圣寺后，崖高 2 米。过往马匹常在这里系缰绳歇息，故名。相传唐宗室李王经过，系马于歇马崖上。

尖刀岩 扼于瑶溪和洪岩交界处的咽喉之地。巨岩屹立在野岭之侧，上头尖耸，下部宽大，形似尖刀，当地村民称尖刀岩。路侧岩壁上，至今仍存明·张侃（张璁祖辈），李阶（张璁老师）和乡贤吴壬的摩崖题刻。现该岩石上方被人为损坏（山民采石），幸亏温州市文物局工作人员及时赶到制止，才使该岩及摩崖题刻免遭全部被毁。

王母琴台 位于瑶溪景区金钟瀑对面。山脉中段山脊，坦荡如砥，上搁巨石，王母琴台。相传王母娘娘仙游至此，目睹峭壁上飞泻白练，耳闻阵阵松涛，情不自禁，坐在巨石上抚琴弹奏“高山流水”曲。又传有人在此隐修，见王母驾雾腾去，来去自由，萌发成仙上天欲念，每当王母离去，爬上巨石，凝望玉宇穹苍，因此，王母琴台又叫望天台。

水石同踪 为板障潭上一座大岩，岩上可坐三十余人。昔时张璁称之为“川上吟坛”。抬头望，杨梅林中，巨岩突兀，壁面如墙，上题“水石同踪”。

月光岩 位于瑶溪水石同踪周围，漫山遍坡的杨梅林中，奇峰林立，怪石峥嵘，金字塔岩、波浪岩、石门、犀牛岩、龙脊岩、天台岩、狼牙岩、道冠岩等上百座奇岩怪石，顿觉天高云淡，神清气爽，飘然欲仙，并可与“朝吐岭头云，夜吞江上月”的尖刀岩遥相呼应，被誉为瑶溪的“月光岩”。

大猫崖 位于李王尖山脚，林中遥望，山崖酷似卧虎，崖上斑点宛如虎纹，故名老虎崖，地人习称老虎为大猫，故俗称大猫崖。

督堂岭 位于瑶溪街道与状元街道境内，拜佛尖山东侧，海拔 130 米，因山有督堂，故名。岭南北走向。岭径条块石结构，宽 1 米左右，从河口村通往山西岙村。岭东脚有石牌坊一座，岭南脚西侧有居士林。

三堂岭 位于瑶溪街道皇岙山东侧，山坟岗与莲花心之间。因该岭由皇岙村通往响动岩村三堂自然村（古时此地建有善圣寺、善庆寺、三官堂统称为“三堂”）而得名，岭径条块石结构，宽 1.5 米。1997 年冬，由当地人集资修建，岭背立有修路碑。

响动岩岭 位于瑶溪街道皇岙山中部，美人尖南侧。从皇岙村通往响动岩自然村而得名。岭径条石结构，1997 年翻修。岭中转弯处有一棵数百年树龄的柏树。

皇岙岭 位于瑶溪皇岙山中，因岭下有皇岙村得名。此岭是罗东通往大茶山村的主要通道。岭径宽 1.5 米左右，条石块结构。岭东山脚建有公墓。岭北侧的山腰有王瓒与张璁祖辈坟墓。皇岙溪的部分水流在此山经过。岭尽头有驻云亭。

龙岗岭 位于瑶溪风景区龙岗山境内，因该岭从东麓通过龙岗山西往李王尖、大茶山等村，因此称龙岗岭。东部有亭，岭两侧多奇石巨岩，有“天柱倚云”等著名景点。岭南中段有温州市重点文物保单位——龙岗山新石器文化遗址。岭背旁有龙岗寺及半山王氏古墓等文物保护点。近年，在原有的岭址基础上，又增加一条从山下通往山中的公路。

瑶溪岭 位于瑶溪街道瑶溪南面，以溪得名。岭径原是条石块结构，近年因建造瑶溪山庄，改成公路。岭中段建有桥梁一座和“近风亭”“烟雨亭”两亭。此公路是瑶溪风景名胜区入口处。是大罗山中主要交通要道。岭至板嶂潭西侧开始基本上路面由块石与石板构建成。一直通往瓯海区洪崖地方与茶香公路交接。岭中有安乐桥、老路亭等人文景观。当杨梅丰收佳节，岭中非常热闹。清泉淙淙，山色引人，岭顺溪而上。

火烧岭 位于瑶溪风景区与双岙风景区的交界处，也是两景区互通要道。该岭从瑶溪风景名胜区的瑶湖东岸至双岙水库的西岩（原水库）。岭两旁原生态环境保护较好，岭中西南侧有一条小路可通往永中街道屯山小山村。

青山岭 位于瑶溪街道青山境内。得名于此山。岭从青山村胡公庙西侧上山，通往青山水库（东阁庵、西阁庵）。岭径由条石路与水泥路组成，近年局部地段有翻修。岭中段有青山水库引水渠横贯。使这里风景独特，别有风趣。

双龙洞 位于瑶溪风景名胜区境内小岸坑中。沿瑶溪西支流小岸坑涧而上，到双龙寺附近，溪中叠石成洞。溪侧山坡上，有一巨岩覆盖，岩下自成洞府，即“双龙洞”。洞口建有双龙寺。

华阳洞 位于瑶溪风景名胜区内小岸坑上段，龙岗山南侧山涧中。因王叔果晚号西华山人，弟叔杲字阳德，各取一字而名。原属“缭碧园”一景点，有径可通半山草堂，惜已淤塞。今洞口二嶂屹立，上覆巨岩，岩上横刻楷书“华阳洞”三个大字。

皇岙岭洞 位于龙湾区皇岙岭中部南侧。洞口窄小，仅容一人躬身而入，洞内漆黑一片，无人敢入。洞前有小溪，大雨时，溪水翻滚。旱天，洞内泉水源源流出，可供饮用。

老虎洞 位于李王尖山脚一崖壁上，周围峰尖突兀，山林葱郁，环境清幽。洞顶有一巨石，状像老虎出洞，洞底岩石红润，形似老虎爪，刚健猛勃，形象生动。

三、水景

风景名胜区的主要水流是瑶溪，瑶溪分别发源于大罗山脉的洪岩及李王尖附近，集来自洪岩、瑶溪山、倒垄坑、李王尖等高山石罅中的涓涓清流而成碧溪，沿途接纳倒垄坑、乌龙涧、小岸涧、南山溪、皇岙溪、河口溪、青山溪等支流，流经龙湾平原，沿龙湾炮台山麓注入瓯江，全长 12 公里多。流出景区（三条湘下）前，汇水面积 11.26 平方公里。

瑶溪自源头至瑶溪桥为上游，多峡谷清流，急湍飞瀑；瑶溪桥至龙河桥为中游，水深河宽，适应内河航运。瑶溪流域较广，流出景区即进入瓯江下游冲积平原，而且紧临瓯江入海口，海洋暖湿气流直驱而入，又受到西北山脉阻挡和抬升作用，降水丰沛，年均降水量达 1800 毫米以上，因而瑶溪水量丰富。风景区域内年均地表径流量达 1430 万立方米。同时，全年降水季节变化不大，春雨期年平均降水 250—300 毫米，春夏梅雨期年均降水 500—600 毫米，夏秋季降水达 600—700 毫米，冬季少雨期也达 280—300 毫米，而冬春季的蒸发量相对减少。因此，瑶溪年水位季节变化不明显，冬春季节照样泉涌瀑飞，川流不息。

瑶溪风光因水而引人入胜，其所构成的自然景观丰富多姿。因此，瑶溪之水不仅是各种动植物生命的源泉，而且是直接构成瑶溪优美风景的根本基础，并完全可以满足旅游开发的需要。

龙泉上折瀑　位于状元街道大岙溪上游，潘俊亭南边。溪流蜿蜒曲折，名龙泉。有数条瀑布，称“龙泉四折瀑”。四瀑同一水源，流经四处悬崖，倾泻而下，景致各异。

金钟瀑　从板障潭西行，青山夹峙、林木葱茏，跨过古桥，经过路亭，到达金钟瀑。瀑布宽大，飞流直下，泻入狭深石谷。

浃底山泉　位于瑶溪街道浃底村西面后山山脚坡下田园中，以村得名。终年不竭，是附近地方主要饮水源。该泉周围用四条石条围成井形，长 1.7 米，宽 1.4 米，并在下部筑建小池作为生活用水。

板障潭　鹭鸶潭上行约 100 米处，因壁峻如削，犹如板障，故称板障潭。又因其水深无底，传说有龙潜卧，又称卧龙潭。潭上游岩壁大片倾斜，岩上凹凸不平，布满石窟。

鹭鸶潭　明张璁率生徒溯溪穷源至此。三面皆悬崖峭壁。潭内波光翠碧。潭上方刻有红色潭名，另侧上口危岩上留有深大脚印。传说神仙云游至此，一脚踩出硕大脚印，隔溪望之，越看越像。在瑶溪流经的溪水中最动人景观还有仙人洋、五叠瀑、洗足潭等。

瑶溪　发源于大罗山东谷。集来自洪崖、屯山、瑶溪诸山及倒垄坑等崖壁中涓涓细流。至鹭鸶潭汇成溪流，从瑶溪垄奔腾而下，流经梨园，水势平缓，碧波荡漾，横穿瑶溪、永中两集镇，注入瓯江。瑶溪旧名“姚川”。明内阁首辅张璁曾读书讲学于溪滨，并率学生侄子一同溯溪穷源。以“溪石皆玉色”而易名“瑶溪”。有《穷源记》名作：“青山曲曲，碧水弯弯，奇峰林立，怪石峥嵘。”以其独具一格溪谷风光而名闻浙南。随着旅游事业发展需要，近年区域内先后建成瑶溪山庄、上山公路与桥梁，在下游进行有规划营造城市绿化公园（钟秀园）、贞义书院，同时对下游两岸用石块筑起河坎种植树木。风景越来越美丽。

皇岙溪 位于瑶溪风景名胜区境内皇岙村，发源于李王尖（459.6 米）主峰和集周边群山的水流。溪间没有直长流而曲曲湾湾，四面环山，前后峰峦罗列，梯田果园，平坦茂盛，植被葱郁，环境清幽，森林资源丰实。如大雨之际，山洪暴发，汇集喷涌冲进响动岸岭西南侧岭下，泥沙俱下，轰隆有声，为山间奇特景象。溪下游东南侧有王瓒墓、张璁祖墓、国安寺等古文化遗存。溪水与其他小溪源水汇入皇岙河流经大王井河。

青山溪 位于瑶溪风景名胜区境内青山村，发源于青山主峰（海拔 340 米）和群山中水流，全长约 3 公里，水流至青山碗窑遗址边注入青山河。溪南山峰耸立，溪北部山坡平缓形成较多小山谷。大溪上游山谷，1957 年建成了西谷庵水库和东谷庵水库。溪北沿岸，树木茂密，多松树及杂木，溪间气候温暖，环境清幽。下游建有路亭及青山胡公庙。水浅顽石叠趣，卵石玲珑、金沙莹亮、水景人情自然友融，亲切怡人。

玄真观古井 位于瑶溪风景名胜区玄真观前竹林中，终年不涸。相传喝上一口便于清心寡欲，清除烦恼。今井水不能饮用。但还保持原有建筑格局。

南山水井 位于瑶溪街道南山自然村与下南山自然村的村庄后，环山公路南侧。二自然村各有一井，始建年代不详，其井水都清澈，日常村民都作为煮饭水与生活用水。近年村民对水井周围保护较好。

苏家浃水井 位于瑶溪街道苏家浃村，温州第二十五中学校园内。始建于明代，原名称水果井，井虽历经数百年，至今井水依然清冽甘甜爽口。据居住在此井旁村民介绍，当年温州水产学院、军分区、医站、商校、十五中学、二十五中学的人员均饮用过此井水。

龙岗寺古井 位于瑶溪街道永胜村龙岗寺大雄宝殿北侧。占地约 10 平方米，井由块石垒砌成圆形，上窄下宽，上筑井圈，六角形，井圈外壁上阳刻篆书“宋龙井”，现井台表面铺花岗岩平板，以防污染井水。

仰天镬 位于瑶溪风景名胜区境内龙岗寺之前，为大罗山巅明代唯一天湖池，称“仰天镬”，分内镬、汤镬、外镬三部分，都是明代半山缭碧园中莲池，登山岗遥眺东海，令人心旷神怡；径步行数百梯岭，天然奇峰怪石，姿态奇异。到山坳平坡，看天湖池，

“古墓、石碑、碧水、古寺”步步为景，交相辉映，形成一幅清静风光秀丽山水画卷，历代骚人墨客在此留下许多真迹和名句佳作。有诗云“云泻朱栏净，波索饰石联，凝流浮碧玉，浴景倒青莲。”诸多的古诗词会，怀古幽情油然而生，情趣盎然。近年，池内已清淤，并筑塘蓄水。遍种荷花、岸植杨柳。荷叶、荷花翠碧莹丽，景色更加迷人。

瑶湖 位于瑶溪山庄（瑶溪王朝大酒店）后。1996 年 7 月建成，湖集雨面积约 5 平方公里，湖容 47 万立方米，湖最深处达 80 米。是一个依高山峡谷而建成的人工湖。瑶湖东北面两座高山奇峰突起，高耸入云，湖岸曲曲直直，优美自然，水边顽石可戏水，宜憩、漫步湖畔，但见烟波浩渺，轻舟掠影，群峰环抱，层峦叠翠的奇观。近年，湖沿岸修建了游步道，湖南岸建设了游客休息茶座等配套设施。

青山湖 位于瑶溪风景名胜区境内青山水库区。1957 年，东谷庵水库与西谷庵水库合成，因两库区处在海拔 300—350 米的高山湖泊故称青山湖，长峡谷形成湖面，四周植被良好。纵深广阔的山谷，独特的湖光山色，亦称胜境。近年来随着旅游业发展，人们崇尚回归自然，游客逐年有所增加。

瑶溪垄 位于瑶溪风景名胜区境内的瑶溪口，穿越钟秀园沿溪上山在瑶溪桥南头，便见峻险峡谷的瑶溪垄。瑶溪垄两岸，青山对峙，苍岩夹峪，万仞峭壁，高耸云霄。溪中顽石叠叠，清流急湍，水石相搏，声如操琴。逢上山雨，整个溪谷更显得山色迷幻，烟雨朦胧，轻岚薄雾，虚无缥缈，异常迷人。如淫雨连绵，溪水暴发，瑶溪垄犹如万马奔腾，滚滚而来，气势磅礴，蔚为大观。

四、生景

瑶溪风景名胜区地带性植被类型分区为中亚热带常绿阔叶林南部亚地带，地带性典型植被类型为常绿阔叶林。据初步考察调查，计有蕨类植物 14 科 21 种；裸子植物 6 科 15 种；被子植物中双子叶植物 92 科 310 种，单子叶植物 18 科 79 种；共 130 科，425 种。植物种类比较丰富。解放初期时，风景区内原始森林茂密，苍翠成荫，覆盖地面，林间鸟兽活动频繁。但 1958 年的大烧火炭炼钢及随后几年的开垦给瑶溪的植被带来灾难性的破坏。后来，当地农民认为山林树木“上吃水，下吃土，自然生长，无本厚利”，因此群众造林盛极一时，营造了很多的人工林——松林、杉木林、毛竹林和多种果木，并经过封山育林，大多已成林，植被状况大为改观。现在的植被大致包括：①常绿阔叶林；②常绿、落叶阔叶混交林和落叶阔叶林；③马尾松纯林；④灌林草丛植被；⑤人工用材林和果木林。前两类分布不多，马尾松林广泛分布在风景区西北部，人工用材林、果木林则分布在沿瑶溪及其支流两岸的山坡上和西北部海拔 100 米以下的丘陵地带。由于近几年积极推行封山育林，灌木草丛生长很快，花岗岩山坡上柴草、灌木也丛生密长，植被覆盖率已达 60% 以上。随着植被环境的改善，各种动物也迅速繁殖，如小松鼠繁殖生长很快，在山坡上、岩石间到处蹦跃，树林中的鸟飞蝉鸣，更衬托出风景区的自然情趣。

1. 常绿阔叶林

这是人类护植下残留的大罗山最适应的植被类型。景区山麓缓坡或山地原隰，小气候湿润，土层深厚，残枝落叶积聚，有机质丰富，表土棕黑色，具团粒结构，土质肥沃，保水性能良好。森林外貌四季深绿，单叶革质叶面光滑反光，所以也称照叶林，树木高大，林冠郁闭。建群种以樟科、壳斗科为主。乔木有香樟、大叶楠、青岗栎及槠等，时而间有杉木。林下灌木层极不发达，有零星的柃木、水杨梅等生于林缘。草本亦属耐阴植物，如莠竹、淡竹叶、鸭跖草、爵床、火炭母、翠云草等。岩石、树皮上有阴地蕨和苔藓附生。由于各种原因，林木自然更新能力差（林下不见幼树幼苗），需要人工大力护植和栽种。

王坟山庙旁山坳还有由人工栽培保护而残留的单株围涎树和红木，且生长良好，足见亚热带常绿种对龙湾区自然环境的良好适应性。

2. 常绿、落叶阔叶混交林和落叶阔叶林

这种类型一部分可视为常绿阔叶林破坏后林地裸露、阳光充足，阳性落叶阔叶树如枫香等自然侵入滋生而成；大部分则属人工种植的次生林，分布于山坳或缓坡土层深厚处，如茅竹岭山、倒垄坑山峡谷周围等。林相呈温暖夏绿林景观，入秋后红黄绿相间，林冠郁闭度远不及常绿阔叶林，因而呈乔灌草三层或乔木——灌草二层结构，常绿种有香樟、杉木、柳杉、侧柏、桉、黑荆、银桦、杨梅等；落叶树以枫香为主，还有枫杨、楝、乌桕、鸡爪槭、臭椿、重阳木、榔榆、桃、朴、杨、紫薇等。郁闭度参差不等。郁闭度大的，林下灌木稀少；郁闭度小的，则灌木层较发达。灌木种有牡荆、山胡椒、华山矾、盐肤木、柃木、大青、馒头果、山楂、黄梅、冻绿和木质藤本茅莓、金缨子、婴奥等。林间旷地和林缘阳生环境草本较茂盛，以禾、菊、豆、蕨为主。植物种有鸭嘴草、金茅、营草、野古草、鼠尾粟、狼尾草、白鼓钉、泽草、飞蓬、紫宠、鬼针草、胡枝子、野葛、铁芒萁、蕨、金刚刺、铺地锦、杠板归、刺苋、律草、牛膝草、鸡眼草、火炭母、海金沙、宁麻、乌蕨、白蕨、红花酢浆草、天门冬、翠云草等。

人工营造的纯桉林、桉松混交林、桉枫混交林、枫香林等也属于这种类型，呈小块分布于山麓坡地和村庄附近。

这种类型的森林立地条件一般较好，地势平缓，土层较厚润湿。如果加以保护，让腐殖质层不断加厚，良好的小气候可促使其向常绿阔叶林演替，更有效的是人工引植常绿树幼苗促进其更新。

3. 马尾松纯林

外貌四季常青的马尾松林是大罗山区占地最大的植被类型，一般属于 1960 年以后营造的人工次生林，树高不超过 6 米，胸径不及 13 厘米，按立地条件不同可有下述三种群落。

①马尾松——禾草群落

本群落见于丘陵坡脚、平缓山坡或山坳。土壤属发育成熟的红壤，土层深厚无石砾，农民称黄筋泥或黄泥松，如元宝山冬瓜龙谷地。群落呈明显的两层结构，马尾松生长茂盛，林冠郁闭度大。农民每年进行刈割拾薪，灌木草本一起除去，灌木仅留有稀疏的能萌发抽条的华山矾、馒头果等；禾草则盛生，高超过 1 米，以细柄黍、鸭嘴草为主，间或有野古草、金茅、香茅等。林缘路旁有鼠尾黍、狼尾草、山蚂蝗、胡枝子等。

司南农民在冬瓜龙侧改植杉木，成活率高，生长快（远超过马尾松），成林整齐，不到七年树高 7 米，胸径 6—8 厘米，“文化大革命”期间全部被窃伐，萌茬生长仍很快，可惜屡遭砍伐，只剩残株，以杉木林改造松林，即以用材林代替薪炭林，具有巨大的经济意义。

②马尾松—牡荆—铁芒萁（或蕨）群落。

分布于开旷山坡上，土壤不及前者深厚，且黏重而混有石砾，色棕黄。马尾松生长缓慢，郁闭差。灌木层有散生的偏阳性的牡荆、山胡椒、华山矾、盐肤木、馒头果、山楂、山槐、柃木等，草本以铁芒萁为主，在开旷湿地由蕨代替，或偶有白茅成片滋生（白茅和铁芒萁均具横卧茎，并在同一深度生长，呈相克现象）。草本还有菊科和禾草，如泽兰、多种紫苑、草、香茅等。

③马尾松—木 + 松木—铁芒萁群落

分布于凝灰岩，花岗岩和陡峭斜坡或山巅；岩石裸露，土壤贫瘠，日照好，风力大。马尾松间或有少数黑松成为先锋树扎根岩隙瘠土，生长甚缓慢，但矮壮、浓绿；有些地方石隙成不规则凹地，积聚着较多土壤，松树也可长得较好。木和柃木亦沿石隙扎根，虽屡经刈割仍顽强生长。时而灌丛中还出现杜鹃和黄栀。草木以阳生种铁芒萁占绝对优势，成为水土保持的尖兵；禾草仅有须根种类如野古草、营草、香茅等稀疏丛生。在较润湿的地方地绵呈小片卧地生长，盛花时鲜艳非凡。

4. 灌木草丛植被

一些山巅岭头、乱石堆滩、瘠土陡坡或花岗岩风化坡，风蚀干燥，冲刷剧烈，土壤肥力极度低下，植物自然更新能力极差，仅有疏生的耐瘠灌木如 木、山槐、华山矾等。草本种类亦贫乏，仅有铁芒萁也生长甚差，由其担负全部水土保持的功能；偶尔可见疏生的绵毛鹿茸草。

这类植被地段亟须人工种植先锋树种马尾松和黑松，加强水土保持能力，增加残枝落叶和土壤有机成分，以便松树成林后再让其他植物接踵定居。

5. 人工用材林和果木林

①杉木林：度山大队和郑宅大队沿溪涧谷地种植杉木，长势喜人，迅速成林，枝叶繁茂郁闭（站立林中不见青天，有些地方栽植过密必须间伐），树龄不及20年最大胸径在15厘米以上。杉木生长快，木材良好，颇有发展前途。有些地方有成块的或带状的人工柳杉林，长势不及杉木。

②池杉林：派岩路旁山坡上有大片池杉林，林地土壤深厚、肥沃，仅四、五年蔚然成林，树高7米，最大胸径7—8厘米系。虽系引种（原产美洲），但适应性好，生长比杉木快，经济价值有待评比研究。

③桉树林：解放后，数种桉树由广东引植龙湾区，生长快，成林速（农民称其“三年背四年抬”），适应性广。桉树落叶不易分解，对改良地力的效果并不大，但只要保持好林下地被物，同样可以达到改良土壤的目的。

④黑荆林：黑荆在龙湾区生长良好。林业部门在许多地方建立黑荆基地（如郑岙大队），进行等高种植。由于立地条件的不同和管理水平的差异，生长优劣悬殊。建议加强技术指导和提高管理水平，以促进黑荆种植业的发展。黑荆是优良的栲胶植物。经济价值高；如作为行道树或庭院种植，四季常青，清香洋溢，能奏清神之效。

⑤毛竹林：繁茂的毛竹林是本区稳定的群落类型，面积较大，分布在土壤深厚处，修竹挺直，长势喜人，竹材用于制作竹器，竹笋是美味食品。

⑥杨梅林：低山近山是发展果木林的良好基地，既可取得较高的经济收益，又可发挥生态效益。茶山、丁岙、天柱寺的杨梅向负盛名。杨梅适应性强，肥料省，产量高，产值大。果树四季常青，盛果时绿绒红缀，观赏和果食兼备，在风景点周围发展杨梅林，具有特殊作用。天柱寺周边的杨梅林中，有白杨梅品种，其果大、味美、产量高，博得好评。今后，扩大梅林面积和繁育良种并举必能奏更大功效。

⑦柑橘林：山坡发展柑橘林除上述功效外，还可替换出许多良田种植水稻，茶山率先发展柑橘种植（但良种蜜柑不多），永强也将大面积薯地改为橘园。

⑧桃梨林和其他果树林：桃梨在龙湾区能良好生长，丰硕结果，但要注意繁育良种。可在土层深厚、土质疏松、排水良好、水源充足的山坡地或平原高燥地建园并搭架护植。

⑨桂花林：桂树四季常青，开花时节更是随风飘香，不但美化环境，还可提供高档茶品。景区小面积的木樨林（有丹桂、银桂、月桂，尚缺金桂）颇引人注目。

第二节　人文资源

瑶溪街道属省级历史文化名镇，其主要的文物古迹即存留于瑶溪风景名胜区内，截至于2012年，除已毁去的以外，景区尚存文物古迹数十处，其中国家级重点文物1处，市级2处。通过对瑶溪风景名胜区67个现有大小景点（含景物、景观）的科学评价，最终得出结论：一级人文景点1个，二级人文景点6个，三级人文景点15个，四级人文景点5个。

一、园景　陵墓

1. 现代公园

钟秀园公园　瑶溪钟秀园景区是瑶溪风景名胜区的主要景区，位于瑶溪泷入口处，是自然山脉向平原地区发展的衔接区域，整体生态环境良好，且是张璁办学教书的旧址，历史文化悠久，具有发展休闲文化功能的环境背景和人文底蕴基础，瑶溪钟秀园建设工程总规划用地面积25.7公顷，总建筑面积1340.6平方米，景观绿化面积约180000平方米，总投资约16384万元。钟秀园工程分三期建设，其中一期工程占地约5.8公顷，工程投资额1000万元，建设内容以三条湘景群为主；二期工程占地面积约10.7公顷，位于钟秀园景区的中部，投资额约2500万元，建设内容以果园撷秀景群、瑶溪滨水景观带等为主；三期工程占地面积为9.1公顷，位于钟秀园的南侧，投资额为3000万元，建设内容以桑田农趣景群等为主。

2. 陵园墓园

王瓒墓　（含王氏祖墓）。王瓒墓位于瑶溪街道皇岙村李家尖钵浮山，坐西南朝东北，西距三都张氏祖墓10余米。该墓于明嘉靖年间依山而建，呈座椅式，前后三坛，占地约1158平方米。墓前设楼阁式花岗岩仿木牌坊；拜坛两侧立石像生、望柱、墓志铭；墓前原有龟座嘉靖三年圣旨碑一通，已毁，现碑为2001年修复时立；墓后立青石质仿木单层悬山顶碑亭。2013年12月26日，被龙湾区人民政府列入文物保护单位。

张璁祖墓群　坐落在龙湾区瑶溪街道皇岙村皇岙山南麓。规模宏大，总占地面积约1500平方米，由八座大小坟墓（张璁高祖、曾祖、祖父、兄及继室一品夫人潘氏）组成墓群。依山起势，上下三至五坛。座椅式，坐南朝北，坛坎步梯及围墙均由扶石、青条石、石板垒砌。其中，张璁祖墓较大，作为主体建筑，明刑部尚书高友玑志其墓。周围依次建有各祖辈单体之墓及神道门，墓碑、牌坊、碑亭等相应建筑物，通过围墙有机地结合，有主、有从，范围清楚、造型古拙、典雅肃穆。

该墓群明代建造，中间历经修葺保持原样，但因年代已久，石雕工艺且均已毁坏，只留残迹。墓室已开始沉降。近年，已对该墓群进行修理。2010 年，被龙湾区列入文物保护点。

娄氏御史墓 该墓位于永中街道青山村 77 省道北侧。北距青山村办公大楼约 38 米，坐南朝北。占地约 620 平方米。墓内安葬着明朝景泰辛未年（1451）进士、监察御史、娄氏第十五世娄哲庵及族人。墓始建于明永乐己丑年（1409）。1958 年县级公路修建和 2006 年 77 省道拓宽，两次向南移迁而成现状。墓沿中轴线依次为八字台阶，神道门，东西六角亭、墓坛、东西爬山廊、墓冢、娄宽亮诗词群廊、墓冢设三坛，墓券呈座椅式，中立墓群，上书“监察御史念七娄公之墓”。2009 年，被龙湾区列入文物保护点。

英桥王氏“七派坟” “七派坟”为永昌堡英桥王氏家族墓群俗称，位于瑶溪街道永胜村龙岗寺西侧。该墓群占地约 2000 平方米，规模宏大，有墓碑可考并已修缮的明代墓葬 11 座。墓皆为座椅式，花岗岩块石砌筑，造型简洁、古朴、端庄，虽历经六百余年，仍保留明代原有型制格局。其中，王叔果祖母张恭人（系张璁胞姐）墓前花岗岩质冲天式石牌坊上阴刻有“敕建诰封王通政张恭人之墓”，至今字迹清晰。

半山王氏墓群墓志铭、石像生、瑞兽、望柱等石雕雕刻精美，建筑本体保存较好，是研究明代墓葬建筑和历史文化的重要材料。2009 年，被龙湾区列入文物保护点。

王良心墓 位于瑶溪街道皇岙村莲花山脚。该墓坐北朝南，占地约 330 平方米，依山势而建，座椅式，上下分三坛。墓碑铭“明兵科给事中存吾王公之墓”。墓顶方石蔓地，坛坎，步用花岗岩条石铺筑。近年来，此墓由王氏族人进行修理。2009 年，被龙湾区列入文物保护点。

陈氏家族墓 位于瑶溪街道皇岙村莲花山南坡。该墓群是明代陈氏三善公墓、勉学斋墓等。墓群均坐北朝南，占地约 480 平方米，依山而建，座椅式气势宏大，有四通墓志，皆为当地名人书篆，显示墓主在当时身份，地位较高。近年，族人对该墓群进行整体修理。2009 年，被龙湾区列入文物保护点。

沙城项氏祖墓群 位于瑶溪街道南山村李家尖黄狗盘。墓占地约 1050 平方米，有神道门、墓 4 座，圈椅式，由花岗岩块石砌筑，均为明代墓，其中项乔墓于 2006 年由仰义迁移建于此。近年，项氏族人对墓群进行修复，并且对上山公路也进行翻修。2009 年，被龙湾区列入文物保护点。

高应祥墓 位于瑶溪街道南山村玉峄山陈屯门，坐北朝南。建于明代，上下九坛，占地约 1500 平方米，墓群书“龙湾高氏之墓”，墓前石构件及牌坊已毁。2006 年 10 月，重建墓坎墙，墓主高应祥（1465—1511），字延风，瑶溪街道龙湾村人，兼通诸子百家，任苏州教学训导。2009 年，被龙湾区列入文物保护点。

王德墓　位于永中街道上朱垟村。墓区内伴葬其孙，明万历戊戌（1598）年武状元，明威将军王名世。墓地约300平方米，“文化大革命”时期损毁严重，仅余地下墓室，墓的地表建筑已无存。该墓系列为龙湾区文物重点保护单位。墓主王德（1517—1558），字汝修，号东华，永昌人。嘉靖十七年进士，授东昌府推官，广东按察使佥事。在家乡曾同叔父王沛抗倭阵亡，朝廷追赠为大仆寺少卿，并在温州康乐坊建愍忠祠以为纪念。

二、建筑

1. 风景建筑

老路亭　位于龙湾区瑶溪风景名胜区通往洪岩交通要道处。块石简易结构，亭建在路侧，石柱刻有文字，亭中立有山神案位。早春二月，行人路过，常向山神献花。历经修复，保持大山中路亭风格。近年，亭中配备磁卡电话亭。2011年，对该亭进行修理。

观瀑亭　位于瑶溪风景名胜区金钟瀑前西面路转弯边。建于2008年春月，六柱六角花岗岩单层攒尖角结构。亭正面朝金钟瀑而得名，亭柱刻有联语。

仰止亭　位于瑶溪风景名胜区，瑶溪山庄前西南山坡上。此亭坐北朝南。2003年10月，由龙湾区旅游局出资建成。在亭东边草坪上立有明代大学士张璁撰写的《穷源记》石碑。亭联语：“胜迹昔曾探，地拥琼瑶东海曲。仙源今广被，天开图画大罗山。”

烟雨亭　位于瑶溪风景名胜区瑶溪桥北礅公路侧。六角形水泥石结构，亭顶2米，亭柱高3米。

迎风亭　位于瑶溪风景名胜区入山公路南侧瑶溪桥上方。六角四柱。20世纪90年代建造，水泥石结构。

驻云亭　位于龙湾区与瓯海区交界处，在李王尖之下。坐东南朝西北，花岗岩石结构方形路亭。因地势较高，经常烟雾缭绕，故名驻云亭。民国初上，建在领头岭与皇岙岭尽头交界处，往西通向响动岩村，往南通向大茶山村。山湾之中遗址尚存。1996年改建今址，占地面积30平方米。石柱刻有对联。亭侧边有山泉水供行人之用。

两宜亭　位于龙湾区龙湾街道上河滨自然村半山上。1986年，由瑶溪风景名胜区管理区负责建造。水泥结构，八角二台。有联语曰：“一曲涧水，淘来瑶玉清波；二角旗尖，占尽地天形胜。”

觞咏亭　位于瑶溪街道永胜村龙岗山龙岗寺西南公路转弯下处山田边，原“觞咏亭”遗址上，亭成长方形，近年新建。亭坐西朝东，三面有坐靠背椅。亭名由黄杰甫撰写，旁柱有联语。小溪曲绕亭，明代英桥王氏邀永嘉名流，荟萃于此，仿兰亭曲水流觞，以吟咏诗赋，故称“觞咏亭”。

无碍亭 位于瑶溪风景名胜区龙岗山公路上段转弯公路南。亭坐南朝北，望下是小岩坑水库。亭六柱六角花岗岩结构，亭柱刻有联语。

四摄亭 位于瑶溪风景名胜区龙岗山公路上山转弯处，仙叠岩附近。亭六柱六角单攒尖角花岗岩结构，亭柱刻有联语。

十善亭 位于瑶溪风景名胜区龙岗山公路中。亭六柱六角，单层攒尖角花岗岩结构，亭柱刻有联语。

贞义书院 位于瑶溪街道瑶溪村南部。蜈蚣山麓。明正德十三年（1518）张文忠为举人时建。初名“罗峰书院”。有屋三间，园五亩，堂名“敬义”，用以授徒讲学。嘉靖七年（1528），世宗为之敕建“敬一亭”“抱忠堂”而更新之，赐名“贞义书院”。诏“有司加意修葺，务须宏丽坚固，用垂永久”。地处卧龙潭下，三叠岩边，前有荷池，后多丛竹。其书院中及周围建有敕谕碑、圣旨碑及数座牌坊等建筑物。遂蔚为名胜之区。嘉靖三十七年四月，倭复犯郡被毁（见光绪《永嘉县志》卷八《兵事》）。2009年，书院遗址被列入区文物保护点，近年在营造复建钟秀园城市公园同时，规划恢复了贞义书院。

安乐桥 位于瑶溪街道瑶溪风景名胜区西南角金钟瀑下游溪间上。东西走向，是瑶溪风景区通往大罗山香山风景区的主要桥梁之一，石梁板梁结构，三孔梁柱，桥北下溪中有丁步遗址。溪水流流深谷景色，恍若桃源。

瑶溪永强公路桥 位于瑶溪街道瑶溪村。横跨在瑶溪河上，东西走向，此桥旧名阮桥，原条石结构，多孔，面宽3米，有石栏杆。民国初年，茶山乡绅诸岩松曾出资修理，其后1957年建温州至永强公路时，被改建为钢筋混凝土结构，1961年被洪水冲塌，后修复总长7米，宽1.5米，系三主孔二小孔。近年，在桥的北侧建有一条新公路桥，原桥废。桥的两岸河坝都有花岗岩块石建筑，别具一格，为新增添了气势。此桥的地理位置十分重要，西南是瑶溪风景区上山公路入口处，西北面通往环山公路与温强公路龙湾段。此桥也是景区地理性标志建筑物。

瑶溪桥 位于龙湾区瑶溪风景名胜区瑶溪岭上。拱形条石石桥，长45米，宽6.2米，桥上两边有栏杆保护，1995年建成。南墩建有迎风亭。桥名由书法家林剑丹撰写。

青山桥 位于龙湾区瑶溪街道青山村青山河上，故称青山桥。南北走向。始建于1984年，系单孔钢筋混凝土结构。桥长5米，负重6吨。桥南部与温强公路连接。

瑶溪上山公路桥 位于龙湾区瑶溪街道瑶溪村“钟秀园”景区内。该桥长25米，宽7米。南北走向，2000年施工建造。连接瑶溪上山公路与入山公路之间交通。桥北侧有水产养殖基地，下游栏杆桥、揽月桥等三座石桥柱及部分条石移砌河坎，遗物均系明朝文物。

跑马桥遗址　位于瑶溪风景名胜区钟秀园内。占地约 48 平方米。桥南北走向，横跨三条湘，为五孔柱式石梁板，桥面石板缺失，残存桥墩，由 4 根花岗石柱组成，共 4 组。

栏杆桥遗址　位于瑶溪风景名胜区钟秀园内。占地约 96 平方米。桥南北走向，横跨瑶溪河，为三孔柱式石梁板，残存桥墩 4 组，每组由 9 根花岗岩条石组成。

民可桥遗址　位于瑶溪风景名胜区钟秀园内。位地约 55 平方米，南北走向，横跨瑶溪河，为三孔柱式石梁板，残存桥墩 3 组，每组由 4 根花岗岩条石柱组成。

环一村锁青桥　位于瑶溪街道环一村，该桥清代建造，为单孔柱梁式石板桥，南北走向，横跨东井潭河，全长 9.46 米，宽 1.5 米，失高 1.88 米，占地约 18 平方米。2010 年，被龙湾区列入文物保护点。

镇东桥　镇东桥架于瑶溪街道雄心村瑶溪河支流上。该桥始建于南宋宝祐甲寅年（1254 年）八月二十五日，清乾隆戊子年（1768 年）春重修，为三孔梁柱式花岗岩桥，全长 14.6 米，宽 1.6 米，矢高 2.9 米。桥堍用块石垒砌，桥柱非连锁式结构，用 3 根石柱，上横条石，每跨用 3 条桥板。该桥造型古朴、结构科学、保存较好，东西两侧的名款、修建时间、题记等均字迹清晰，是佐证温州桥梁史和水纹地貌变迁的实物材料。2013 年 12 月 26 日，被龙湾区列入文物保护单位。

2. 民居宗祠

瑶溪村董士义宅　位于瑶溪街道瑶溪村，该宅坐北朝南，占地约 635 平方米，由前门台、道坦、正屋、天井、后门台、天井两侧设门台，四周由围墙围合成合院式建筑，清代建造。

瑶溪村董学银宅　位于瑶溪街道瑶溪村，该宅坐北朝南，占地约 1836 平方米，由门台、前后厢房、正屋、后屋及围墙组成合院式建筑，清代建造。

皇岙村张士伦宅　位于瑶溪街道皇岙村，清代建造，坐北朝南，占地约 1350 平方米，为合院式建筑，沿中轴线依次为门台、前厢房、正屋、后厢房、后屋。正屋面阔五开间，进深七柱十三檩，设前廊，屋面单屋硬山顶，阴阳合瓦，勾头滴水。

青山村隔墙屋　位于瑶溪街道青山村，清代建造，坐北朝南，占地面积约 1287 平方米，沿中轴线自南向北依次为照壁、门台、天井、东西厢房、正屋、外围围墙。

青山桥头屋门台　位于瑶溪街道青山村，清代建造，屋坐北朝南，占地约 570 平方米，现存门台 1 座，占地约 3 平方米。门台为悬山顶砖仿木牌楼式，具有清代特点的代表性门台，有一定的艺术价值。

环一村朱进春宅　位于瑶溪街道环一村，民居始建于清代咸丰年间，坐西朝东，占地约 830 平方米，三合院式，由门台、正屋、东西厢房及围墙组成。正屋面阔九开间，明间进深七柱。特别是门台拱斗插屏，园瓦雕琢，长方砖平滑细腻，门前围墙顶端高五十厘米全钱窗眼，向两边延伸与两轩风角云头式的马头壁相映成趣。具有清代典型的建筑形式。

底岭下古民居 位于瑶溪街道底岭下村（该民居是龙湾区特殊的古建筑性群），该宅建于清乾隆至嘉庆年间，共有四座大院组成，当地俗称大房、二房、三房、四房，其间有曲径、花苑、书院互通连接，平面呈倒三角形，面积约5350平方米。其中，二房于20世纪80年代毁于火灾。近年，居民对部分房屋进行改建，基本上已保持旧貌，是浙南沿海典型的古民居。

瑶溪张氏小宗 位于龙湾区瑶溪街道瑶溪村南部。砖木结构，占地面积1000多平方米，坐北朝南，前为大门，后为正厅，四周围墙。正厅面阔五间，通面阔约18米，通进深约7米。明间抬梁式结构，重檐歇山顶，阴阳合瓦，勾头滴水。天井院中，甬道均用长条石平铺。据清道光间《普门张氏闻知录》记载，该祠初建于明代，清道光年间将贞义书院移建现址。祠内正厅前分别按放石鼓、石狮各一对，形态生动，造型古朴优雅。天井右围墙边立有明代张璁诗碑与文碑。2009年，被龙湾区列入文物保护点。

瑶街陈氏宗祠 位于龙湾区瑶溪街道瑶街自然村，该祠堂清代建造，坐北朝南，占地约700平方米，由前厅东西厢廊、正厅组成合院式建筑，四周由块石筑成围墙。正厅五开间，明间进深四柱十三檩。2010年，被龙湾区列入文物保护点。

温州水产学校教学楼旧址 位于瑶溪街道苏川村村舍后，环山公路北面半山坪中。此教学大楼始建于1958年作为温州水产院教学楼，是一栋20世纪50年代典型的仿苏式建筑，建筑坐北朝南，主体建筑高三层，通面宽64米，通进深16米，占地约1030平方米，其前樟树生长较好，近年村民在大楼围墙外建成生态公园。

3. 宗教建筑

国安寺 位于龙湾区瑶溪街道皇岙村皇岙山南麓，坐北朝东南，占地面积1500平方米。唐乾符年间（874—881）始建。距今已有1100多年。原寺规模宏大。共分9进，依山而筑，至20世纪90年代初仅存3进。寺门拱钵盂山，莲花心。西依美人尖，寺后茂林修竹，景色宜人。现经修复扩建，入山门过左右放生池。可见七如来，左右两侧各有凉亭，金刚殿岿峨高大，结构合理，布局分明。寺宇配套设施完善。近年香火较盛，是龙湾区佛教协会所在地。寺东首千佛石塔，也称为国安寺石塔。

国安寺石塔 位于龙湾区瑶溪街道皇岙村五峰山东麓国安寺东首。《永嘉县志》载："国安寺在膺符乡（今瑶溪乡一带）唐乾符间（874—879）建。"塔系楼阁式青石仿木构建筑，六角九层，空心，高18.6米。台基由长方形条石铺就，周边雕刻"九山八海"纹。须弥座上、下雕刻有仰覆莲，束腰各面浮雕，形态各异的狮兽，底层偏高，置木构副阶。第一层则分上下两部分，上部分每面两排6个小壶门，内坐佛像6尊，下部分其他各面相同，唯西面正中两檬柱间浮雕佛像2尊，全咖趺于须弥座上，并设背光、垂幔。从第二层开始，各层之间设有腰檐。每层转处设角柱，分瓜棱形和六角形两种，柱间刻阑额，斗拱支承腰檐。壁面浮雕佛教造像，每层每面18尊，分两排全跏趺坐于壶门内的莲花座上。塔身雕有佛像1062尊，与地宫内碑文“贤劫如来像合一千躯，复镌释迦多宝二佛并坐分身佛，盖表法华踊现之象”的记载吻合。腰檐用石材雕出角梁、板椾和有筒瓦的屋面、翼角起翘平缓，梁端留有孔洞。用以悬挂风铎。塔刹早毁。1987年大修时恢复，现为铁质葫芦形。同时，发现塔内造塔碑记十二方，载有北宋元祐庚午年（1090）、癸酉（1093）等纪年，可见该塔始建于1090—1093年。2013年，被列入国家重点文物保护单位。

龙岗寺 位于龙湾区瑶溪街道龙岗山，坐西朝东，相传为明建“白云寺”故址，三进一门台，现龙岗寺建于1986年，瑶溪南山人王南京（1929年出生）倡建，民间集资500万元，整个建筑从寺入口到该寺六进均为花岗岩嵌合结构，最长一根长石柱长达7.2米，重达2吨。在大罗山所有寺庙中，该寺是座独具石结构的风格建筑。头进为金刚殿（四大天王）；二进园通殿（观世音菩萨）宽10米，深6米；三进大雄殿，宽10余米，深15米；四进500罗汉殿，宽15米，深13米；五进地藏王殿，宽16米，深13米；六进卧佛殿，宽35米，深10米。因寺南侧山冈上有“龙岗”二字，故取名“龙岗寺”。2009年，被龙湾区列入文物保护点。

双龙寺 位于瑶溪街道龙岗山北部小岩坑水库坝东南角山坡上。该寺始建年代失考，因寺后有双龙洞故名双龙寺，大雄宝殿及其他附属建筑系近年所建。周边环境较好，清静怡人。

玄真观 位于瑶溪景区内瑶溪山庄前，或称“李主事祠”，系张璁为纪念老师李阶所建祠堂。1930年改建为玄真观，观前石马一对，精雕细琢，神态自然，栩栩如生，为明代文物。由于该观庙宇破失，多年没有修理，使景区有失风貌，故近年对整观进行规划改建。2013年12月，玄真观民国厢房被龙湾区列入文物保护单位。

河头寮（静心寺） 位于瑶溪街道苏川村，温永公路东侧。始建于1804年，原称静心寺，清后期重建。建筑坐东朝南，占地约277平方米，由正厅、东西厢房围成合院式建筑。正厅单层五开间悬山顶建筑，中华人民共和国成立后作为龙湾供销社办公用房。前东南角河边有古榕树一株。2010年12月，被龙湾区列入文物保护点。2013年12月，被龙湾区列入文物保护单位。

钟灵庙 位于瑶溪风景名胜区境内的瑶溪村张氏小宗东侧。建于清代，历代都有重修、重建。该庙坐北朝南，占地约817平方米，沿中轴线自南向北依次为前厅、戏台、前天井、正厅、后天井、后厅及东西厢廊组成合院式建筑。庙前东路旁有两株近百年的古榕树。古庙、古树，风景别具一格。

东谷庵 位于龙湾区瑶溪街道青山村大主山（海拔316米）与青山（海拔340米）之间峡谷中。在谷东部，故称东谷庵。创建时间不详。庵舍正7间，左右两厢，前建有围墙与门台回合式土木结构。相传清咸丰年间平阳金钱会起义，东谷庵是永嘉场联络点，当家和尚参加起义，被清兵杀死在大主山之东一峰上。故称此尖峰为“杀僧峰”。民国中期，住持为真如师。1957年12月，因建水库需要，庵址被淹没。库区涸水时还见到庵址。近年，对庵进行重建。

西谷庵 位于龙湾区瑶溪街道青山村大主山与青山之间峡谷中。在谷西部，故称西谷庵。创建时间不详。庵舍单体五间结构。1957年12月，因建造水库，整址被淹没。时常还见到原庵址。

青山三港殿 位于龙湾区龙湾街道青山村青山北麓。又称胡公庙。规模较大，建殿时间不详，近年通过民间集资修理，气势宏广，独具一格。

4. 工交建筑

瑶溪风景区公路 1994年2月建成，为瑶溪风景区内首条公路，称“上山公路”。长300米，路面平均宽5米，总投资2000余万元。沥青路面，两边安装路灯，按国家4级公路标准建设。入口公路1999年10月破土动工，2000年7月竣工。从龙岗山麓瑶溪外口绕边而上，与上山公路连接。长1350米，路面宽6米，路基宽8米。总投资180多万元。并对公路两侧加强绿化建设。

环山公路 位于龙湾区瑶溪街道境内。路名根据地理位置所在命名。从半山东麓河滨村独段小地方南侧开始，顺山体而建，至河头龙接温强公路，全长4.5公里。路经上南山、下南山、皇岙、河口、浃底、苏家浃等村。路面为水泥混凝土结构。为瑶溪风景区主要干线，属于发展风景区旅游业配套建设。

温强公路 系温州至永强公路，原长24公里，1987年机场公路建成后，自楼下以西折出，并入机场公路、龙水公路、环山公路、瑶溪风景区公路、青龙公路及朱垟公路等乡村大道形成公路网络。路宽约11米，渣油路面，属二级公路，罗东运输大动脉之一。1995年11月，曾在龙瑶段拓宽。近年，对该公路进行改造，使公路周边环境有所改观。

龙岗山公路 1999年2月，开始建造，从龙岗山北山脚盘绕而上。全长约2800米，宽6米，共投资70万余元。通往龙岗山景区，为瑶溪风景区配套建设。

三、胜迹（遗址遗迹　摩崖题刻）

1. 遗址遗迹

龙岗山新石器文化遗址 位于龙湾区瑶溪街道上河滨村龙岗山坪上。距今约四五千年的新石器时期文化遗址。面积约3000多平方米，发现的新石器中以陶器陶片居多，还有狩猎用的石簇（古箭头）和纺纱用的纺轮，大多数陶器为灰胎硬陶，其中陶罐、罐壶等表面有多种几何图形，部分陶器表面敷有紫色、黑色陶衣，造型古朴、釉彩鲜明。石簇磨制得光滑锋利。为温州市重点文物保护单位。

缭碧园遗址　位于瑶溪街道蜈蚣山北坡至龙岗寺一带，是明朝嘉靖至万历年间，永强英桥王叔果、王叔杲两兄弟读书处。原主体建筑在今的龙岗寺内，占地约605平方米，王叔果40岁辞官后在瑶溪隐居20余年，以峡谷溪水为池，环以石塘，利用高山、峡谷、溪流、岩石等自然景观，于其间点缀亭台楼阁、广植松竹花草，营建而成私家园林——缭碧园。他常于园内聚集诸友，于松林泉石间读经吟诗，谈论理义。

缭碧园现仅存遗址，遗址与周边的华阳洞、觞咏亭、半山草堂、龙岗山新石器遗址等文化建筑和遗迹形成了龙湾区独特的文化群体，是龙湾文物的重要组成部分。2009年，遗址被龙湾区列入文物保护点。

跑马坦遗址　位于李王尖下。李王尖北后，烟墩西向500米处，平坦山地约2500平方米，相传唐宗室李集在此招兵买马。驻守军营时，练兵的跑马坦。现由李王尖村民开辟成山园，种植经济作物。

钟秀园遗址　位于瑶溪街道瑶溪村蜈蚣山南麓山脚，瑶溪河西岸，徜徉溪堤，瑶溪及其支流小岸涧穿越其间；九曲间，三条湘微风鼓浪，淘来瑶玉清波；更有那花香鸟语。是自然山脉平原地区发展的衔接区域，整体大环境生态环境良好。张璁十二岁就读于瑶溪精舍（私塾），正德十三年（1518），张璁在卧龙潭畔荷花池前的馒头岩下三叠岩边建“罗峰书院”修学授业；官至嘉靖首辅后，在此建钟秀园，园内计有七间居室1座，牌坊6座，来鹤亭、千枯亭、溪山一览亭等9个，御赐“贞义书院1座，并在瑶溪河穿园而过的九曲涧上自上而下依次建民可桥、拦官桥、跑马桥、观澜桥石桥4座。观澜桥为张璁平日观赏河面水流的地方，1978年，当地村民在观澜桥址上新建了一座钢混单跨拱桥；民可桥西南桥头原有“观荷亭”，为观赏荷花之所。现遗址仅存石桥的桥墩、石柱和两边石坎。该遗址是后学者纪念缅怀先人的去处，具有情感和精神文化价值。

李阶墓神道门坊　坐落在龙湾区瑶溪山庄前玄真观左平园里。坊柱均用花岗岩雕凿，一柱刻有文字。残柱立在园草丛中。近年在规划修建玄真观同时，修复该坊。

皇岙岭王氏三牌坊　位于瑶溪街道皇岙村，皇岙岭东部岭之中。岭的东山脚设有“明赠礼部尚书谥文定瓯滨公神道”牌坊。牌坊二柱，青石双龙横梁，高6.8米，宽5米，内门宽2.8米，高2.8米花岗岩仿木牌坊。第二座牌坊从岭脚约500米距离的岭西北王瓒墓入口山路立有“父子国师”牌坊。该坊二柱高5.2米，宽3.2米花岗岩结构。

第三坊与第二坊距离较近，在第二坊西北上方。牌坊也是二柱，高 5.8 米，宽 3.2 米，花岗结构，横梁刻有“诰赠礼部左侍郎王公神道”。李浦王氏族人于 2009 年春月在原有的基础上，对三牌坊周围环境进行处理维修后，使三牌坊显得庄严古朴，分布合理，是龙湾区典型的牌坊组群。同时，也是具有一定的历史、艺术和情感价值的明代牌坊建筑。

张璁祖墓神道牌坊 位于瑶溪街道皇岙村张璁祖墓北部上山岭脚。其牌坊于近年复原，为二柱牌楼式花岗岩仿木结构，造型典雅，做工精细，具有一定的历史和情感价值。

项氏祖墓神道牌坊 位于瑶溪街道南山村李家尖黄狗盘北山脚。该牌坊二柱花岗岩质冲天式结构，坊外横梁刻有“沙城项氏始祖墓道”，内横梁上刻有“明嘉靖广东参政项乔建”楷书，近年沙城项氏族人在原坊内近山脚岭边重立四柱三间式花岗岩结构新牌坊。

徐将军神道门 坐落在龙湾区河口村千岁岭侧居士林后。二柱单间石构神道坊，古朴文雅。正面上横条石上刻有“徐将军神道门”正楷字。宁城徐氏三房立。徐将军英勇杀敌，屡立战功，不幸壮烈牺牲。永强宁村有徐氏后裔。2009 年，被龙湾区列入文物保护点。

王通政神道门坊 坐落在龙岗寺外山口，建于明代。高约五米，门额正、背面皆横刻阴文，敕建诰封王通政张恭人之墓，甬道用正长形条石规整铺设，庄严肃穆。

龙岗山牌坊 位于瑶溪街道龙岗山上山公路入口处，该坊四柱三间花岗岩石质三台层结构，边间各宽 1.2 米，中间 5 米，造型古朴，雕刻精细，于 2006 年夏由华侨资助建造。

2. 摩崖题刻

半山摩崖题刻群 半山华阳洞口二嶂屹立，上覆巨岩，岩上横刻楷书“华阳洞”三个字，字大 0.29 米 ×0.21 米。洞内竖立花岗石底座青石碑（见碑刻）。“半山草堂诗”刻在华阳洞畔平坦前人口壁上，自左至右，直书阴刻、行楷字体，末署“嘉靖辛丑”及“半山草堂诗”。整个题刻高 1.20 米，宽 1.95 米，字径长 0.13 米，宽 0.39 米。“罗阳洞天”题字，在华阳洞前约 20 米洞边朝北岩壁上，框径宽 1.94 米，高 0.49 米，字径 0.36 米 ×0.25 米，从西到东楷书阳刻，末署“明嘉靖子春勒”。“濯缨”题字，在与“罗阳洞天”隔涧斜对面的岩壁上，字径 0.41 米 ×0.34 米，横列阳刻。“修竹厨”题刻，在华阳洞东约 30 米处朝西北岩壁上，横书楷体阴文。框径高 0.33 米，宽 0.85 米，字径 0.23 米 ×0.21 米。“山高月小”题字，在“半山草堂”题刻前面巨岩上，朝东偏北，字径 0.36 米 ×0.24 米，横书阴刻。“云静渊澄”题字，与“山高月小”隔涧相对，在此岩朝南峭壁之上，横书阴刻，字径 0.32 米 ×0.31 米。“龙岗”题字，从华阳洞折西行百余步，过小石桥，即上龙背脊似的龙岗，此间有“振衣台”“濯缨岩”“双履岩”及古建筑小石桥，觞咏亭、缭碧园等遗址，至龙岗山背脊岭边巨岩大，横书阴刻“龙岗”二字，字径 0.94 米 ×1.24 米，字体行草、浑朴遒劲，同为王氏勒。该摩崖题群 2003 年被温州市人民政府列入文物保护单位。

板嶂潭摩崖题刻 位于瑶溪街道瑶溪村瑶溪风景区板嶂潭南侧岩壁，瑶溪的中下游岩壁似斧劈刀削的陡峭板嶂，有一处小瀑布冲成的溪潭，俗称“板嶂潭”。板嶂潭两侧怪石林立，植被茂密，下游 5 米处有一宽 4 米，高 2.5 米的岩壁，岩壁上有一处 1943 年刻的长 1.5 米、高 1 米的摩崖题刻，题刻从左至右竖排，字径 10 厘米，楷书阴刻。题刻表达的是题诗者偕众人至此游玩，对人事纷繁及朋友离合的感叹。2009 年，被龙湾区列入文物保护点。

尖刀摩崖题刻 位于瑶溪街道瑶溪村瑶溪风景区内，即从瑶溪山庄沿瑶溪岭一路向西至瓯海区茶山镇洪岩交界处山路南侧的尖刀岩上。岩壁长 5.3 米、高 5 米，岩壁左侧题刻两处，分别为吴壬、张侃、李阶题。吴壬题刻共 5 行，满行 10 字，字径 8 厘米，落款“周壬吴壬”，均楷书阴刻。张侃题刻共 5 行，正文字 11 厘米，宽 9 厘米。李阶题刻共 3 行，满行 5 字。并在其右侧写有“五都瑶溪董界”六字楷书。题刻字迹清晰，是研究温州大罗山民间题记的参考资料。2013 年，被龙湾区列入重点文物保护单位。

到垄坑摩崖题刻 位于瑶溪风景名胜区境内原倒垄坑水库大坝东面山路数百米处，一块长 8 米，宽 2.5 米的平壁岩石上，有现代温州诗人、书法家王敬身、蔡心谷、吴式真、林剑丹等 18 人摩崖题刻群。该题刻书体以行楷为主，字迹清楚，创意新型，别具一格，不但是风景区内一组单体结构的摩崖题刻群，同时对现代温州书法界的历史研究具有一定史料价值，为瑶溪景区新增一景。

倒垄坑摩崖造像 位于瑶溪风景名胜区境内原倒垄坑水库防洪道对面的山路南侧下一巨石上岩壁约 4.5 米，宽约 2.8 米。岩壁上的造像高约 80 厘米，宽约 50 厘米。摩崖造像的东侧阴刻“口口口何行方便”七个字，西侧为阴浅刻划光膀人形坐像，下方阴浅刻画荷花一枝。用意待考。2010 年，被龙湾区列入文物保护点。

瑶溪风景名胜区内文物保护单位、文物保护点一览表（供参考）

表 2—1

序号	名称	年代	类型	级别	地点	景区
1	国安寺塔	宋	古建筑	国 保	瑶溪街道皇岙村	瑶溪
2	龙岗山遗址	战国	古遗址	市、区保	瑶溪街道永胜村	瑶溪
3	半山摩崖题刻	明	石 刻	市、区保	瑶溪街道永胜村	瑶溪
4	龙岗寺	近现代	石构建筑	区文保点	瑶溪街道永胜村	瑶溪
5	王瓒墓	明	古墓葬	市、区保	瑶溪街道皇岙村	瑶溪

续表 2—1

序号	名称	年代	类型	级别	地点	景区
6	王良心墓	明	古墓葬	区文保点	瑶溪街道皇岙村	瑶溪
7	陈氏三善公墓	明	古墓葬	区文保点	瑶溪街道皇岙村	瑶溪
8	项乔纪念墓	明	古墓葬	区文保点	瑶溪街道南山村	瑶溪
9	王氏七派坟	明	古墓葬	区文保点	瑶溪街道永胜村	瑶溪
10	张璁书院遗址	明	古遗址	区文保点	瑶溪街道瑶溪村	瑶溪
11	缭碧园遗址	明	古遗址	区文保点	瑶溪街道永胜村	瑶溪
12	兄弟岩诗碑	明	石　刻	区文保点	瑶溪街道瑶溪村	瑶溪
13	观荷亭记碑	明	石　刻	区文保点	瑶溪街道瑶溪村	瑶溪
14	板嶂潭摩崖题刻	不详	石　刻	区文保点	瑶溪街道瑶溪村	瑶溪
15	尖刀岩摩崖题刻	明	石　刻	区　保	瑶溪街道瑶溪村	瑶溪
16	张璁祖墓群	明	古墓葬	区文保点	瑶溪街道皇岙村	瑶溪
17	皇岙圣旨碑	明	石　刻	区文保点	瑶溪街道皇岙村	瑶溪
18	璋川众议碑	清	石　刻	区文保点	瑶溪街道璋川村	瑶溪
19	倒垄坑摩崖造像	明	石　刻	区文保点	瑶溪街道瑶溪村	瑶溪
20	娄氏御史墓	明	古墓葬	区文保点	永中街道青山村	瑶溪
21	镇东桥	清	古建筑	区　保	瑶溪街道雄心村	瑶溪
22	锁青桥	清	古建筑	区文保点	瑶溪街道环一村	瑶溪
23	陈氏宗祠	清	古建筑	区文保点	瑶溪街道环一村	瑶溪
24	河头寮	清	古建筑	区　保	瑶溪街道苏川村	瑶溪
25	高应祥	明	古建筑	区文保点	瑶溪街道南山村	瑶溪
26	玄真观民国厢房	近现代	古建筑	区　保	瑶溪街道瑶溪村	瑶溪

第三节　艺文

一、诗　词

半山樵云庵勒欧阳公庐山高于屏壁之上，敬次其韵

明·王毓

罗山高哉何延袤兮！磅礴阻海襟瓯江。瓯江之南数十里，雨金名山左旋兮！梵宫

掩映钟鼓声相撞。青山黄石列其下，瑶溪厚碧尤洪庞。穹崖瀑布泻银汉，奔雷落漳发灵崆。渊源到底更澄沏，昼夜不息声淙淙。岚气袭人翳林麓，浮云带雨来岩矼。乔松修竹夹径有真趣，虎狼循迹声无哝。卢陵词翰真迹留古壁，晴烟翠霭拥护犹仙幢。千载之下获瞻盼兮！摩挲老眼再三过，却怜彼美才无双。今人对此快清隐，陇上躬稼如老庞。羽人诗友远来舒情话，呼茶瀹鼎酒酾缸。车尘马足绝驰骤，幽怀寄傲乎山窗。歌春风兮问明月，漱清流兮忱石矼。陶生幸际唐虞世，守拙简居父母帮。追思移文曾向山灵假，若非稚圭拔俗之雄才，周颙之志焉能降。今又截辕谢逋客，嗟！我欲说，安得巨笔如长杠。

卧龙潭

踏破罗山第一峰，灵渊深处有神龙。波光莹澈通沧海，云气空蒙贯白虹。
盘谷却疑无路人，丹梯争道与天衡。时来蛰起为霖雨，总使尧民乐岁丰。

王毓（1360—1426），字尹成，号樵云。永嘉英桥二都（今龙湾区永中街道新城村）人。著有《槐荫集》《蛙鸣鼓吹》等书。

敕建敬一亭落成，馆阁诸臣大飨于翰林院之后堂。罗峰先生席上有诗，和韵一首

明・杨一清

睿藻真成衮绣章，赓歌无乃是虞唐？煌煌昭揭回云汉，字字分明系典常。道愧参乎能唯圣，学非由也未升堂。亭成宴飨争成赋，谁有嘉言启圣皇？新亭结构此堂堂，高揭六箴昭五常。敬一之功纯不已，君王有道寿而臧。大羹在鼎合调剂，旧瑟可鼓无更张。极知百代丞承事，武之大烈文耿光。于皇御九有，垂衣坐明堂。箴言耿谟训，义理精而详。道德固有之，游艺何能妨？譬之云汉章，率土亘相望。周卿雅江汉，虞士歌明良。愿言遂矢音，奉以识无忘。

杨一清（1454—1530），字应宁，号邃庵，云南安宁人。成化八年（1472）进士。历仕成化、弘治、正德、嘉靖四朝，官至华盖殿大学士、内阁首辅。著有《石淙诗稿》等书。

答张元辅报敬一亭成诗

明·朱厚熜

建亭名敬一，地维白玉堂。纯疵须力审，诚怠必精详。
欲存终始念，翻恐私欲妨。赖乐希说臣，副我朝夕望。
羹调必盐梅，作圣须臣良。尔其交修子，庶几免愆忘。

朱厚熜（1507—1567），明代嘉靖皇帝，庙号世宗。

兰菊轩（在富春园侧）

明·张璁

园林深市巷，兰菊绕阶墀。九畹昔曾有，三径今在兹。
传名怜故旧，念我觅新诗。稍待闻香日，应为访戴时。

罗峰书院成

卧龙潭下书院成，白鹿洞主惭齐名。松菊已变荒芜迳，溪壑更添吾伊声。
苍生有望山中相，白首愿观天下平。青衿登进乐相与，日听沧浪歌水清。

洗足潭

水清可濯缨，山人还濯足。应怜海滨人，浊水长满腹。

篗丝潭

沉丝已成篗，相传未到底。吾欲真试之，恐有蛟龙起。

板障潭

绝壁抱深清，波流长。足以纳千涧，一决乾坤洗。

一笑岩（在板障潭上）

深山乱石堆，尔独有面首。遭时喜不形，逢予笑开口。
仰得近天高，俯得任地厚。不老在山中，此乐尔知否？

旗障岩（在三叠岩上）

小庙日焚香，山灵兹供养。绝壁凌飘风，观望似旗障。
我欲请山灵，勒移于其上。游子慨我欺，谁是山中相？

三叠岩（在阮桥底）

合沓北山巅，已牢不可破。坚刚浑一体，勿疑还个个。
刚槌莫相欺，厉禁风经过。请看半山人，正在隆中卧。

中秋有怀罗峰书院

去岁山堂夜，比邻集醉翁。鼓吹喧树下，瓜果出园中。
奄觉风尘隔，能忘月色同。于今谁与主？难得信音通。

张璁，生平见本志第七章第一节。

登半山

明・王激

山头嘉树落清芬，山下古岫生白云。磷磷嶂巘出天外，阵阵甲仗来河濆。
青牛下傍赤松卧，天马北向苍旻奔。男儿堕地抱意气，笑拂青萍看斗文。

王激，生平见本志第三章第二节。

登大罗山顶

明・王叔杲

选胜跻名岳，千峰人望来。江流盘作带，山翠簇为台。

仙掌连云湿，青莲映日开。相将扪斗近，真欲御风回。

半山四咏

濯缨岩

潜虬媚幽渚，丹磴俯清澜。静和沧浪曲。闲簪紫箨冠。
秋光泻波影，晴雪洒春寒。悠然谢尘世，散发弄云端。

振衣台

濯缨挹清流，揽衣上平麓。晚月水底明，远岫云端绿。
淄尘染素衣，薜荔忆初服。结兰临高台，清风振遗馥。

修竹厨

石坼烧丹灶，云房开竹厨。紫烟凝翠篠，芳醑媚金壶。
滴露煮新茗，攀条烹玉鲈。休惊酒尊冷，湘女正当垆。

觞咏亭

楔筵传彩贴，兰树结群芳。径转通幽谷，川回抱曲塘。
得句依岩勒，浮花逐酒香。载赓沂水泳，一引永和觞。

李王尖行

噫吁，嵬乎岌兮！李王之尖郁崔嵬，莲花净染青云开。空蒙晓日低波鸟，烟霏足下盘风回。笑拂吴钩倚天柱，俯从沧海观蓬莱。君不见罗山根蟠一百里，层峦嵂嵂插空起。突兀遥怜海上峰，浮萍数点苍烟里。

噫吁，嵬乎岌兮！李王之尖高无垠，太华碣石争嶙峋。精灵磅礴真降神，嵩岳当年生甫申。九龙蟠曲度沧海，半空紫气长氤氲。我闻昆之顶泰山巅，羊肠九曲上青天。何时据剑此山上，下瞰四海九州真茫然。

王叔杲（1517—1600），生平见本志第三章第二节。

瑶溪来鸥亭

明·张汝纪

来鸥亭上坐，怀古转凄然。绿水还今日，青山是昔年。
圣朝多雨露，草莽尚风烟。自愧韦平业，何人问象贤？

张汝纪（1546—1624），字仲理，号太衡。张孚敬孙，历官四川龙安府知府。

奉和罗峰阁老敬一亭成之作

明·龚用卿

琬琰尧文焕日章，传心千载破荒唐。鹿鸣燕乐娱宾主，鱼藻怀忠系典常。
相宅远追周洛诰，弘文应继古明堂。高歌未羡横汾曲，稽首彤墀颂圣皇。

龚用卿（1500—1563），字鸣治，怀安（今福建福州）人。嘉靖五年（1526）状元，授翰林院修撰。历左春坊左谕德、翰林院侍读，预修《明伦大典》《大明会典》。嘉靖十五年，奉诏出使朝鲜。擢南京国子监祭酒，寻以病乞归。著有《云冈选稿》等书。

蕴儿于半山修复觞咏亭、钓台诸旧迹，重过有作。

明·王叔果

旧迹虽湮废，重游可按寻。烟萝弥远望，泉石畅幽襟。
选胜曾修禊，逢辰载盍簪。崇丘堪仰止，剩水俟知音。
云林高爽处，故有振衣台。频岁经樵牧，遗踪竟草莱。
竭来勤剪拂，流憩重徘徊。往事无烦慨，佳怀且共开。

王叔果，生平见本志第三章第二节。

题罗阳洞王叔果、叔杲读书于此

明·林贵兆

遥观大罗山，杳霭云雾里。古洞深且闲，中有素心士。
碧树罗前除，修草夹清沚。鸣鸟争枝喧，飞花荡风起。
岂无簪绂荣，所乐良在此。我行雁湖阴，天寒无与侣。
念子心不怡，相求涉江汜。入谷疑无人，缘流见桑梓。

隐隐渔台深，欢言觏之子。列坐依岩阿，语别怅流晷。
飞觞传玉流，芳俎脍银鲤。振衣陟崇冈，濯缨俯清沚。
行唫山石趣，坐谈王伯理。寂静还性真，陵厉企遐轨。
达观入无穷，形迹岂为累。悠悠出岫云，清清在池水。
水清空应天，云行惬为雨。去住弗复猜，无心本相似。

林贵兆，字道行，号白峰。温岭人。嘉靖十九年（1540）举人，选任江西都昌知县。

入半山三首

明・王光蕴

松�深自琐，何事白云违。昨讯山灵话，应知傲吏归。
傲吏归芳草，春山正落花。玄亭闲水月，旧榻护烟霞。
烟霞窅何处，芳林掩夜台。下机空入梦，揽镜总成哀。

半山亡室墓志感

忆尔背予来，星霜十六易。丘陇依故山，栖迟寄晨夕。
宦游不与偕，念之增慨惜。制命徼荣徽，痛尔弗躬炙。
儿婚总能文，杯棬怆靡释。恩情中路捐，内顾嗟奚籍。
顷予获量移，宛陵将复即。眷兹松与楸，风露长晨夕。
旦夕又我违，云黯空林寂。瞻扫寄幽思，抚膺感今昔。
他日赋归来，山中共泉石。

秋日入半山

夙昔耽幽僻，山中穷冥搜。书台并吟榭，选胜罗青丘。
岁久蔽榛莽，峰泉含深愁。吾生秉微尚，眷此复何求。
子真栖谷隐，向平怀岳游。秋阴翳丛薄，四壁松云流。
愿托杯中物，聊以写我忧。

秋夜半山庵侍叔父旸谷、后桥二公

诸父谈经日，烟霞思不群。山斋扃竹雨，水榭落松云。
访旧逢秋爽，从游至夜分。故林猿鹤在，相对几回闻。

王光蕴（1540—1606），字季宣，号玉洞，永嘉（今龙湾永中永昌堡）人。英桥王氏十世。王叔果子。辑《东嘉王氏家录》，纂修嘉靖《宁都县志》、万历《温州府志》、万历《江心志》、万历《永嘉县志》。著《太玉洞斋近草》等书。

东谷庵

明・王光经

古刹藏幽谷，林深何处通。午风松谡谡，晓露竹丛丛。
鸟迹似无径，梵音觉有宫。客来层嶂外，僧定密云中。
草长缘阶碧，花飞入座红。晨昏钟声响，静悟得真空。

王光经，字景济，号黄石。永嘉二都英桥（今龙湾永中新城村）人。 万历丁未进士，累官广东按察司副司，守岭南道。著有《黄石藏稿》等书。

瑶溪谒太师像碑有感

清・张元观

别墅今非昔，大名宇宙垂。老臣烦四召，冲主倚重熙。
叔子残碑在，留侯片石遗。鼎钟铭不朽，喟叹亦徒痴。

张元观，字肇上，号颙斋。永嘉人。乾隆六年举人。

宿国安寺

清・端木国瑚

乱山黄叶寺，高冢夕阳村。院退斋鱼寂，林宽宿鸟喧。
禅心生露井，尘影息云根。长夜惊风雨，萧萧苦竹园。

端木国瑚（1773—1837），字子彝，一字井伯，号鹤田，晚年号太鹤山人，青田人。嘉庆三年（1798）举人。授知县，请改教职，任归安教谕。晚年迁居瑞安。著有《太鹤山人诗文集》《周易指》《周易葬说》《地理元文注》等书。

宿国安寺

清・张元彪

罗山四面削芙蓉，路入招提翠几重。龙雨云藏丞相墓，梅花香放美人峰。
暂归华表千年鹤，饱听秋涛万壑松。支枕独吟思力健，一声清叩五更钟。

张元彪，字肇炳，号虎文。今龙湾区永中街道普门村人，雍正七年拔贡，廷试第一，授海康知县，工古文辞，善草书，著有《家鉴》《松涛阁诗集》等。

瑶溪怀古

清・张铭

名区自是静尘嚣，地接沙堤纵目遥。众物摩留一线，九重锡命历三朝。
孤忠大节垂金册，精舍长亭锁石桥。怎奈屡遭兵燹后，家山风景不堪描。

张铭（1802—1873），字金名，又字则铭，号二箴，永嘉三都普门（今龙湾区永中街道普门村）人。咸丰间以办理乡团，积军功，授五品职衔，候补知州。生平著有《普门张氏闻知录》《游览纪咏》等书。

瑶溪曲涧（有序）

清・张子客

瑶溪，旧名姚川。相国文忠公改为瑶溪，以溪石皆五色也。其地三湘汇合，若在洲间，修筱澄波，苍山夹岸，延为九曲，河浒翼以栏杆，涧中砌以石，且清湛视底致欲生漪。暇日放舟，容与溯流，渐入佳境，眼垢心里，不涤而尽。临溪为敕建贞义书院。溪之左右或层楼飞阁，或大榭高亭，或重堂绣户，翼翅星列棋布，虽昔年兵火焚燎，而林堂带映，山水之胜，未有改也，武夷佳缘，备见紫阳九锡，吾于兹溪想象得之矣。

远色红尘水石间，晴天风曳一舟闲。沿流醉数娟娟竹，倚棹吟看曲曲山。
瑶草岸到玉砂滩，寻源更入最深湾。武夷溪口梅花乱，携得胡麻向月还。

张子容，字默臣，清博士员。永嘉永兴高原（今龙湾区永兴高原村）人。

秋夜偕友人过瑶溪御桥听笛

清・张大章

同人闲遣此良宵，何处歌声变御桥。一曲楼头思不尽，三更月下景难描。

听来折柳暗清绝，谱入落梅夜寂寥。归去欲眠眠不得，敲诗剩有烛高烧。

张大章，字文园，永嘉普门（今龙湾区永中普门村）人。

罗东十八景，和王左渠先生作（十六首录六）

清·张振夔

顺治辛丑，永场奉文内徙，先生自伤播越，不胜故土之思，故汇其平时游赏之地，区为十六景，每景一叙一诗，其哀愤之情溢于言表，迄今二百年，读之犹有恨于谋之不藏者。因依次和以五绝为先生吊，实为永场吊也。

瑶溪曲涧

寇至焚亭榭，溪仍九曲流。是谁谋内徙，崩竭一时休。

大度留云

罗山东发干，袒腹如弥勒。时留灌顶云，斜日生霞艳。

半山云庵

书声寂不闻，墟墓生余惨。欲问旧山庵，白云近可揽。

阮桥春涨

骤溢亦骤消，沙石遇坎止。阮桥渺何踪，乾流可平履。

峰台积雪

山重谷似盘，朝天巍万笏。雪霁昼不融，朗朗玉琼阙。

白水初晴

叠嶂高注泉，泉竭石藓新。海舶八闽去，望若玉美人。

张振夔（1798—1866），字磬庵，永嘉永兴高原（今龙湾区永中街道高原村）人。嘉庆二十三年（1818）举人，曾任镇海教谕，著有《介轩文集》《介轩诗钞》等书。

寓研瑶溪四时风景

绎陶

春景

蛙鸣噪绿草芊芊，阔野芳堤翠接天。霞染彩虹横古涧，浪生寒玉漱瑶川。
鸦飞远洞桃粘雨，雀挂斜梢柳织烟。花落怨红飘曲径，遮山晚树碧云连。

夏景

烟横翠岸两亭长，睡后抛书枕簟凉。莲沼曲波红叶艳，藕池圆叶绿生香。
连山暮阁依云淡，远店孤村遍草芳。泉瀑飞来飘点点，船归晚钓系垂杨。

秋景

红霞断岸傍疏松，彩甲金鳞斗老龙。枫树两山依古院，瑞云孤雁落高峰。
童儿背犊吹长笛，父老锄田插短筇。风际海帆归远屿，东流倒峡水身钟。

冬景

霏霏远岛海回潮，客醉骑驴踏断桥。飞絮柳堤寒弄笛，落花梅坞冷吹箫。
归樵晚里千山碧，放鹤孤亭一水遥。衣戛玉钿轻片片，微云冻野暮风飘。

过贞义书院

亭馆流泉照胆清，狂搔短发不胜惊。百年乔木瞻高谊，几度清风想盛名。
尘没石麟秋草碧，声喧溪鸟暮烟轻。君臣相遇真难事，一德赓歌分外情。

绎陶，字涵，永嘉人。

贞义书院怀古

官玉

礼辨皇皇明悬，维公定策得真诠。累阶柱国绩莫并，赐建书院在瑶川。
（瑶溪别应瑶川）瑶川山水最佳丽，争奈沧桑忽变迁。
堂基倾圮茂草鞠，亭榭攲斜薜荔延，可怜一代繁华地，至今剩有夕阳烟。

官玉，字坊管，永嘉人。

贞义书院怀古

澹成

奋身礼辨九重天，贞义由来天下传。敬一亭中排古训，抱忠堂上列经筵。山川缭绕墙坦固，翰墨辉煌碑碣全。淮道沧桑成世变，荒烟满目忆当年。

澹成，字菊观。生平不详。

忆江南·游瑶湖

张聘珍

瑶湖忆，最忆是当年。外个图为园薯地，张公坳里小壶天，泉水可开田。
瑶湖忆，水库此中开。大库里头藏小库，杨梅树下忆杏梅，恍若到蓬莱。
瑶湖好，好景日初长。白日当空林荫淡，碧波漾处午风凉，阵阵送花香。
瑶湖好，飘泊任西东。西航联翩催划桨，高歌嘹亮迎春风，欸乃一声中。
瑶湖好，水曲又山弯。林惜水佳鱼潜形，犹怡林密多鸣亲，草色染错斑。
瑶湖好，新建候船亭。一苇所如随荡漾，徐舟以赴鼓清冷，起伏动浮萍。
瑶湖好，水石漾同踪。双岙一门晨曙艳，五田群窟夕阳浓，月色映葱茏。
瑶湖好，位置居中溢。南越篛已穿白水，北通大路至瑶树，韩墨结姻缘。

张聘珍，生平见本志第七章第一节。

癸未正月，随家君、姑丈暨榍、寒诸妹游青山东郭庵（1943 年）

张宪文

最高山寺同攀跻，坐觉风飙动四根。曲径谁遗前度屐，梵宫我是再来身。客游行念亲头白，避地空惊岁月新。莫羡空门有真味，几人能谢软红尘。

张宪文（1920—2004 年），生平见本志第七章第一节。

鹧鸪天·游瑶溪

郑西村

二月瑶溪景物饶，梨花胜雪菜花娇。罗山书屋埋芳草，吏部陵园耀锦桃。
随涧水，过横桥，清潭日影昼萧萧。闲窥野蝶风前舞，坐爱晴云岭上飘。

游大罗山东麓国安寺等处

重峦叠嶂费攀登，隐约泉声处处闻。九级浮图明晓霁，万年龙窟郁寒氛。
香花异草植云峪，古木苍筠环寺门。游屐穷时因断涧，归来落照满柴荆。

春日游大罗山

1978年2月与诸青年朋友约游大罗山，是日晨，乘车至山之东麓，沿瑶溪经香山寺，见竹木杂植，野花盛放。稍憩，翻越山脊从后金山上岭，岭尽见一村，村名丁岙，盖山之西麓也。四望春水拍天，一桥遥驾河叉交错处，俗呼“卖鸭桥”。步至桥心闲眺，波光滟滟，洄环闪烁于脚下，恍疑置身水中央。旋买小舟过白象返城。时已万家灯火矣。戏吟一律以志此游之乐。

大罗青碧势岩峣，怪石奇峰韵亦娇。天马行空临白水，李王拥翠接青霄。
丛生竹树香山寺，一望烟波卖鸭桥。向晚看花人散后，淡风斜月接青霄。

郑西村（1914—2009），龙湾区永中街道人。浙江省文史馆员。著有《宋词音乐》《昆曲音乐与填词》《词源解笺》等书。

大罗山行

吴杰

大罗山立东海边，老蛟怒突海翻天。狂涛槌石拍山去，蛟窟闻与顾公连。
顾公洞外村九熟，洞上澄湖照鸟翩。试登绝顶望春色，青螺近远斗芳妍。
大地若舟浮日夜，汀洲凫渚点苍烟。往代风云任臧否，联翩直欲挟飞仙。
忆昔全民抗战日，曾此颠沛避腥膻。恨寄雷潭投巨石，愤读灵均哀郢篇。
兵戈阻绝锺阜远，神州何处有团圆。祇今四化新故国，春风化雨及华巅。
自信人生二百岁，奔驰敢逐羲和鞭。乘兴山行不辞倦，使我可以乐余年。
倘徉漫越长坑道，廿里涧水鼓心弦。大岙溪畔重峦秀，青枫郁郁杜鹃鲜。
佳话争传张阁老，灵鳌负石铭墓田。得意功名留胜慨，顾盼叱咤数当前。
君不见，白水瀑头啸天籁，云开云合互推迁。
日出东方红似火，驭风奋击水三千。

吴杰（1915—2003），温州市人。曾任温州市工商联副主委、温州市政协副秘书长、温州市民建主委、浙江省民建常委。著有《两龙室存稿》《吴杰诗词选》等书。

赞皇岙国安寺

叶祥奎

国恩古刹美名扬，阅历千年镇永强。背枕罗山东近海，旁依石塔北濒扛。
瑶溪岭上桃梨绿，皇岙田中稻菽香。塔宋寺唐皆国宝，留传后代赞吾乡。

叶祥奎（1926—2012），龙湾永中人，系中国科学院研究生院毕业，终生从事古生物学研究，为中国现今唯一的古龟鳖学者，享受国务院特殊津贴。业余好古诗。

临江仙·瑶溪赏秋

吴军

山地娟娟花笑，庙堂袅袅烟升。飞流笼翠玉波清。雁来欣践约，幽谷寄秋声。
已是尘心抛却，自当信步前行。炎凉见惯不须惊。西风吹碧树，落叶写离情。

吴军，山东莱芜人，曾任温州地委宣传部副部长、《温州日报》总编辑、市文联主席。现为浙江省诗词与楹联学会副会长、温州诗词学会名誉会长。著有《墨池词笺》《研墨人手记》等书。

赞张璁二首

张振鹏

（一）

卧龙自许具群伦，屡试终登一品任。休命对扬仪制立，三朝宠赐四海钦。

（二）

名臣一代业勋照，改革弊端心血熬。毁誉责难无足怪，惩贪除宦不宽饶。

尖刀岩

罗山生铁骨，无遗无名碣。朝夕伴风雨，功过同日月。

龙岗寺

龙岗北靠李王尖，缭碧花园山半边。洞口霞阳岚气绕。仰天镬鑵有汤烟。

张振鹏（1934— ），龙湾永中人，会计师职称。1954年转入教育系统工作。温州市永强中学退休。温州诗词学会会员、龙湾区诗词学会会员。著有《中草药药名录》上、下集，及《会计工作手册》《泉石集》（诗、山水、随笔）等书。

过瑶溪

王学钊

山深境常静，径幽无杂尘。峰高全是石，潭碧瀑似银。
秋来树更翠，山花胜如春。独行瑶溪岭，心如质朴人。

王学钊（1936— ），笔名茶山农，又名高土。茶山人。乡土文化学者，农民画家。著有《王学钊画集》《泉山砚语》《香山杂语》《画梅新经》《奇石楼兰谱》等书。

游大罗山阻雨夜宿玄真观

吴作仁

乌云乱渡雾漫漫，骤雨滂沱带笑看。流水忽成千涧白，湿衣难耐一身寒。
敲门入寺傍炉坐，煮粥香厨供客餐。雨霁天清明月照，任栏寂寂数峰峦。

吴作仁（1944— ），笔名一沙。瓯海梧埏人。工艺美术师，浙江省书协会员。工书画著有《一沙书法》等书。

瑶溪杨梅

项鸣皋

小小灯笼园又红，酸甜可口味醇浓。瑶台盛宴闻名果，急遣仙童向越东。

项鸣皋（1944— ），龙湾沙城人，杭州大学毕业，中华诗词学会会员。

忆江南

周景芳

瑶溪好，人眼是青山。雨过花枝垂地湿，风传鸟语隔溪听，涧水溢春情。

周景芳（1949—2002），温州市人，中华诗词学会原会员，浙江省诗词学会理事，鹿城诗社社长。

癸未孟寒瑶溪雅集

王兴森

柳条尚绿草还青，诗会瑶溪采句行。古寺塔前观佛像，龙岗涧畔辨碑铭。
才惊石殿浑新筑，又叹鸳潭半已平。最喜吟坛摩时坐，诗声借酒压泉声。

龙湾区首届旅游节上

国际网球场馆新，旅游节典彩缤纷。山岚影翠杨梅紫，堤坝拦潮海岛春。
阁老宗祠修毅力，永昌城堡励精神。龙湾景物几多美，山水人文共锦鳞。

王兴森（1943—　），笔名欣声、新生。温州市龙湾区人，中国书法家协会会员、中华诗词学会会员；华夏印友会常务理事，温州诗词学会理事，温州市龙湾区诗词学会名誉会长。著有《王兴森印存》《王兴森书法》《王兴森吟稿》等书。

二、楹联

瑶溪迎风亭

春到瑶溪，白水青山皆入画。亭邻风岙，清风明月尽成诗。

北山杨府庙

巍巍乎，神功浩荡垂万古；浩浩矣，护国佐民永千秋。
扬名忠列，传颂千古，咫只往来千里外。
功着日月，万世流芳，百年事业一震中。
显神威捍国土，黄石退倭寇；扬圣德护子民，东瓯见异平。

茅竹精舍（茅竹岭平）

座舍中物多仙意，窗外青山似世情。种竹栽花自雅处。明窗净几绝尘绝。

龙冈寺（半山中）

拜佛但求清静地，皈心即是大罗天。

雨宜亭（半山中）

一曲涧水，淘来瑶玉清波；二解旗实，占尽地天形胜。

仰止亭（瑶溪山庄前山坪上）

胜迹昔曾探，地拥瑶琼东海曲。仙源今广被，天开图画大罗山。

瑶溪车站亭

打屯解 汽笛时惊客梦，沾酒呼明长亭自寄乡思。

瑶溪锺灵庙

创朝 三湘历阅沧桑爱安东宇；馨香垂万载其陈苹藻以颂南山。

青山三港胡公庙

清正廉明爱民中君真崇节，策可留史经天行地大文章。

瑶溪烟雨亭

烟销云腾拟以飞系随地涌；雨开日见善眉彩练罗山来。

瑶溪观瀑亭

百仞金钟瀑，舞云天锦；千年王母台，杨阆苑音。

龙岗寺四摄亭

天风直送海涛来，江月不随流水去。

国安寺

国土壮严，梵宇喜重兴佛光普照；安心道业，众生蒙教化法乳长流。
皇水养金莲，百道香渠环古寺；钵山临宝塔，千层翠嶂护禅关。

三、碑文

国安寺千佛石塔第一层青石碑文

伏值国安寺造千佛石塔，谨发誓言：诸葛瑶者，永嘉人也。祖父常怀慧施，奉〔三〕〔宝〕佛。璇有妻宋氏；弟亘，妻叶氏；弟旦，率妻徐氏；璇有男原，妻张氏次男孚□为僧。于元祐庚午岁，有僧处□同议建造千佛宝塔第一层及地宫。抽已财参拾贯〔文〕，□□助建造。我闻千佛如来怜愍众生，或胎卵湿化，发动苍灵，悉皆度脱，《诸化经》云“聚沙为塔”，皆已成佛道。璇阖家等，从始劫来，沉沦生死，拔除涅，轮转三界，无辞既〔往〕，作此恩惟。等蒙诸佛接引，虽缘财劫数，深信三宝，行礼布施，须凭誓愿之功。□□□威力，何以得生净帮！惟愿一□□及法界众生，临命终时无诸障，□□念成就如人神之安乐命，□随佛往生。伏愿十分诸佛：□□□□□□□□□，等放光明，□惜□□□，念念之间，慈悲接引，速达净帮，□化慈尊，□□□□，□□□记□，到□佛国，化一神道，邀历十方，奉垂诸佛，普化〔众〕生，〔无〕间冤亲，早等庄严皆成佛，遵处动之至乎！

说明：此碑宽53.7厘米，高36厘米，厚10.5厘米，阳刻楷书，竖19行，由于风化，碑文残缺不全。1987年9月，温州市文管会对国安寺佛石塔维修时发现。

兄弟岩诗碑

溪口三巨石，开辟为兄弟，恶工伐其尤，谁为谋大启，我兄弟多故，感此辄流涕，愿尔两相依，长镇溪山底。

嘉靖八年春三月吉日光禄大夫少傅兼太子、太傅吏部尚书谨身殿大学士邑人张璁书。

说明：此碑之额，脚已失，字作行楷阴文，甚遒劲。碑高 1.04 米，宽 0.64 米，现嵌于瑶溪张氏小宗内东侧墙壁。

观荷亭记碑文

亭上旧有三叠岩，予尝有诗云："合沓北山巅，已牢不可破，坚刚浑一体，勿疑还个个。刚口莫相欺，后禁几经过。请看中山人，正在隆半卧。"有旗障岩诗云："小庙日焚香，山灵兹供养。绝壁凌飘风，观望似旗障。我欲请山灵，勒移于其上，游子慨我欺，谁是山中相？"两山夹溪亭，下汇为大地。夏子仲振，昔尝为子种莲，予赠之诗云："五月一日分荷栽，只巩今年花未开。明年花开主人远，也应念我看花来。"时予为单子，岁月云道，物序感心，今果成荷池矣，作《观荷亭》记。嘉靖十八年丁酉二月望日光禄大夫柱国少师兼太子太师吏部尚书华盖殿大学士张孚敬识。

说明：此碑高 1.45 米，宽 1.05 米，碑额上部稍圆，浮雕双龙戏珠，楷书阴文。现存嵌于瑶溪张氏小宗内墙壁西面。

华阳洞诗碑

山居记旧："华阳二王子，曾向此藏修。宦就归来日，相将五十秋。云林双短履，天地一虚舟。千载兹山胜，还应续旧游。"辟华阳洞成："烟蔓埋古洞，剪辟竦奇观，窈窕连觞咏，优游足考槃。径旁清涧合，松偃翠云团。瞧此标题处，灵岩共石刊。"

说明：此碑宽 0.9 米，高 0.53 米，花岗石底座青石碑。碑字行草，劲健而清秀，自左至右，直书阴刻，右署"明万历丙戌重阳日（公元 1586 年）""西华山人"。现在瑶溪街道半山，原"缭碧园"中的华阳洞之内。

四、记　赋

瑶溪穷源记

明·张璁

环岙皆溪也，中分为二而复合，予书院立焉。即旋讫功，释业开讲，时同志从游者几三十人。一日，水发溪涨，予曰：有本者如是。列者曰：可得其真源乎？予曰：试相与穷之。逾日明发，从予者凡八人徐生道，娄生恪、项生相、夏生一鲸，其曰钿、其曰铁、曰搁、曰纷者，皆侄也。绸熏炉以导，铁载糗裹以备饥渴。既而花气熏人，遂灭炉烬，溯溪浒而行。水清沙碧，可见伏鱼。有双岩倚附，名为石门。过此则皆乱石，水激泠泠有声。道与纲纷皆疾足遂此渡溪，陟巘颠。予自下望之，并出青云，相像如人在而非真也。乃自先行，至一石室，坐俟之。少焉。见落花自上游来，疑为此真桃源而非人世矣。盖其三人取繁花乱插之而弃其余，遂作落花流水之胜，亦其风致也。既而至一潭，名洗足潭，水色如蓝，相传以为尝有异人洗足于此。又一潭名矍丝潭，相传以为其底通海，非矍丝所能测也。及午，饭僧舍，山雨忽来，乃就禅榻以卧。既寤，云散天朗，山气益清。遂至一潭，名板障潭，壁峻削如板障然，下深无底，常有潜龙，故又名卧龙潭。其平岩有窍，小如盘，大如盂，相传以为神物卷刮而成。旁又有一大岩，水激如砻，可坐三个人，与诸生憩焉，取杜子美诗诵之。道生起，请名其所，予名之曰：川上吟坛。既又行数百步，见一岩，圆如人颅，9 辅俱足，道生又请名之，予名之曰：一笑岩。其中地复宽平，溪皆沙土，无乱石，其上名为鸿岩，为枫台，为郑岙。路岐多所出入，过此，则遥望两山，突兀峻极，不可登矣。然则兹溪也，其源可得而穷乎？夫观水而不穷源，非知本也；源而可穷，非真源也。于此且复忘返之惧，遂相与咏歌而归。再经吟坛之上，予与诸生皆力疲，复就石偃息，睥睨宇宙之宽，而不知吾身之何在也。昏黑归院，忽有悍吏诛求穷民，其一妇抱子疾声求援。予进诸生而语之曰：今日之地乐矣，乃复此，能无忧乎？范希文谓士当先天下之忧而忧，后天下之乐而乐，盍与汝辈思之！诸生曰："命之矣，可识之以示弗忘。"遂篝灯书之。

张璁（1475—1539）。见本志第七章第一节。

半山樵云庵记

明 · 林贵兆

予与永嘉西华、旸谷二王子同上春官，联舟南返。一日将言别，二王子语予曰："子归，有石梁天姥诸胜，日可游息于旧楼半山，兹归仍托迹耳。"因谈半山幽胜，属他日记之。余诺而别去。

二王子以书来曰："吾永嘉自大罗山峻拔雄特、支别蟠礴百余里，其东北一干龙融结为半山，盘旋而耸秀宅中如奥焉。先太祖樵云翁葬父乐善翁，选胜卜兆已，乃结庵墓左，自号樵云居士，因以名庵。日家大人参议公营先大父母及先母丘垅，以旧庵隘且逼祖茔，乃改辟墓右地，甃垣树芳坊，前移旧宇，后创飨堂，制颇靓敞，乃扁'樵云庵'。因语果兄弟曰：'庵兹，吾高祖樵云翁庐墓作也。汝祖、汝母宅于斯，尔兄弟盍践修故事，结侣肄业其中，旦夕便瞻扫且屏谢纷杂。'果辈遵奉教令，乃偕族弟侄负箧入山，相与切磋讲习。家大人每来展墓，间留宿考业焉。居数岁，学稍有得。又念无游息处，因引泉为觞咏亭，筑钓台，辟缭碧园诸景。读书缀文之暇，偕诸同志憩叙于中，倏然埃𡐤外。自弱冠至今凡十余载，藏修游息皆托于兹山也。子向诺我记，愿缴终惠。”

予尝接舆堪家，谈王氏半山祖垅。谓王氏大要性灵发之，严于鉅尺，绝无虚华荡肆之态，似代之争工于形似者。初先生投稿箧中，曰：“吾无意于文，何以示人？”夫古之论文非能为之工，乃不能不为之工。而弇州之铭先生也，亦曰几不尽秘，乃有文，言深于先生之意，可以知文矣。先生连代为贵人，世其学，登第四十年，居官仅八岁，退而老于半山，故所读书处蔬食布衣吟诵不废若诸生。先生之取于世，盍多所不尽之思也！郡大夫为廉吏一介，不取三代之长。此物此志尔，众之论先生也；以行以文，余之论先生也。以意夫意有所不尽取者，君子之所以还造物而诒后人也。

林贵兆，生平见本章。

半山赋

明・王叔果

王伯子叔果，早岁依母宜人陇修业山中，耽寂忘年，癖游抉胜，泉壑幽邃，亭之，台之；林麓榛莽，径之，圃之。丛荫茈于灵区，芳声振于空谷。入仕以来，日就荒落，聿以投闲之遂，稍身茸理之劳。顷缘风雨，怅睹飘摇，爰属计于儿曹，乃增饰大故绪言。为门为径为洞为湖，中罗之境易观，考架之乐可记。漫述短赋以告山灵。

粤大罗之蟠郁兮，表东越以彪灵。驶半山而宅区兮，排叠嶂于青旻。屹崇冈之亘护兮，渺入望于沧溟。湛天池之浩荡兮，浴日月而耀明。匝林塘以合秀兮，涵万象于虚清。美玄乐之I，藏兮，标物色于图经，敞精庐之爽垲兮，罗岩岫于疏棂。蔽松萝之瞑翠兮，纷雾渝而霞蒸。既辛勤以羡课兮，亦宛转而披荆。兼游息于藏修兮，珍泉石之婴情。缭碧为园兮曲涧浮英。振衣为台兮峭壁纡青。厨修竹而羞醑兮俯平崖以濯缨。启沓石而穿洞兮，肇锡以华阳之嘉名。暗流泉之飞洒兮，喷四壑而雷鸣。泻沙溪以潴汇兮，瞰潭水之渊澄。爰觞咏而结榭兮，称最景于斯亭。系吾生之寡谐兮，寄夙好于幽贞。相烟霞以托迹兮，狎鱼鸟而忘形。舒盘桓于谢朓兮，拟清啸于孙登。甘钟氏之乐志兮，齐子真之耦耕。抗玄风于高朗兮，将茹素而遗荣。俄世纲之我羁兮，嗟浪迹之犹萍。怅猿鹤于空林兮，溯长风而拊膺，幸遄返乎初服兮，念故业之飘零。理芳构于岩居兮，追钓游而缔盟。

已矣乎！曩余栖此山兮，将失言于弗谖也。胡时事之偶违兮，乃荒索而中睽也。顷屏绝以适兹兮，从吾好而卒岁也。采春稂兮芳菁，听谷乌兮嘤声。荫夏木兮忘暑，踏层壑兮如冰。撷蓉菊兮秋艳，挹玉露兮泠泠。策寒梅兮小岭，嗅暗香兮素馨。晨昏兮风雨，水月兮洞云。浮连舟兮湖上，倾尊酒兮岩砰。睨宇宙兮寥廓，饱泉石兮兮幽襟。追英贤兮晚节，将绮皓之齐称。乐由夷兮庶景，聊属志于后生。感今昔之流晷，考架迈轴，试勒夫中罗之铭。

王叔果，生平见本志第三章第二节。

静宜阁记

明·王叔杲

半山故有墓庐，先公移构今址。山人家食，偕仲氏阳德甫读书山中，累寒暑十五年。培滋松竹，治溪上亭台诸景，稍稍成名区。入仕以来，林境荒寂，墓庐间戒修葺，而诸景烟废则置之矣。万历甲申秋，予儿蕴有事兹山，适山庐为风雨所坏，山人感念前绪，命因旧新之，修复涧溪诸迹。而谷口汇水为池，环以石塘，浮舟于上，视昔则创观也。越岁，林木交荫，庭户丛芳。儿蕴率孙言藏修于中山。人数过视，儿以燕息无所，乃于旧庐之侧辟地为轩，需予坐卧。闻名于山人，山人名曰“静宜阁”。

夫静之说二：有外境，有内境。故厌纷恶嚣而屏迹绝俗，山栖川观，自足于闲寂之乐，外境也；黜聪去蔽而涤虑澄源，虚明顺应，以复吾纯白之天，内境也。外境静以形，内境静以神。先外而遗内，将驰于轇扰，如释氏之禅定，一念不持或恍然而不知所归。先内而兼外，将形神之俱忘。虽应烦嚣而不为溷，虽身勤苦而江劳。圣贤之所以为学，盖明此也。孔子论仁曰；“静而乐山，其理寿。”诸葛武侯论学曰：“非静无以成。”山人老而思佚，寤游故山，意窃静以长年，而孙子辈方乐群修业，期以致远。静之说尤不可以不讲也。是为记。

静宜阁在半山，王叔果建。

王叔杲，生平见本志第三章第二节。

姚溪仙积翠亭记

张涵

泉山一名罗山，或曰即越王保处，或曰越王保处系闽泉山，此盖非也。观山多庵刹，具林泉诸胜，旧少构亭，以为丽瞩，非蹑屐之无人，盖买世南庙碑者稀也。

夫存心济物，视其人之力量得为而不为，与欲为而不为，皆非也。而贵贱可无论矣。山人某独居一屠苏，志非能及远，一旦用其拮据之力，醵敛绵钱，伐石构木为亭于姚溪山中。又自出囊金，以落成之，先难后获，天下事何者不当如是耶？使士大夫辈用此心，以及民物，其于大小，必有济矣。是亦异乎见义不为者欤？

亭创于乾隆庚辰腊月，先是未有题额。余于辛巳三月既望过此，山人请书以示，后余思古之风亭月榭，大抵有爵佚者所为。柳子厚谪楚南，以愚名池，后作《八愚诗》记于石，皆不惮以山水之公而私于一已。作贱无名位，又不欲拒山人之请，因颜之曰积翠。盖以岚光山色，晦明风雨，极四时万变毕萃于此，任古今之游者取给焉。况有宇宙，即有山。登斯亭也，亦可知往者来者，固不一人。而其间与名山并寿者，曾不多觏。且以悟盈虚消长之理，无往不在。而天地无尽之藏，寓于此矣，非第足资栖息已也。西岭有乌岩，距此数百步。前明月川李公及我族先世朴庵公侃曾有句镌焉。余于雍正甲子亦镌其语于旁，岂好为名哉？亦窃仿古人游历之意踊跃而为之耳。

亭之大，不能半亩。上摩云霄，旁罗松柏，颇能实诸所有。更酌酒赋诗，咳唾珠玉，可使山灵呵护。达观之士自必顾而乐之，后之人随时而修葺焉。虽谓同于杭之放鹤，滁之醉翁，亦无不可。则余斯记之作，当非空言者矣。岂者一僻壤之区，与数百年之业哉？然则山人拮据之力固，未始不有助于余也。

张涵，系龙湾区永中街道普门村人。生平不详。

五、序　志

青山娄氏族谱后序

明·项乔

予世居永嘉场人也，场蕞尔一区耳。

本朝以来山海之秀钟于人文，陈启、胡奥、李观之后，为宰相者一人，为大司成者二人，为郎署、为藩、为臬、为府州县二十余人，为乡贡、岁贡、例贡三四十余人，为校官弟子者二百余人，为农工渔樵者数万余人。人文可谓众且盛矣。人众则习谷易浇，文盛则古朴易散。惟娄氏世居青山野处而不昵，无市井阛阓之杂。

某族人之聚于是者虽昌炽之势、雅饬之风或在诸闾右之下，而其习于忠信淳厚，进之可以为善，诱之未易于为恶，类非他族可及也。如吾母诰封太宜人，特娄氏一女子而已，卧病弥留闻猪声而力止祈祷，其正气之在男子者可以类推矣。果何修而至于斯也?

夷考其谱，代生哲人。在唐如宰相师德，在宋如御史寅亮，固卓乎不可尚已。且梁有领兵大尉曰敞敬，晋有温州刺史曰瑾，周有参军录事曰州、寿州交战文政，元有登仕郎洪洞县尹曰炟，而仕于宋者尤盛。植木固而发源深矣。及曰孝庄者出赘申屠参议，为青山之始祖，至今子孙传相慕效于礼义之习，非一朝一夕之故矣。人文弥盛而忠厚不衰，可谓无攸自耶。

正统改元，胡主要奥以娄氏曾外孙，尝为《清厚记》：某娄士僟翁外孙也，因母忧家居，读其谱，见师德、寅亮二公惕然，惟恐不能有光于宅相也。姑叙其族尚之美而归诸世德之长。如此呜呼！为娄氏之子若孙者能不思宗公？而迈迹耶必如此，庶于山海有荣光也。是则予所属望于内兄庠生恪与性者也。

项乔（1493—1552），字迁之，号瓯东。永嘉场七甲（今龙湾区沙城镇七甲）人。嘉靖八年进士，曾任湖广按察副使，广东左参政等职，著有《瓯东私录》等书。

重建皇岙国安禅寺大悲楼碑志

郑西村

栋悬翠薇，宝阁居大罗之麓，檐飞碧宇，慈光布滨海之邦郑西村。伫望莲峰下，宛在白云岗。此中有琼楼倚峰而建者，即国安禅寺大悲楼也。寺初名国安院，建于骅唐干符间，已历千二百有年，为吾温名刹。南宋建炎四年，高宗驻骅江心寺时，颁敕以今名。原有殿宇九进，余屋亦百多间，经宋元明清，久被风雨剥蚀，榱折墙坍，仅存一进，亦清中叶所建。

改革开放以来，积极发扬中华文化，提高旅游品位，经当地村干父老，同心协力，重建成大雄宝殿，天王殿、钟鼓楼等。玉柱金环，门对钵峰孤耸，朝生慧日；疏楹叠桷，户临宝塔九层，驰誉遐荒。巍峨壮观，景物秀丽，被列为省级名胜瑶溪风景区之重点景区。

寺昔有异僧寂谷，高行苦修，能诗善书画，幽峪邃岩，尚留穴石之传，古联旧额，多有祯祥之瑞。夫至善之心，普天元二，承平之业，于今为盛。国安寺竣功之日，群议于寺后故址修建大悲楼，楼高百尺，中供大悲观世音像，写状图容，尽皆舶来香木，金身八丈，允为东南之冠。

雕槛云霞帐，花幡明月珰。威光晖宝座，窗日照回廊。宝殿清风，梵宫佳气，传美垂迹，及乎千秋。兹勒石为记，永垂不朽。

说明：此碑刻于2005年11月27日。郑西村撰写，时年93岁，汪廷汉书。碑青石质，高3.8米，宽 1.2 米。置瑶溪镇皇岙村国安寺大悲楼东首碑亭内。

郑西村（1914—2009），见本章。

六、杂录

瓯东述张氏朴俗

明・项乔

予十七岁在张罗峰家读书。其家一处住三五百人，俱戴毡帽，止有张某一个戴纻丝帽，众便指其浇浮。其家亦无一人有棋盘、双陆者。吃酒无有行酒令者。

张罗峰为阁老，曾云渠做举人时，有病要寻两个红枣合药。自普门寻至应家桥俱无有。今乃人人侈用而一变至此，诚不可不反正还淳也。

渠处丧事亦好，吊客远来者只留饭，不设酒。

瓯东俭德

明・项乔

予广东官中半年，录得官朱一斤，令匠人用樟脑一钱半、胭脂绵三张、牛皮胶二两，熔化伴作朱墨，分为十八定。忆昔斋中适有卖朱墨者，曾与一友人合买一定来。而今乃富贵如此。

因念王瓯滨侍郎亲与予言："贪贱时读书惟点油，又怕灯心肥大者用油太多，乃以手瘦小之。今子侄辈俱点蜡烛，又不肯用心，诚为可惜。"

按此等事，我张家子弟皆当知之。但今日子弟皆谓田舍翁得此已为过分耳。可叹可叹！

项乔，生平见本志第七章第一节。

品味瑶溪

项有仁

温州好山水。看峰，去北雁。北雁一百〇二峰，光一个夫妻峰就倾国倾城。它巍巍然拨地擎天，亭亭然移步换形……一百〇二峰个个神形兼备，各领风骚。看洞，去南雁。世称南雁无山不洞，那东洞、西洞、仙姑洞、观音洞……廿四个大洞小洞，或雄伟奇绝，或幽深灵秀。看溪，去楠溪江。楠溪江悠悠三百里，三十六滩七十二湾，滩滩碧波化珠玉，湾湾绿水浮青山。看瀑布，去百丈漈百丈高，二漈百丈深，三漈百丈宽。龙吟虎啸排空下，疑是银河落九天。看湖，去飞云湖。湖水迢迢山隐隐，碧波叠翠三十里。船到山前疑无路，却原来是“一螺黛色镜中心”。

全市三大国家级风景区环肥燕瘦，各具千秋。那峰、那洞、那水、那瀑！看来天下山川秀色，已尽“入我彀中”。

温州山水看不尽。于是，造物主集三个国家级风景区的大观于一体，设计了个袖珍模型；集雁山瓯水的风光于一篇，篇写了册缩写本。供人们以最经济的时间，享受最大的景观空间。这件珍贵的小品，就取名“瑶溪”。

“瑶溪”有条溪，一条奔流于石谷中的溪。石上流着水，水中浸着石。晶莹碧澈，流程五公里。

千秋泉水将溪底的花岗岩磨平、刷光；将溪边的石坡锉圆、擦亮，偶而还在上面刻出个个圆圆的壶穴。于是在粼粼波光中，无论水上水下的石都成了浅赭、淡黄乳白的玉石——“溪石皆玉色”（明·张璁语）。

在玉色的石谷中，一川碧泉蜿蜒宕，行色匆匆。广阔平缓处细水潺潺，水白石清明丽如流动的玛瑙；陡急时湍流哗哗，一节节潇洒的小瀑布冲刷出一面面玲珑的镜潭，青绿若翡翠；跌宕最大的三处则成了金钟潭、板嶂潭、鹭鸶潭，那就是三团浅绿深蓝的碧玉了。飞云湖上好放舟，楠溪江中可漂流，而瑶溪最惬意的莫过于跣足溪滩浅水中，踩着五彩缤纷的卵石戏水了！

王维的名句“明月松间照，清泉石上流”传唱千古，那只是指“空山新雨后”岩石上流着泉水的刹那，它表达了多么闲适、幽雅的意境。而瑶溪的“清泉”是终年不尽不竭地“石上流”，它流的是不竭不尽的诗情画意！

“瑶溪”有峰。四周峰峦叠秀，如髻如螺，如眉如肩，轮廓优美且色彩俏丽。座座峰峦的童岩秃壁间有默林杂树相衬，时而树浓山淡，簇簇绿荫青翠夺目；时而树稀山重，则片片山坡霞壁苍颜。恍惚间令人似走进了黄公望（元时大画家，本市人）的名画《富春江山居图》：山如螺，江若带，瀑似飘纱。一山一形，一石一状，一水一态。

“瑶溪”有洞，叫“水石同踪”。灵岩巨石顺着山坡叠起个廿来米长的山洞。曲径通幽、鬼斧神工。洞背形成两个平坦如簟的平台，登台放眼，四下山色斐绿叠丹。进入洞：羊肠岔道，小径坎坷，上下跌宕，左右迂回。洞底有细泉款款，逶迤穿洞而流，时而淙淙，时而泠泠。洞内一谷朝天，一对横根相连的相思树（山辣椒）相傍相偎，这就叫“情人谷”。每天清晨，情人谷内可闻到丝丝脂粉香韵（山辣椒发出的幽香）。

“瑶溪”有瀑布。循着似琴似箫的泉声溯溪而上，前面水声如钟鸣、鼓响处即金钟瀑。

金钟瀑三面峻壁成弧形，中间一水自九十米高处流经三折，娉娉婷婷地飘入新月状的金钟瀑。似雾如纱，抛珠撒玉。上游源远流长（源于五公里外海拔六百三十米的牛头墩）植被好，金钟瀑少有“银瓶乍破”“铁骑突出”的失态，不论晴雨，常年保持“大珠小珠落玉盘”的斯文风采。

“瑶溪”有湖。在群山的螺髻黛眉之间，嵌着个盈盈鲜澄的“瑶湖”。四周的绿色向这儿凝聚，于是积叠成了个三百亩的翠绿碧蓝。湖光潋滟，层波叠翠。“绿”是尘世间最美的艺术品；最好的心灵洗涤剂。于是这三百亩绿水碧波就成了尘嚣世界一方怡情养性的净土。人在湖光山色中，湖光山色在人的心中。

瑶溪有溪、峰、洞、瀑、湖。麻雀虽小，五脏俱全。那飘柔的溪、圆润的峰、玲珑的洞、潇洒的瀑、俏丽的湖，线条都那么柔美，造型都那么妩媚。细细品味：它的总体形象正巧合了吴越文化的“婉约柔和”之美。于是我们恍然大悟：虽然瑶溪的溪不浩邈，峰不峥嵘，洞不深邃，瀑不磅礴，湖不壮阔，比不上人家国家级“大家闺秀”的国色天姿。但瑶溪是位“小家碧玉”，秀外慧中。它的溪袅袅，峰柔柔，洞幽幽，瀑款款，湖楚楚。妩媚典雅，正是正宗的“江南文化”特征的展示！

项有仁（1932— ），龙湾区沙城街道七甲人。作家、民俗家。编著有小说集《花生上市》、随笔集《我说龙湾》、杂文集《夕阳山外》等书。多年来，为龙湾旅游历史文化挖掘做出一定贡献。

瑶溪路上

章方松

在香山寺观赏了一番，看看天宇逐渐降下暮色，我们就匆匆地在瑶溪路上，赶着回家。瑶溪路上，山径两旁草木茂盛。虽已深秋，仍然艳绿色韵。在山路边发现有一片奇石悬崖，朝路面有一片刻字：

巑露奇骨，便是羊公碣。

朝吐岑头云，夜吞江山月。

此诗为张侃题。据说张侃为张阁老的父亲。此诗含意清明，气势非凡，不愧为一朝首辅之交。诗右边另有一片刻石云：“易之今诗文，崖崖吁尔兼。月川李阶铭。”据说李阶为张阁老的启蒙先生。可惜的是，这片崖壁被山民凿裂为两片，后被市文物局所止，才避会粉身碎骨之灾。可叹，今人不如古人，殊不知文物为世所珍宝，为世人增修学问与增益伦理道德之妙。故有人凿之。悲矣！

瑶溪路上，树木盛荫，不见溪流，但闻潺潺流水与鸟啼蝉鸣。更是多了几分秋风肃杀！在路边，朝西眺望，透过一片树木的空隙，可见飞瀑流泉。虽是秋脉丝流，尚见气磅礴。若遇夏雨盛倾，声势俱厉！此瀑旬名曰：金钟瀑。仰望金钟瀑秋忽见乌云浓滚，大有“山雨欲来峰满云”气势！粗大萧疏的秋雨，叮咚飘落，清凉冷意。大家跑到路亭里，观赏着四周的山水风光。秋雨渐渐地停歇了，我们又开始赶路。在路边发现了一片狭长碧绿深潭。朝下一望，虚空深渊的碧潭，靠着路边一排悬崖壑壁的屏障，平滑得宛如板壁。故名曰：板障潭。由板障潭向前走一段路，再朝南转，沿途是瑶溪天湖。天湖是倒垄坑和瑶溪的交汇处，终年碧波荡漾，水面盈盈。在暮色苍茫中，三峰特立，倒映水中，明镜映象。若是遇上月夜，峰峦倒映，湖心天象，意态朦胧。

从瑶溪天湖出发，走到籰丝潭。籰丝潭上乘瀑布流泻而下，宛如轻捷碧鹤，展翅欲飞。幽幽潭面，凉肃凝碧，深不可测。传说，此潭深流潜入东海。当年曾有人把一绞丝纱，沉入潭底，亦不深测到底，故名曰：籰丝潭。若是暴雨盛倾，瀑流激荡，烟飘雾腾。遇上正午日烈，光烟七色，景观更为绝妙。溪边悬崖有一路亭，名曰：烟雨亭。亭上有对联可见此处风光景象。

烟锁云腾拟似飞泉随地涌；雨开日观喜看彩练漫出来。岩壑争奇翠叠三潭烟雾重；山川挹秀珠纷五添雨丝多。

人坐在烟雨亭里，前见山势挺拔，中间山峰伸延平坡交叉处，一片空灵，苍茫悠远。亭后青山横坡，高峰凌空。

由于久旱，唯听溪流潺潺，不见烟雨腾绕，故不能看到烟雨亭对联所云的景象。我们在烟雨亭里憩歇了一会儿，趁着黄昏的朦胧月色，匆匆地走着赶路回家。

章方松（1952—　），笔名蒙泉，龙湾区沙城人，中国红楼梦研究会会员，作家。著有《中国上古文化与气功起源》《松风絮语》《池上楼笔记》《大罗山笔记》《永嘉场笔记》等书。

第三章 永昌堡

浙南沿海明初屡遭倭寇焚掠，倭寇入侵时杀人如麻，焚烧庐舍、抢夺财物、掳掠男女。倭寇的侵扰，生灵涂炭，庐舍为墟，财穷物尽，使浙南大地陷于苦难的深渊。

嘉靖三十五年（1556）至嘉靖三十七年（1558），倭寇数次进犯永嘉场，王沛、王德率王家义军奋勇督战，相继身亡。嘉靖三十七年（1558），时任兵部主事的王叔果，因父逝回乡扫墓，目睹家乡遭寇蹂躏惨状，族人抗倭捐躯，悲愤万分。即与弟王叔杲商议筑堡，并会同族中父老，捐金7000余两，至翌年冬建成永昌堡。

永昌堡虽为民间寨堡，但其构筑与卫、所城相似，皆设城墙、城门（包括瓮城）、水门、敌台、城楼、护城河等防御工事。规模宏大，设施齐全，坚固厚实。设陆门四座，东“环海”、南“迎川”、西“镇山”、北“通市”。门券砌以青砖，上建一谯楼，蔚为壮观。敌台12座，城堞口908个，具有完备防御功能。城外护城河环绕，与外河接连，形成水网，便于漕运。城内凿上河、下河二渠，贯穿南北，以便舟楫、浣洗、灌溉。南北各设两水门，上架桥梁、下置水闸防卫。从南至北河渠上，上河置桥七座，下河置桥四座，住舍、店铺分列两岸、井然可观。堡内留有150亩良田，危机时可生产自救，持久抵抗，可谓经划之妥善，谋深而虑远。正因为有如此坚固的防御工事，虽屡遭寇侵，均能自保。

永昌堡现存有都堂第、状元府第、圣旨门巷、世大夫祠。布政司祠、青石门台、花园古井、洞桥底40号、御史巷12号、大派宗祠、楼下派宗祠、状元里6号等多处古民居、祠堂及多座古桥梁，均具有较高的历史文化价值。

永昌堡不但建筑雄伟、布局合理，而且学风浓厚、人才辈出，历数百年而不衰。列进士者13名、武状元1名、传胪1名、副榜4名、举人30名、校痒900余名，是明清温州地区的一个文化中心。是浙南水乡风貌的典范，被人们称之为“江南第一古堡”。

第一节 重点文物

环海楼 位于永昌堡东面，因“环海为池、适揽朝宗之会”得名，占地700多平方米，为永昌堡规模最大的城楼。建有瓮城、二重城门，内有暗道、炮孔，北东南安放火炮，利用防御，曾历经多次战事，在防御倭寇入侵时起重大作用。

瓮城　附环海楼而建，与城墙连为一体，因圆似瓮，故称瓮城。当敌人攻入瓮城时，如将主城门和瓮城门关闭，守军对敌人形成（瓮中捉鳖）之势。传当年倭寇来侵时，曾在瓮城南门用火烧一月有余，城门断裂后，见里面还有一城门，遂退。现城门还留有火烧痕迹。

通市门　永昌堡北门，因直通集镇都市故命名通市门。曾为战时指挥部，占地约50平方米，设有闸门二重防护。楼上建面阔三间，砖木结构，歇山顶的谯楼，门面砌以青砖。通市门虽经战乱，但经多次维修基本保存完整。

城墙　高8米，基宽3.5米，周长2688米。设水陆各四门，谯楼四座，城堞908个，敌台12座，城墙内外壁均用条块花岗石斜叠，中间充填片石，并用流水将黄沙灌入石隙。城墙建成后，有效地抵抗倭寇入侵，保一方乡土平安。

敌台　永昌堡城墙上设有12座敌台，突出城墙3米多。部分敌台设上下二层，上层设瞭望孔、雉堞、可瞭望、射击、贮存薪柴。遇有敌情，日间焚烟，夜间举火，可作为联络，相互救援。下层空心处亦设瞭望孔，炮窗，可休息，日夜观察敌情或出其不意袭击敌人。

王氏宗祠　是英桥王氏八世祖王澈独资所建，位于永昌堡内北门。始建于明嘉靖二十一年（1542）。占地面积8666.7平方米，七间三进，前进有三间石碑楼一座，中进仪门五楹，后进三楹，旁分左右二厅，廊庑七楹，环列左右，其规模之宏大，气势之雄伟，结构之安祥，镌刻之精微，保存之完整，确系浙南罕有。因此，有“江南故宫”之美称。内部结构更是旷世一绝，其飞檐、斗拱、吻兽、梁架、荷花抱梁等，都具有高度的艺术性。

王氏大派宗祠　位于堡内东面，下河西岸，与环海楼隔河相望。据文献记载，宗祠建于明成化元年至三年（1465—1467），比城堡还早90余年，是堡内最早的建筑之一。宗祠坐西朝东，占地面积约1155平方米，现由前厅、天井、南北厢房、正厅组成四合院式。前厅、厢房于1988年修建为单层仿木钢筋混凝土建筑。天井原为青砖铺地，现三分之二改用水泥抹面。正厅阔九开间，东西各带三耳房，明间进深四柱十檩，五架梁带前双步后三步，前檐出一跳承挑檐檩；次间中柱落地，前后分心，梁架结构与明间类似。屋面硬山顶、三山式、稍间、尽间略低；盖瓦筑脊，脊翘灰塑鸡儿头，檐前置勾头滴水。

世大夫祠　世大夫祠俗称上川祠，位于堡内上仓浃北首，坐北朝南，建于明万历四年（1576）。占地2450平方米，木料结构，两进加厢。是王叔果兄弟的家庙，因其祖父王溪桥，叔父王激及兄弟俩全家三代荣誉大夫，故名四大夫祠。祠前左右放石狮一对，外有围墙。头进门上方有明万历钦锡（世大夫）祠匾，两侧加轩。中堂有三楹，上有万历皇圣旨。祠西围墙边原有水井一口，现已不见。1982 年，自筹资金修复一新，并在中堂建成抗倭纪念堂，将抗倭史绩陈列其中。

都堂第 都堂第位于堡内御史巷 1 号，原为明嘉靖年间督察院右佥都御史王诤故居，始建于明隆庆年间（约公元 1570 年）。都堂第三面临水，坐北朝南，有七间两进，中后院各有轩房三间，以木结构为主，辅以青砖花岗石。整座建筑端庄典雅，所有结构精致讲究，但不失朴实无华，被专家称作“典型的明清东南沿海水乡人家布局”。2002 年 5 月，由意大利普拉托省牵头，联合法国巴黎市和西班牙阿利坎特市选择温州作为合作城市向欧盟申报“亚洲城市项目”，修复都堂第。2003 年 9 月，都堂第修复工程正式进场施工，2004 年 11 月，该工程通过了亚洲城市项目终期评估。

状元第 位于状元里 18 号，坐北朝南。始建于明万历二十六年（1598），系万历年间状元王名世故居。建筑布局二进四厢合院式，占地面积 2092 平方米，沿中轴线依次排列为门台、前厢房、前厅、内厢房、正堂，主体建筑结构保存完整。

左昌桥 左昌桥位于上河北部，靠着上仓浃，石拱单孔结构。因桥孔呈圆形，又名洞桥。系王叔果兄弟于明万历四年（1576 年）所建。桥长 12 米，宽 3 米，桥面均为长条石板铺成，石上凿有花纹。桥石上刻有左昌桥三字，四百多年来丝毫未变，还保持着原样。

联芳桥 联芳桥位于堡内上河中部。花岗岩单孔结构，东端呈蛙式梯道。铺以长条石梯步，行人两侧上下走动，非常方便。南桥板侧刻有“联芳桥”三字。北桥板侧刻有“大明成化乙酉王廷善建”10 个字。

第二节　历史人物

王激（1476—1537），字子扬，号鹤山，永昌堡人，明正德二年（1507）参加乡试，考取第二名。嘉靖二年（1523）考取进士，授吉水知县。历任吏部文选司主事，考功郎中，南京通政司右通政、国子监祭酒兼经筵讲官。

王激才貌出众，资质聪颖，结交广泛，与公子学者往来，互相切磋，颇受推崇。项乔、张纯都出自他的门下。能文善诗，学问渊博，在任期间，政风端正，为官清廉，打击强暴，很受人民爱戴。著有《文江集》《鹤山文集》，都由后人刊印。王激父王钲，兄澈，弟沛，乃张璁外甥。

王沛（1485—1558），字子大，号仁山。王沛天资聪颖，身体魁梧，风流倜傥，卓有义勇。他不愿做官，不慕荣华，视二兄显荣（长兄王澈、官福建左参议；二兄王激，官国子监祭酒兼经筵讲官）淡如水。平时耕读于横塘之上，或几个好友徜徉于泉石之间，后来习医，经销古禁方，为民行医，从不计较报酬，被誉为“益府良医”。

嘉靖三十一年（1552），浙江沿海倭寇强扰十分猖獗，温州尤烈。为保卫家乡人民的生命财产，他号召乡人奋起反抗，很快组成了一支约千人的抗倭义兵队伍，在抗倭斗争中，成了浙南的一方屏障。

嘉靖三十七年（1558）四月初，大批倭寇在梅头登陆，王沛便率义兵驰往，在梅头海边与倭寇展开了激烈的战斗。王沛虽已七十三岁，犹挥戈出杀敌人，但终因寡不敌众，不幸壮烈牺牲，同时遇难的还有同乡70余人。王沛牺牲后，朝廷下诏建“褒忠祠”于兴文里，赠太仆寺夺丞，荫子一人又国子监。令有司春秋二祭，以慰英魂。

王诤（1508—1581），字子孝，号竹岩，永昌堡人。王诤幼即聪颖警惠，强记博闻，四书五经诸子百家无不涉猎，同郡进士侯一元说他“其为文实妙天下，其诗未尝推敲而深入盛唐之阃奥”。

嘉靖十三年（1534）应选贡举。嘉靖二十九年（1550）年会试进士，与族侄王叔果同科得中。嘉靖三十一年（1552）补溧阳令。因政绩卓著，嘉靖三十八年（1559）擢为山东道察院御使，次年巡盐河东。时河东连年大旱，王诤不顾身家利害，多次上疏与仍按例征赋税的严嵩抗争，后来嘉靖帝下诏减免河东盐民赋税，王诤被当地百姓称赞为硬骨头好御使。

嘉靖四十三年（1564）奉命巡抚云南。时镇臣沐国肆毒一方，上下勾结，王诤奏章屡上朝廷，经过一年多努力，最终将沐国“按籍其党，悉置于法”。在滇期间，还为被革查办的前云南提督学政陈善平反昭雪，从此，“直声震宇内”，“天下称名御使者必曰东瓯王公”。隆庆三年（1569）升都察院右佥都御史大中丞；隆庆四年巡抚贵州，后因“宜慰安国，亨戕杀嫡叔，总兵官请讨，败绩，遂上书自劾”，于隆庆五年（1571）谢官告归。

王诤有《滇南奏疏》《刑名奏议》《大学衍义通略》等著作流行于世。

王德（1517—1558），字汝修，号东华，永昌堡人，嘉靖十六年（1537）乡试中举，次年中进士，历任东昌府推官、大名府推官、户科给事中、广东按察司佥事等职。

王德在任期间，曾治狱律，犯法必究，错案必纠。数析疑狱，能上下，并能勘察冤案，百姓为之感德，后受诬谤，遂引病弃官归。归时，除数厢书籍一把琴外，别无他物，足见其为官清廉。

王德辞官归家后，适逢温州沿海倭寇骚扰猖獗，遂与叔父王沛一起招募义兵，抗击倭寇，明嘉靖三十七年（1558），王德在金岙遭遇倭寇伏兵包围，王德不得脱，“手射杀敌人、骂贼而死”。年仅四十二岁，后朝廷追赠王德为太仆寺少卿，建 忠祠于康乐坊，春秋二祭以慰英魂。

王叔果（1516—1588），字育德，号西华。叔果幼时聪颖七岁能对对，十一岁随父住京城。曾跟翰林卢文溪学《周礼》，在一次国学考试中，得了第一，补郡生员，中了举人。

嘉靖二十九年（1550），考中进士，时年三十五岁。嘉靖三十六年任兵部职方清吏司主事，监督修建皇宫的工事，得赐金绮。翌年，倭寇猖獗，族弟王德和王叔父王沛都抗战而死。他上疏请筑永昌堡，得到准许，于是筹集资金，由弟叔杲尽力督造。第二年落成，一乡得到保障。嘉靖三十八年，叔果迁兵部职方司员外郎。参加会试同考官，取进士十九人。嘉靖四十一年出为湖广布政使司右参政，迁广东按察副使。著有《永嘉县志》《半山藏稿》等。

王叔杲（1517—1600），字阳德，号旸谷，比兄叔果小一岁。七岁便能朗诵如流。十岁在京跟兄叔果学《礼记》。嘉靖廿二年，考倡议族人中举人。嘉靖三十七年，叔杲率乡人兴筑永昌堡，倡议族人集资。全部费用七千余金，大半由他拿出来的。

嘉靖四十一年（1562），叔杲中申时行榜进士，授常州府靖江县令，改常熟县令。不久，召入为兵部武选协司署郎中。复出守大名府，建元城书院，再任苏松、常、镇四郡兵备副使。由于政绩优良，迁右参政、仍镇四郡、著撰《三吴水利考》，对江苏人民做出了卓越的贡献。著作还有《玉公园》《家礼要节》《靖江县志》等。王叔果与王叔杲兄弟二人为官清正廉洁，造福乡里，才华旷世，故被后人称之为东瓯双璧。

王名世（1568—1646），字时可，号翼宇。永昌堡人，王德之孙。明神宗万历二十五年（1597）中丁酉科武举顺天广试解元，万历二十六年（1598）戊戌科武举会试夺魁，并中状元，谓“三元及第”。据载，中国历史上武举“三元及第”仅两三人，实属凤毛麟角。

王名世后官封锦衣卫千户，明威将军。王名世生平事迹史书记载甚少，但有资料说王名世通经史，工诗善书，时人称其武艺、诗词、书法为“三绝”。尤其值得称道的是他秉性刚直，不媚权贵，颇有直道君子之风。

王维夔、王锡管 王维夔（1574—1653），字邦佐，号龙友，永昌堡人。万历四十年（1612），乡试中举人，万历四十七年（1619）得中进士。已是四十六岁。万历四十八年授江西南城令。

天启三年（1623）入京，由于太监魏忠贤独揽朝纲，拉拢奸党，颠倒是非，维夔知情不去依附魏党，即被派去任兵部武库主事，众人为其叹惜，认为这是大材小用，可维夔即笑对众人：“这是我福，如今日高攀，不知何日跌得更惨。”维夔在京四年，有人劝他投靠魏忠贤，号升官发财，他即说：“人以为泰山（指魏忠贤），吾以为冰山耳，我尽我职，他奈我何？”后魏圈事败，众人皆服之卓识不凡。

元年（1628）曾任兵部武选郎中，崇祯二年，或江右左参议，分巡河东。旋晋升为江右按察司副使，仍分巡河东。崇祯五年（1632）转江西布政司参政，兼按察司佥事提督学政。

王锡管是维夔三子，字玉叔，号友教，小时聪明异常，身体魁梧，尊祖训，怀大志，在学期间，常同锡瑄、锡琁三兄弟吟诗联对赋词，谈笑自如，师见之赞曰："此子可教，将来必成大器也。"崇祯十五年中举人，清顺治九年中进士，授漳州司李，顺治十七年福建乡试同考改镇江司李，康熙二年任溧阳令。在任期间，为民多次平反错案，枉案，开仓放粮救济饥民，使千余难民得以安心，康熙四年升主客司主事。

锡管仕途期间，坚持清正廉洁，处事以身作则，办事公道，能深入民间，访贫问苦，深得百姓敬仰，做事刚明果断，不避嫌怨、痛恶脏吏。大有父亲之风范，著作有《江上闲草》等。

王维夔、王锡管是永昌堡的一对父子进士，他们为官清正，敢于治乱，受到了民众崇敬，并传为佳话。

王绍志（1877—1960），字景甫。少时曾师从王显耀先生。1904 年，参加全国百名举子东瀛深造考试被录取，进日本早稻田大学预备科，与郭沫若为同窗好友。专业博物系，但王绍志认为学非所用，于是转攻文学。1913 年，任温州师范首位校长。王绍志在校期间，夜以继日，呕心沥血，整饬校务，自编教材，补充施教。治学严谨，教导有方，桃李芬芳。著名的史学家、教育家夏承焘曾在其门下就读。

1916 年，因病归故里，1917 年，倡义将王氏族众公产"均庄"田 120 亩拨归新城小学为常年经费。同时，开辟运动场，增加教室。1918 年，永强发生瘟疫，先生带头出资，设立临时诊所，收治患者。

1932 年，原永嘉县县长丘远雄，为派购温丽公路公债，带领一个班的兵丁下乡，以新城乡乡长老实可欺，首先在新城开刀。王认为购公债，应以各乡财力为准，而丘所提出的金额远远超过其他各乡之上，王绍志理直气壮，言词净净，兵语塞，便恼羞成怒，竟拿出手枪对准王绍志胸膛，王绍志毫无惧色，解衣袒腹迎击说"要钱没有，要命有一条"，迫得丘骑虎难下。一介书生，铮铮铁骨，不畏权贵，一时传为美谈。

王绍志整理和撰集温州工学书籍具有相当价值，但留存不多。由于他对教育有很大建树和贡献，《温州教育志》有其传略，并赢得人们的尊敬和怀念。

王国松（1902—1983），为中国著名科学家与教育家，曾任浙江大学电机系主任、副校长、代校长等职。从事教育科研凡六十余载，工程有传，学者有师，先生性格谦和，持躬清俭，擢拔英才，唯恐不及，功被电机，绩纪上庠矣，学术精微，倍怀前辈之典德，器识浩瀚，永矢后学之仰止。浙江大学暨浙江省电力工业局仰瞻先生自强不息精神，弘扬电机工程教育事业，遂倡建基金会，助承志学之士，宠锡隆仪，集腋成裘，共襄盛举，爰镌于铜，以志芳馨，而垂久远焉。

王季思（1906—1996），当代中国最有影响的戏曲专家之一，原名王起，字季思，自幼熟读经史子集，爱看戏曲、小说。小学毕业即考入浙江省立第十中学，后转入瑞安中学，借住孙诒让家，得览玉海楼藏书，受前辈治学严谨的熏陶。

1929年大学毕业后，在浙江省立十中、江苏松江女中、处州中学等执教，1941年，在金华出版诗集《越风》。20世纪40年代初，任教浙江大学龙泉分校。抗战胜利后，在浙大、之江学院任教。1948年，任广州中山大学教授，继续从事古典文学教学和古代戏曲研究。

中华人民共和国成立后，一直在中山大学任教。历任中文系主任、古典文学教研室主任，校务委员会副主任、博士生导师，并被聘为国务院学位委员会文学学科评议组成员、大百科全书戏曲卷分编委副主任等，被选为民盟广州市委、广东省副主委等。

从教70年，桃李满天下。在教学研究中，尤其注意对后起之秀的培养，勤于治学，为当代中国最有影响的戏曲专家之一。遗著有《西厢五剧注》《集评校注西厢记》外，还有《桃花扇注》《中国大古典悲剧集》《元杂剧选》《元散曲选》《中国戏曲选》《全元曲选》《王季思学术论著百述集》等。

第三节　艺文

一、诗　词

永昌堡

钱明锵

筑堠谋屯御，抗倭擎义旌。藩垣屏铁垒，盘石固金城。

宁失风云路，来输肝血诚。丰碑天地久，一顾一情倾。

钱明锵（1935—　），苍南人。现任杭州大学客座教授、世界汉诗联合会执行主席、中国楹联学会顾问、中华诗词学会理事。

游永昌堡感怀

王鸿彬

堡号永昌百载存，峥嵘岁月海滨屯。奔狼突豕倭者寇，秣马厉兵虎士贲。

疾雨横风金汤固，清天明月竹马喧。中华百姓群居聚，和谐相处大家园。

王鸿彬（1940—　），浙江温州人，曾任学校校长兼党支部书记。温州诗词学会理事，《温州诗词》编委。

忆江南·参观永昌堡

陈若曼

城堡古，高墚固家园。贼寇呈凶屠族姓，德公举义萌儿孙，护寨证民魂。

陈若曼（1941—　），系温州十六中学退休教师。现为中华诗词学会会员、浙江省诗词与楹联学会理事、温州诗词学会副秘书长、温州市老干部长青诗社社长。

念奴娇·永昌堡感赋

刘碎宣

护城河绕，永昌堡，东海之滨昂立。两道大渠通外埠，四面戍楼灯熠。
历尽沧桑，墙门基石，犹见硝烟迹。遥思先辈，抗拒无数倭贼！
王沛王德双雄，率领义兵。激战梅头侧。杲果弟兄家产献，筑起铁般坚壁。
日寇攻城，居高反击，丧命仓皇北。森严古堡，永铭豪杰功绩！

刘碎宣（1942—　），文成县人，瑞师毕业，退休干部。温州诗词学会、浙江省诗词与楹联学会、中华诗词学会会员，著有诗词集《仙人掌》。

西江月·游龙湾永昌堡

陈其良

古堡悠悠蕴梦，新城历历环河。高楼旧舍布星罗，庇护百家烟火。
胜友携来访古，残垣诉说平倭。王家业绩谱高歌，异代文明续播。

陈其良（1942—　），字雅正，号梧冈斋主。瑞安市人，退休教师。中华诗词学会和楹联学会会员、浙江省诗词楹联学会会员、温州市和瑞安市诗词学会理事。著有《梧冈汇墨》等书。

过永昌堡

吴在毅

古堡停车肃进门，凝眸陶醉武陵村。成千居户民风美，四百余年业绩存。

罄竹难书倭寇罪，卫疆岂忘昔贤恩。当时激战思如见，城上斑斑遍炮痕。

吴在毅(1946—)，现系中华诗词学会会员、浙江省诗词与楹联学会理事、苍南县诗词学会会长、《苍南诗词》主编。著有《漆林吟草》《漆林诗存》等书。

齐天乐·永昌堡城头遐思

王一平

凭栏纵目晴光远，知秋叶黄飘舞。花树鸣禽，攀藤戏蝶，古埠舟横人语。
斜阳缕缕，见环海流舟，飞檐如故。错落青墙，花岗条石旧时路。
悠悠古堡如洗，念童真岁月，知向何处，少壮情怀，傲然阅世，消得风霜几度。
徘徊万绪，寄明月闲云，把牵肠诉，梦入看江，晓霞相映趣。

西江月·永昌堡

顽石攀藤城堞，义军跃马山间。深深古堡活当年，拾得嘶声一片。
民宅箭楼依旧，街坊阡陌如前。风摇柳岸小河边，舟楫悠然又见。

王一平(1949—)，温州龙湾人。浙江省诗词与楹联学会会员，温州诗词学会理事，《温州诗潮》编委，龙湾区文联委员，龙湾区诗词学会会长，永昌堡文化研究会副会长。近几年来，在各种报纸杂志发表作品200余首。《古堡深处》诗文集主编。

满江红·永昌堡

张瑞雯

重舻轻舟，扰海日，安宁时节。倭寇乱，盗疆侵岸，剑霜刀雪。
烧杀疯狂庐垣破，掠财狠毒人头列。烽火愤，貔虎怒中华，同心结。
鼙鼓响，心胆热，飞马发，男儿杰。率乡团屡拒，砥流如铁。
沛、德捐躯殉义士，二王筑堡驱山侠。枪炮急，生死守家园，千秋烈。

张瑞雯(1947—)，宁波人，系温州诗词学会副秘书长，著有《对联趣淡》。

再登永昌堡

刘周晰

环海楼头悟自强，从来狼虎虐羔羊。敬香再拜英桥去，击鼓犹闻倭寇狂。
御敌城垣存史迹，励人堡垒谱新章。意中通好珍文保，我执羊毫促解囊。

刘周晰(1953—　)，温州人，中华诗词学会会员，浙江省诗词与楹联学会理事，温州诗词学会会长。

二、记　序　文

永昌堡记

明·高岱

余与永嘉王氏育德、阳德兄弟盖未举进士时，游秣陵定交矣。嘉靖庚戌，育德与余同举进士，阳德屡举未弟。岁乙未，礼闱将试士，阳德不至。余问之故，育德云："族被倭患，兹与乡人议城堡以守，不获来。堡成，子为我记之。"越明年庚申春，育德以状来索为记。无何，予改官藩史，卒卒南下也。又明年，事稍闲，乃追纪其事云。

按状：永嘉场在温州郡城东七十里许，东临海，西南北阻山险，居民煮海为业，皆着籍灶丁。场延袤五十余里，民居栉比鳞次。多贵族，王氏尤称著姓。自嘉靖壬子年，两浙被倭寇以来，郡邑多残毁，惟兹乡稍能防御。即寇来不敢深入，时败衄去。戊子夏四月，寇乃大至，王氏率乡人御之，今赠太仆寺丞王公沛、赠太仆少卿王公德皆死义。众大溃，寇益猖獗。自是寇至，众皆望风奔匿诸山谷间。寇所至，焚劫亡遗，庐井萧然矣。寇退，民汹汹行泣煨烬中，亡宁居。

当是时，育德方以使事家居，与阳德聚族人而谋曰："脱寇复来，何以御之？"众曰："二公且殁矣，谁其敢御之者？"曰："徙居何如？"众曰："家族坟墓数百年于兹矣，且何所非寇，徒将安之？"育德兄弟曰："然则当筑堡为守耳。"众乃大喜称便。又招诸族姓人议，诸族姓人亡不大喜，称事便，遂上其事守令暨藩臬，诸连帅皆嘉奖之。时育德使事竣，当还京。阳德又将谐计北上。众曰："二君皆行，堡事将安属哉？"阳德曰："所为仕者，将以建尺寸，少裨益国家生灵耳！今家族不自保，保仕将何为？且场民多逋，盐筴将废，课额无所自出，所捐于国良多也，即得他守一官，此非国事乎！"遂与育德曰："兄弟往王事，不可缓也，吾当缀试场所，以就此役。"

于是，相得二都地爽垲且适场中，乃即其所为堡城，遴选族子弟暨里人之能者分董其术。经始于戊午冬十一月，至已未冬十月城成。周广以丈计，八百六十有奇，高以尺二十有五，厚半高之数，甃以石门水陆各四，城外环河水，四面引二渠贯城中，楼橹、雉堞、阛市、梁井，无不斤斤备也。

堡既成，众谓："巡检司在近地，盍迁入堡中以总齐诸务良便？"育德乃疏于朝，得报可，遂迁之入，以堡扃钥启闭属之。乃立社仓、缮器械，咸以次修举。是役也，费白金以两计者六千有奇，初议敛资于地，丐助于官，以时绌，所得才十二三，余皆王氏兄弟捐私帑为之。嗣是，寇谍知城守固，不复来侵兹乡之民，迄今得宁守矣。

嗟呼！若王氏兄弟岂不诚豪杰士哉！是不可不纪其事以其传。然余固是而窃有感焉：夫永嘉一场耳，王氏兄弟力任其事，遂能建不拔之基以垂子孙无穷之利。国家自有倭患以来，南北遭蹂躏者十年于兹矣，中外文武将吏无虑数千百人，竭帑藏，暴师旅，竟不能底永嘉场之绩者，何哉？此其故余能言之，夫王氏所离家族之难也，地无可迁，事无可诿，势不得不为子孙久远计耳。使国家任事之臣视其地与其民皆如王氏兄弟之视其家族，则亦岂终于无成哉？虽然，集事以才，倡众以义，王氏捐帑缀试，经画综理，咄嗟可办，此其义与才，固近世所希睹者。

吾闻欧冶铸剑，方其发硎也，必试之吹毛焉，毛纤纤绝也，乃售之剑客，则陆剸犀兕，水断蛟龙，何难焉？今王氏兄弟蒸蒸向日矣，城堡之役非其试吹毛者乎！他日剸犀兕、断蛟龙，则旗常竹帛具在也，余何足以知之？育德名叔果，由兵部郎中晋楚藩议，阳德名叔杲，官驾部主事，诸子弟与有劳勚者，皆附书于碑阴。

嘉靖癸亥春二月望，赐进士出身、奉议大夫、前刑部郎中京山高岱撰。

高岱，明进士，曾任刑部郎中。

槐阴堂记

明·章纶

鹿城东南行六十里，其地曰英桥，有旧族王氏世居焉。王氏，裔出宋晋公佑，积善传家，代产贤哲。有樵云处士者，尝敬慕晋公三槐遗泽，别构一堂，植槐其前，自号"槐阴遗叟"，因以之名堂焉。其子由，字秉璠，干蛊继志。景泰中用有司荐之，京授郡阴阳正术。其来也，适值吾以言事系狱，连坐之势方炽，虽亲友皆屏迹远去。秉璠则不为惧，且素不识吾面，因舍敝止之傍，朝夕怜吾妻子而周其急。及闻吾廷杖，璠则不为流涕，谓吾臧获来兴，曰："尔善为而主馈饷，使不失所。吾归，当置田数亩以偿尔劳。"仍有彷徨不忍去之意。当时人皆谓吾无复生还，秉璠非有所为而为之也，直以秉璠之心激于公义，有不容于坐视尔，岂世所易得哉？比吾蒙圣恩，录贰礼卿，归其庐，慰谢于槐阴之堂，秉璠因以记为请。

夫种德犹种树也，种树者取树于将来，种德者食报于身后，其培植之理，一而已矣。王公自宋望于兹乡，樵云处士与其父乐善翁世济隐德，秉璠又善承之，所以培植其根而使枝之日达以蕃者，固未艾也。苏长公铭“三槐堂”，谓封植之勤必世乃成，处士名堂之意亦有在于斯乎，是为记。

成化六年庚寅冬十月望，赐进士出身、政议大夫、资治尹、南京礼部左侍郎、乐清南阁章纶大经书。

章纶（1413—1483），字大经，自号广汉野人，乐清人。正统四年（1439）进士，授南京礼部主事。著有《章恭毅公集》《困志集》等书。

永嘉场新建堡城记

明·候一元

夫履平思陂，图险于易。阴雨未形，而桑土是营，宁非固圉之业？犹是浚哲之长算哉！又况害渐既芽，剥床以辨，形势已效者乎？盖语有之，非常之原，黎民惧焉，然而又与乐成。余于两王子之堡永嘉场，而喟然叹。夫创始之艰，而永终之不易也。故曰哲夫成城，又曰众心成城。微哲夫固不能以附众而致之役；而非舆情之协也，即哲夫之策有挠焉，而罔成功。则斯堡可睹已。

堡城四周，凡八百六十丈有奇，高二十有五尺，厚半之，以三面距河，中引二渠；按方立门，水陆各四；楼橹周庐，阛阓桥道，靡不敕治，井井绳绳，屹为一方巨镇，咸谓县治无以过也。起嘉靖戊午冬十一月，至明年己未冬而城成，约费金若干两有奇。始议助于公数千金。既而以时诎多不酬，其经费补苴，盖悉出两王子私帑，略不色吝。然伯子西华君方仕在朝，独叔子旸谷君总其计，凡出入盈缩，丈尺进退，饩廪登陆耗之故，悉禀叔子一人，埤盖填委，应之裕如。尽选族之能者数十人，分职其事，而授之算，比考其成，与始所画，不爽锱铢，吁其难哉！

盖东南故无堡也，列戍聚兵，昉自国初，久而士马刓敝，无以待敌。岁在甲辰，倭衅始作。岁壬子，则寇愈张，往往深入，虔刘聚落，官兵当之，辄折而北。而永嘉场者，吾温之奥区也。地方五十余里，南阻梅山，北距茅岭，东则负海。鱼盐万井，衣冠萃焉。而当寇之冲，往来常目属之。于是王子之诸父仁山翁、从弟东华大夫，相与倡义，群乡之子弟而肄之兵，岙编戎伍，先登陷阵，寇来辄不胜，去至掎贼斩首虏俘其舟以归。当是时，永嘉场军声号称长城矣。

又方恃沙城为固。沙城者，故亦两王子所倡筑也。以内蓄鹾，外扞敌。延袤亘于海上，众咸以无虞，而王敬子独私忧之，曰：“敌不可易，胜不可扭。今夫妻沙城以一面据敌，敌少可耳，多将绕出我后，彼执兵者，见其室家辎重，且俘于贼，必人内溃而自救，此危道也。夫兵未有不先图营垒以待敌者也。故不若相地据险而为之堡，俾进则攻瑕，退则守坚，不亦可乎？”时众莫有应者，而王子之从子煦独颔然之。无何，岁在戊午，寇果大至，诸倡义者尽死，万室焚如。众于是追前议，盖莫不智王敬子也。会王伯子亦以奉使至家，于是乡人相与谐两王子。曰：“若肯竟前议为盟主乎？”皆曰：“诺。”时王叔子当会试南宫，即辍不行，独孜孜与煦经画其事。又以立城，非得有司者治之不可。王伯子还朝，则又疏请徙鹾司、巡司堡中，事下行省，省议，独徙巡司。于是启闭艾钥，始有统矣。

盖王叔子相地，取险可守，虽其室庐尽斥外之，故人咸服其公。堡环围多空地，可廛〔30〕，则价自倍，因计亩出直，以助经费，则财不匮，故人咸服其度。不烦官，不扰民，不久淹，先事而殷忧，后事而周防，故人咸服其算。维时监司守土诸公共嘉与之，太守宋公、别驾杨侯咸躬亲劝。相宪使凌公，时遣官程督，上下交赞，鼛鼓勿胜。盖一期岁之间，匪棘匪舒，而奄观斯役之成焉，岂不亦伟哉！

于是王氏诸生，谒余请记。余惟两王子之代诚茂矣。不世之绩，亦既有俶，顾所当图维者其终也，敢率鄙衷以告堡之人。夫开国之初，倭尝大入，为中国祸甚惨，殴去即已，金夷旋复，民未病也。弘正之间，薄海晏如，岂无狡焉。阑出边关，交口岛夷，为乱者哉！顾其势不得逞，则以阎净均平，人乐其所，故难动也。诗曰：“惟昔之富不如时。”夫倭寇非有向导不来，向导非客户，必土著之民。土著之民，非有殴之则不去，而殴之者非虎冠蚕丝之吏，则豪右并植之民也。厥有由哉！孟氏有言“地利不如人和”。故城非不高，而有不守，粟非不多，而有不食。若春秋之书虎牢、书莒、书梁是已。

夫国，有司之事尚矣！吾愿居是堡者，必讲信修睦，振穷恤孤，俾富者无纷奢，贫者有盖藏。合斯堡如一人，合斯人如一心，于以捍圉待敌，则无城而固，又况矗矗言言，若斯之完缮哉！吾闻两王子故尝置义田行族约，盖自其王考桥翁、考厓翁时已积功累仁望于吾郡，至两王子愈显敦睦之风，夫既有倡矣。其自今于万斯年，子子孙孙永观斯堡之固，庸书以为记。

侯一元（1511—1586），字舜举，号二谷，乐清人。嘉靖十六年（1537）进士，历官南京刑部主事，江西布政使。著有《二谷山人集》《二谷读书记》等书。

重修英桥王氏族谱序

明·王澈

我王氏世居永嘉华盖乡英桥里，旧传五代唐时自闽来徙。宋乾道间，吾乡海患荡溢，谱牒无考。嘉靖初，黄岩南门王氏侍郎南渠遣子姓通谱系，谓吾永嘉英桥与黄岩南门二派俱出自台之宁溪，以万十一府君为始祖，宗所知也。

吾宗有谱，自族祖梦竹翁始，时在成化。迄今几八十年，支岀日蕃而纪志失略。先大夫溪桥翁加意修辑，冀澈同仲弟激间于王政而后从事。无何，遘大艰。追念先志，乃据旧谱所存者订而补之，由是百年坠典，犁然复举。

夫谱，所以尊祖而昭裔也。尊祖则情生，昭裔则志一。吾宗人祖先，皆出于始祖一人，迄今凡十传，族广而迹疏，间有休戚，不相庆恤，甚或道路，谁其践籍无忌，何以教惇睦哉！夫亦志弗一而情弗生也，《易》曰：天与火，同人。君子以类族辨物。此先王所以着异同也。今吾为谱，世次明而异辨矣，本始惇而同统矣。易辨而志一，同统而情生矣，志一情生而族以之睦矣。斯吾所望于族之子若孙也。

嘉靖十七年丁酉冬日，朝列大夫、福建布政使司、左参议、前兵部武库司郎中、八世孙澈顿首拜书。

王澈（1473—1551），今龙湾永中街道永昌堡人，字子明，号东崖。正德八年（1513）中举人，历官礼部司务，兵部武库司郎中，福建布政司参议等职，辞官后，乡居十多年，为乡邻做过不少好事，独资建王氏宗祠。嘉靖三十年（1551）卒于家，其有子二，叔果、叔杲都中进士。

永昌堡城门上梁文

明・王叔杲

伏以揆方设险，国家重保障之功；思患预防，草野负干城之责。顾疆理虽属于人谋，而形胜实由于天造。江山有待，远迩交欢。旸谷主人，未际风云，素怀经济，愤倭奴之倡乱，整义旅誓欲廓清；悯乡族之流移，建垣堡且图安集。岂惟保聚我宗祊，实欲招徕乎庶姓。墉陴凡几里，据高深更藉人和；水陆总八门，通舟车共夸民便。卜焉允吉，名曰永昌。环海为池，适揽朝宗之会；倚山作镇，预占降岳之祥。敢云人杰地灵，惟愿民康物阜。层楼插汉，云间鹰隼惊飞；粉堞横江，水底鱼龙争避。仗父兄之协力，聿观百雉告成；幸黎庶之同心，快睹三冬底绩。永奠金汤之固，坐销郊垒之忧。暂息斧斤，听余祝颂。

抛梁东，旭日初升瑞霭红。直向扶桑标汉界，岛夷系颈息狼烽。
抛梁西，乔木千章紫翠齐。解道山灵新毓秀，旧家门阀倍生辉。
抛梁南，天马峰高兴汉参。最喜熏风能解愠，满城士女兵耕蚕。
抛梁北，睥睨临江更生色。鸡犬无声境晏然，何用严扃防暴客。
抛梁上，楼堞高悬凡几丈。咫尺丹霄手可攀，换取银河洗腥瘴。

抛梁下，城中有地容车马。但愿民居日衍蕃，一区岂论千金价。

伏以上梁之后，山河益壮，瀚海无波。擅东越之奇观，作瓯邦之巨镇。时和序协，雨露润四面之窗棂；国泰民安，星斗丽五更之鼓角。销兵为耒耜，何须寓兵于农；倚槛课耕耘，永愿止戈为武。百祥萃止，万姓攸宁。

王叔杲（1517—1600），生平见本章第二节。

三、杂录

梦萦家乡城堡

当代·王会绍

我多少次梦回家乡，那浙南海滨的村镇，在城堡内外游荡，走过稻田中长满野草的田埂，走过居宅小巷的石板路，走过用青砖侧面铺砌的南北大道。伴姐姐到河边，她洗衣物，我洗脚；跟父亲到桥头，坐在桥上乘凉，听人们讲新闻道古今；随母亲到西门城楼向陈十四娘娘献饭，到东门城楼参佛事，听讲经。背上了书包，我从三面田园围绕的五间农舍里走出来，踏着石板路，走过桥头，沿着青砖大道向北走去。道畔，一边河水荡漾，稻田铺翠，杨柳依依；一边有青石门台、三史巷、花园等雅致古宅。从世裔桥折向河西岸，就是设在王氏宗祠内的新城小学，操场北边就由古城墙围着。我们的家乡城堡，你是那样纯秀、古雅，透着迷人的韵致，你撩扰我的思绪，绾住我怀乡的情结。

小时，我就以家乡小镇有条古城围住而自豪。城里老少都知道，永嘉场有四条半城，我的家乡城堡是最后造成且保护得完整，人称“新城”。三都出了个张阁老，原打算在三都造条城，而二都的外甥抢先造了。那时，金銮殿只有五条城，永嘉场如果再造城，便超过五条，那就有犯上之嫌。张阁老只得放弃造城的计划，对二都外甥生气极了，从此三都正月放花灯从不进新城。尽管如此，新城文风鼎盛，风雅、洁净、清新有了名，四邻村庄的姑娘都愿嫁到新城里来。

我翻阅了一些有关的史籍，才知新城的来历及其文物价值。新城原名“永昌堡”。明朝嘉靖年间，沿海倭寇猖獗，永嘉场乡民时遭焚掠。二都英桥里王叔果、王叔杲兄弟倡议集资筑堡自卫。嘉靖三十七年（1558）冬动工，用石块斜垒城墙内外壁，中间夯土，城基宽约3.9米，高4米多。历时一年建成。城呈长方形，南北长738米，东西距445米，周长2366米，环以护城河。东南西北设陆门环海、迎川、镇山、通市、门券砌青砖，设防有闸、门二重，城门上设谯楼。场面内开二渠，俗名上河、下河，引水入城，贯穿南北。上河向西开五浃：西宅、状元、三房、西门、上仓。下河向东开五浃：扑树、经魁、御史、板桥、圣门。上河置南水门、会秀、联芳、井（登）头、左昌、世裔、北水门七桥，下河置南水门、东门、东昌、北水门四桥，有梯式、虹式、坡式、蛙式、直通式等，造型各异，风格多姿。夏天傍晚，人们喜欢坐在桥上乘凉聊天。

城内河道纵横，小桥流水人家。沿河建街，依水修房，溢洪自流，灌溉有水，舟楫来往，饮用便利。倭寇围城，“筑指挥台以观堡内动静”，及见“堡内水田，遂退”。又流传：倭寇曾长期围城，城内食粮渐缺。有智者让舟船压巨石，满载谷糠，来往运载。倭寇见城内粮丰，遂退。

十多年前，我回家乡一趟，古城村镇已改变了原来的面目。绿色的稻田不见了，到处密密麻麻地造起小楼房，沿街的铺面也纷纷长高变洋，旧时的青砖大道变成了水泥公路，原先的小河或淤塞或混浊，状元第、御史府、东贤桥等明清建筑物不知隐于何处，谯楼、庙宇、宗祠有的塌废，有的改建得面目全非，完整的城墙亦呈现出一大段一大段缺口。我少时记忆中江南古堡如情似梦的人文景观和神姿仙态哪里去了？

2000年春节回温州探亲，住在离新城几里路的永中镇。我怕喧嚣的商业气氛更加破坏我记忆中舒缓恬美的城堡村镇美好形象，并不打算故地重访。友人项君对文物保护很是热心，说永昌堡被列为浙江省级文物保护单位，又是你的故园，应当去看看，是否已有所挽救。这样，我又一次回到我家原来所在的城堡。当然，比十年前变化更大了，现代社会的氛围更浓了。不过城垣、城镇总体格局、一些明清时代的宗祠、民居等还是存在的。王氏宗祠正建设永昌堡博物馆，牌坊内的庭院里矗起明抗倭英雄纪念碑，正堂、门厅和陈列室已见到一些有价值的文物。这透射出重视文物保护的一线曙光。现代化不等于钢筋水泥做成的楼房和大道，还应蕴含着丰富的文化内涵。如果加紧抢救、保护城墙谯楼、寺庙宗祠、府第民居、路桥河渠等，发掘永昌堡的文物资料，研究整个城堡内的建筑格局，在新建设中延续原来的水乡风貌，永昌堡仍会以明清典型村镇保留下来，存储大量历史信息，开发丰厚的旅游资源，成为无可限量的宝贵财富。江苏的小镇周庄以其明清府宅和水乡风光走向世界，不正启示我们要守护家乡永昌堡这一历史名镇。

王会绍（1933—　），永昌新城人，任《甘肃日报》高级编辑、甘肃省文史馆研究员等职。

遥望永昌堡

当代・项有仁

泱泱中华，一提边陲烽火，人们便会联想起“大漠孤烟”“长河落日”。似乎只有北方才是热血男儿捐躯报国的地方，殊不知在“斜风细雨”“小桥流水”的江南水乡，450年前也曾一度成了金戈铁马的烽火边疆，而且还特别悲壮！因为凡外族入侵，总是对我锦绣山河存觊觎之意、鲸吞之心。故此虽淫杀焚掠，但目的是占城略地，想待下去当“主人”。这种“长期打算”驱使他们不会将“未来领土”上的“子民”杀绝，地盘刮光。残暴如上世纪的侵华日军，他们还高举“东亚共荣圈”的旗号——“救世主”来了！

可是450年前的那场战争不同，虽然祸源都是东邻日本，但那是一般从日本本土上剥离出来的海盗集团。这群亡命之徒并无占地称王的“大志”，只有抢掠财物的野心。故此流窜所致，就省略了装扮“狼外婆”的繁文缛节，径自明火执仗地杀人越货。总要到贼船满载，才呼啸海遁。

自北宋以来即以“一片繁华海上头，从来唤作小杭州”的温州，自然成强盗们垂涎的目标。自公元1552年至1563年的11年间，温州遭倭患竟达28次之多。史书多次出现“杀人溪水亦赤”“烧毁民房十之八”“田禾不能下种”等惨不忍睹的记载。在这11年中，低估年均被杀同胞不下3万。远远超过温州“三次沦陷”的伤亡总数。因此说：明代的倭患是温州历史上的一次最野蛮、最残酷、最灭绝人性的浩劫；而温州人民桀骜不驯的生存意志，则淋漓尽致地表现为保家卫国的凛然大义。其慷慨赴难的卓越代表是“王氏义师”——永昌堡人；自强不息的“代表作”是永昌堡。

1552年倭寇7次侵犯温州，抗倭寇英烈前赴后继的血泊中站起了“王氏义师”。这支由英桥王氏族人为主组成的家族式武装，在胸怀民族大义的知识分子王沛、王德的统率下，驰骋于抗倭前线，成为浙南人民的“一方屏障”。史载：“是时永嘉场军声号称长城。”

1558年四月六日（农历，下同），浴血抗战七年王氏义师在梅头因寡不敌众，年逾古稀的王沛英勇殉国。同时罹难的达70余人。四月二十日王德率众增援被围的郡城，不幸在金岙中伏而牺牲！

王氏义师严重受挫，该轮到倭寇猖狂了。《明史》“王德传”中却赫然记载着“倭自是不敢越德乡侵郡城矣！”敌人反而“不敢”了？死人吓退活人，足见死者非凡的英雄气概！

王德少即“英异负大志”。他21岁中举人，22岁登皇榜，当官期间抑强豪、平冤狱、政绩卓然。滑县人民曾立生祠纪念他。可惜时代不容英才，他的睿智刚正多次受到上司的打击，于是在35岁风华正茂之年便愤而辞官归奉母亲，表示与世俗社会的彻底决裂。

倭患起、国难临头，王德丢却个人仕途恩怨，倾家产资助族叔王沛发起的王氏义师，组成一支2500余人劲旅。7年征战，精忠报国。“兼济天下”的生平抱负又找到了新的寄托。在义师喋血梅头，敌焰正炽的劣势下，他置生死于度外，主动驰援告急的郡城。《明史》载他“手射杀数人，骂贼死”。民间传说被倭“剥皮滚沙”！总之是以最凄绝的一笔，为自己壮怀激烈的一生划上个辉煌的句号；年仅四十有二。

英桥王氏满门忠良，血泊中又站起了王叔果、叔杲弟兄。他俩意识到“固营垒以待敌”——建一城堡的重要，叔杲放弃“十年寒窗”三年一考的晋升机会，宵衣旰食率众筹建城堡。国库拮据无力承担七千两金的建城经费，他倾囊倾家负担了大半。而自己的宅院却隔在城外了——为了“相地取险”的大局需要！这种毁家纾国难的坦荡胸怀，和王沛、王德为国捐躯的忠烈行为一脉相承！

榜样的力量是无穷的，王氏族人不等不靠，砸锅卖铁，自力更生。历经一年，终于众志成“城”——我国东南海防线上崛起全国第一座民建的国防雄关“永昌堡”。从此小股倭寇望而止步，大股城下披靡。在两百余年断断续续的倭患中，永昌堡曾8次成功地抗击了敌人的大规模进攻。附近“官办”的盘石卫城（驻有三千官兵），蒲岐所城（驻有一千官兵）、宁村所城（同前）都有失陷的史录，唯独“民办”的永昌堡却成了浙南人民一艘“永不沉没”的“救生艇”！。

永昌堡果然造得好——如城内留有100多亩生产自救田即为我国建城史上的首创，可是最根本的原因是建在永昌堡人自主、自立、自强；爱族、爱乡、爱国的精神基石上。这种精神上承自瓯越本土文化中“自强不息”的传统基因；下延已与时俱进地融进了当代横空出世的“温州精神”。因此说：永昌堡是瓯越发展史上的里程碑；是体现温州地域文化个性的历史性标志。

遥望永昌堡，闪烁于五百年历史风尘尽头的亮点，正是今天“温州精神”的胚芽，诠释“温州学”的标本！

项有仁（1932—　　），见本志第二章第三节。

永昌堡的鼓文化

王金麟

鼓自古以来都立足于非凡的尊贵之位，宫廷、衙门、佛庙、道观、宗祠、海船、军旅、民间均有配设，并有特定的位置华丽的装潢给予安置，每逢庆典大祭、紧急情报、开坛祭祀、民间演戏、民俗活动等都是不可缺少的重要乐器，并占乐器中的首位。三国祢衡击鼓骂曹，发泄了心中的愤懑，借其鼓声痛骂曹操，闹得曹丞相哭笑不得。南宋梁红玉击鼓助威，大败金兵，取得了黄天荡战役的决定性胜利。1928年毛主席在西江月的井冈山词中这样描述“山下旌旗在望，山头鼓角相闻。敌军围困万千重，我自岿然不动……”鼓声时似雷击狮吼，震荡宇宙；时似龙吟凤鸣，摄引心魂；时似流水叮当，让人陶醉；时似风扫残叶，催人泪下……它有时如春雷震撼，给人们温暖、力量、生机；有时似鹤啼猿咿，给人们带来了烦恼、忧愁。它的波频似千军万马，惊得敌军胆战心寒；它能使孩童跳跃欢笑，也能使愚昧者悬崖勒马、迷途知返。鼓！功效大焉！

永昌堡自北宋天佑年间始祖由黄岩宁溪搬迁定居后，人丁逐渐兴旺，当时在下河中段上岸，建造了王氏宗祠（后改王氏大派宗祠），里面即备办了大鼓一个，供祭祀庆典之用。后因家族兴隆，扩建宗祠，于 1542 年在永昌堡北门底上河西岸由四派东有匡公独资兴造了占地十三亩面积的王氏大宗，在左侧孔子亭旁置办了一个直径二米的大鼓。明嘉靖年间，东南沿海屡遭倭寇侵掠时，该鼓在商议定计、召集民众、抵倭除寇中充分发挥了它独特的生命力。一次倭寇在蒲州沿海登陆后，直逼永强沧河，当时站在永昌堡城墙上的哨兵发现后，立即通知宗祠击鼓，城堡内民众听到鼓声告惊，立刻防卫，城外百姓纷纷入城避难，守卫人员即刻关闭城门，作好各种应急措施，避开了倭寇掠夺之苦。1556 年 10 月一支倭寇又入侵永强，民族英雄王沛、王德公率领义军，英勇杀敌，击鼓呐喊助威，取得了该战役的胜利，打死倭寇 16 人，缴获战马十余匹，俘虏数十人，名扬浙南大地。后经年代沧桑，几代更新，直至解放后尚存其鼓。

千年风雨的洗刷、百年时局的变迁，早在 20 世纪三十年代永昌堡人制鼓巧匠王德春公在城内井头河东岸开了一爿制鼓坊，常年制作龙灯鼓、龙船鼓、宗祠鼓、花鼓、腰鼓、词鼓等，每逢正月滚龙灯，端午节划龙船，温州五县之内都到该鼓坊定制购买。尤其是永昌堡内的民间滚龙灯、划龙船活动，他还特别精细选好上等的牛皮精作而成，得了当地群众的好评。解放初，人民翻身当家作主分地分田，永昌堡人自发组织了秧鼓队、腰鼓队，同时中老年的永昌堡人，还组织了一支鼓扳亭乐队，配备了琴、箫、笛、三弦、唢呐、月琴等民族乐器，共同上街游行庆贺，忙得德春公废寝忘食日夜赶制，他以手艺精巧、制作精细名闻温州大地。90 年代，有永昌堡人王兆林、王振寿先生继承了传统文艺，重新改组鼓板亭乐队，阵容齐整，为永昌堡“列入国宝”庆典活动增添光彩；同时还经常被邀参加外地文娱活动，今年正月，特邀参加了永中镇石浦村滚巨龙闹花灯春节文艺活动；它的步步高、溪山鸟语乐曲配上优美的鼓、锣、琴、箫声，悦耳动听，令人难于忘怀。到了 21 世纪永昌堡人退休教师王振旺先生为弘扬永昌堡的鼓文化独创一格，他自出资金备办大鼓一个，同时还购置了锣、钹、铮等配套乐器，自动组成一支乐队，为永昌堡庆典祭祀、民间闹灯、迎宾接客、欢送劳模新兵等增添了欢乐而隆重的场面。他站在鼓旁搭设的跳板上，挥动双肩，快、慢、板、调均配合得体，有时欢欣跳跃，如鸟雀在枝头飞舞；有时左击右敲，似云中天女散花；鼓槌点点似风转残雪，击声咚咚似春雷狮啸，激发人们豪情满怀，欢欣鼓舞。在严寒的冬日里，他只穿单衣，还击得浑身冒汗；在炎热的酷暑中，他不戴草帽，头顶烈日，满面春风；将咚咚咚的鼓声与涌泉般的汗水汇成一支美妙动听的交响曲。激荡在大自然里，呈现出莺歌燕舞的欢乐场面。……

王金麟（1940—　），永昌堡人，系永昌博物馆原馆长。

四、楹联

王氏宗祠中堂联

槐荫树家声礼乐衣冠开弈叶　英桥绵世泽箕裘燕翼振宗支

鼻祖自闽东迁乔始南宋宝祐以来　世代绵长年八百
耳孙溯英桥发族承燕翼贻谋之下　人文鹊起止无穷

当烽火狼烟中舍自家而卫海疆叔侄奋戈皆殉国
在死生顷刻际除寇患以安社稷弟兄抗敌俱成仁
豁除灶役卫卤更民使流徒还归宜配享东瓯俎豆
潮汉无侵沙城兴筑随遏倭利溉赖消除海域灾虞

名题雁落宴集庶鸣柴泥封报十三辈　独占鳌头雄魁虎榜铁书工诗文武才

俊繾硕彦籍书英桥早年赴美进修　欧雨西风钦泰门
世界巨篇瑰珍著作执教中山大学　功名事业震万邦

明万历皇帝钦赐世大夫祠联

玉音

惟忠惟孝尚无忝乎令名　是父是子方有羡于善继
礼重崇光祖有德宗有功从是本支联百世　父遵合享教所尊爱所亲在庭陟降永千秋
先荣历昭饬国纪敦家伦赫赫勋猷光志乘　皇恩宠锡褒新功録□德煌煌诰敕焕门楣
祖孙父子簪绂相丞踵誉乌衣为东瓯第一阀　岁时伏腊俎豆斯在贻谋燕翼启后嗣忆万年

永昌堡城门联语

环海楼高眺横塘，镇山巍伟贯双岙。迎川门外引李浦，通市繁华接英桥。

东门环海楼联

环海目极苍烟里；倚栏人生画卷中。

南门迎川楼联

志在春秋长享春秋；气衡天地能配天地。

西门镇山楼联

瓯越大地万象欢乐望明月；古堡城墙四面风光照银河。

北门通市楼联

除浙色东征徭盐民感德记庙祀；筑沙城固海防乡里蒙恩传芳名。

永昌图书馆联

学贯东瓯藏此地墨林书海；李开崇实读群贤事业名山。

第四节　永昌博物馆

永昌堡内的永昌博物馆（原英桥王氏宗祠）是八世祖东崖公王澈独资所建。始建于明嘉靖二十一年（1542 年），占地面积 8666.7 平方米，七间三进，前进有三开间石牌楼一座，中进仪门五楹，后进三楹，旁分左右三厅，廊庑七楹，环列左右，其规模之宏大，气势之雄伟，结构之安祥，镌刻之精微，保存之完整，确系浙南罕有，因此有“江南故宫”之美称。内部结构更是旷世一绝，其飞檐、斗拱、吻兽、梁架、荷花抱梁等，都具有高度的艺术性，系浙南地区之最，对研究明代古建筑、民间雕刻工艺具有一定的历史价值。

馆内还陈列了抗倭为国捐躯民族英雄王沛、王德公的英雄事迹，并有民族英雄王沛、王德公的塑像与瞻仰亭，石刻嘉靖皇帝敕命二道，以表彰先烈们的丰功伟绩，使后人牢记当年抗倭英雄们可歌可泣、惊天动地的悲壮情景，给新时代青少年以生动的爱国主义教育。

在“二战”（第二次世界大战、抗日战争时期）革命展示馆里，展示了爱国主义教育和国防科学教育的图片，同时还展出革命初期中共地下党组织陈启明、王兆勋、陈福尧、张定标、王怀玉等同志的早期革命活动图片。他们在浙江省委原书记刘英的直接领导下，为温州的解放立下了不可磨灭的功勋。为弘扬革命传统，悼念先烈的功绩，1989年12月12日，浙江省人民政府下达浙政〔1989〕113号文件，公布永昌堡为浙江省第三批重点文物保护单位。2001年6月，被国务院列入全国重点文物保护单位。

博物馆内同时还展出了西晋、宋、明、清民间文物100多件和建宗祠遗砖、圣旨缩影照等古物遗迹。

在中堂大厅里展出明清时期名人进士像，并挂有张阁老、王世贞、徐阶等大学士的名帖。

在民俗风情展厅里，展出了古代的迎神民间活动，古时祭祖先的民俗风情和端午节划龙船、春节游龙灯等的热闹场景，同时还展出明清年间的卧床、梳妆台、灯盏、送节礼盒、木制纺纱机、织布机、水车、石磨、石猪槽等器具。

紧邻博物馆的后北首，有一幢五间二层楼仿古式图书馆，内藏古今中外书籍二万余册，供爱好者任意阅览。

1997年11月，浙江省文物局下发浙文物〔1997〕204号文件，批准建立永昌博物馆，成为我省农村建博物馆的首例，是浙江省和温州市的第一个民间博物馆。2008年，对整馆内重新进行布置对外开放。

永昌古城堡内临近博物馆，建有永昌文化公园，内有九峰峥嵘、华阳古洞、登山望月、池塘观鱼、古堡炮台、吉祥金鱼等景点可供游人休憩游览，融旅游观光、文物鉴赏、文化娱乐、学习教育等多功能于一体。

永昌堡国家重点文保单位一览表（供参考）

表3—1

序号	名称	年代	类型	级别	地点	说明
1	会秀桥	明	古建筑	国保	跨上河	——
2	王光蕴故居	明	古建筑	国保	四宅浃路7—8号	清代重修
3	四宅浃14号	明	古建筑	国保	四宅浃路14号	宅第民居
4	联芳桥	明	古建筑	国保	跨上河	王延善建

续表 3—1

序号	名称	年代	类型	级别	地点	说明
5	王德故居	明	古建筑	国保	状元里 6 号	——
6	状元弟	明	古建筑	国保	状元里 18 号	王培贵重建
7	西门里 51 号	清	古建筑	国保	西门里 51 号	王福郎建
8	青石门台	清	古建筑	国保	西门里 1 号	举人王贯士建
9	顿头桥	不详	古建筑	国保	西门里 1 号北侧	跨上河
10	三里便农桥	明	古建筑	国保	王氏大派宗祠	王氏大派宗祠西北侧，又名“永昌桥”
11	王氏大派宗祠	明	古建筑	国保	下河畔	王净建造
12	东门池	不详	古建筑	国保	东城路 6 号民居后	重修
13	御史巷 12 号	清	古建筑	国保	御史巷 12 号	王如圭建
14	都堂弟	明	古建筑	国保	下河西岸御史巷	王净故居
15	御史巷水井	不详	古建筑	国保	御史巷 5 号	民居西侧
16	御史巷 13 号	清	古建筑	国保	御史巷 13 号	——
17	御史巷 10 号	清	古建筑	国保	御史巷 10 号	四合院
18	贤房古井	明	古建筑	国保	贤房巷	1463 年建
19	东昌桥	明	古建筑	国保	下河板桥浃	王龙建
20	布政使祠	明	古建筑	国保	圣旨门 4 号	王继明建
21	贤望巷 3 号	清	古建筑	国保	贤望巷 3 号	王邦信住宅
22	圣旨门巷 3 号	清	古建筑	国保	圣旨门巷 3 号	——
23	右司马弟	明	古建筑	国保	上河洞桥底 40 号	王叔杲故居
24	左昌桥	明	古建筑	国保	跨上河	王叔果建
25	上仓巷 1 号	清	古建筑	国保	上仓巷 1 号	——
26	世大夫祠	明	古建筑	国保	上沧浃尽头	王叔杲建
27	王绍志故居	清	古建筑	国保	上仓巷 21、23 号	四合院
28	王氏宗祠	明	古建筑	国保	北门边、上河西岸	王东崖建
29	花园古井	明	古建筑	国保	花园巷	王叔果建
30	世裔桥	明	古建筑	国保	王氏宗祠南	——
31	上下河	明	古建筑	国保	堡内西北侧和东南侧	——
32	护城遗址	明	古遗址	国保	堡城墙四周	成长方形
33	通市楼	明	古建筑	国保	堡北城墙中部	——
34	环海楼	明	古建筑	国保	堡东门中部	——

续表 3—1

序号	名称	年代	类型	级别	地点	说明
35	镇山楼	明	古建筑	国保	堡西城墙中部	——
36	迎川楼	明	古建筑	国保	堡南城墙中部	——
37	城墙	明	古建筑	国保	永中街道新城村	——
38	上仓坦	明	古遗址	国保	上仓巷 7 号	——
39	下仓坦	明	古遗址	国保	下河东南岸、都堂东侧	——

说明：本目录所有文物名录均系国家重点文物保护单位

永昌堡明清进士录（供参考）

表 3—2

姓名	生卒	中举时间	官职
王　激	1476—1537	明嘉靖二年	国子监祭酒兼经筵讲官
王　德	1517—1558	明嘉靖十七年	广东按察司佥事
王　诤	1508—1581	明嘉靖二十九年	右佥都御史，贵州巡抚
王叔果	1516—1588	明嘉靖二十九年	广东按察司副使
王叔杲	1517—1600	明嘉靖四十一年	湖广按察司副使
王良心	1537—1579	明隆庆五年	南京兵科给事中
王继明	1551—1607	明万历二年	四川按察司副使
王名世	1568—1647	明万历二十六年	锦衣卫千户，明威将军
王雨金	1570—1627	明万历三十五年	广东按察司副使
王维夔	1574—1653	明万历四十七年	江西布政司
王锡管	1609—1687	清顺治九年	礼部主客司主事
王　壬	1806—1833	清道光十三年	吏部考功司主事
王　玉	1804—1854	清道光二十七年	山西即用知县

第四章 天柱风景名胜区

天柱风景名胜区地处瓯江口南岸，大罗山东南部，龙湾区永中街道境内，距离温州市区约28公里。景区东临温州东港工业新区，登高可望大海，是大罗山距东海最近的风景区，观日出效果最佳；南近瑞安市；西、北与温州生态园相衔接。该区最高海拔约700米，总面积约14.5平方公里。天柱风景名胜区系华夏古陆造单元，形成在8亿年前，该区属浙闽丘陵地带，系雁荡山脉大罗山支脉，山势走向以南北横理，东西支脉分延。山势连绵，岗峦起伏，溪谷错综，以峰台碧水、天河浩渺、天柱寺古刹为特色景观。近年来，风景区相继建设盘古湖游步道及配套设施，风景区管理房、入口景观广场、公厕及配电房，入口道路、停车场以及综合管理服务用房等。区内天柱寺水库、峰台水库周围山体奇特，气势雄伟，位于沟口地段的美人崖天然生成，可引峰台水库水源恢复美人瀑景观。利用天柱、峰台、雷打岩、山门坑、后坑、白水等五大水库，可形成集徒步探险旅游、健身、体能训练、登山、攀岩、划船等多种体育项目为一体的野外游憩基地。

第一节 自然景观

天柱风景名胜区共有60个景点（仅指较为突出的山水自然景观，未能涵盖全部），分属2个大类，4个中类和19个小类，其中大类以自然景观为主，自然景点49个，人文景点11个；中类以地景分布最多，计31个；小类中，石景、湖泊居多，占景点总数的41%以上。景点相对集中地分布在天柱寺、天河以及峰台三个景区。通过对选定的60个景点的逐一评价，天柱风景区内有二级自然景点8个，三级自然景点18个，四级自然景点23个。

一、地貌成因

天柱风景名胜区系华夏古陆造单元，早在8亿年前就形成。中生代时，由于太平洋板块进一步俯冲作用，引发陆相火山活动，产生了频繁又激烈的火山喷发和岩浆喷溢，大量火山碎屑和岩浆覆盖了古老的地层。露地层属燕山运动晚株罗世时期形成的火山岩系，岩性主要为花岗岩，其次为青灰英安质玻屑熔结凝灰岩，流纹质晶屑凝灰岩等。该区属浙闽丘陵地带，系雁荡山脉大罗山支脉，山势连绵，岗峦起伏，溪谷错综，属台岗型山地，山势走向以南北横理，东西支脉分延。

二、山景

1. 山、峰

南坑山　位于永中街道西北部，海拔553米，南连牛头堆山，西南接牛度墩，东北临双岙山。因位于平坑山之南，故名。山表面大部分为岩石。该山由十几座海拔在300米以上山体组成。地势清幽，峰峦秀拔，奇石峥嵘。20世纪80年代封山育林，使整座山体植被有所改观，现杂林丛生，绿荫一片。

牛头堆山　位于龙湾区永中街道西南部，南连花船坑山，北接南坑山，东临峰台山与白水山，以形似牛头得名。主峰牛头尖，海拔591米。山表多岩石，山地水流向东汇入峰台水库。坡地有番薯园数十亩。近年，杂草丛生，回归自然。

峰台山　位于龙湾区永中街道南部，海拔430.4米。此山北临度山岭，东南靠近白水山，西依牛头堆等山。山尖高耸，岩石多裸露，植被稀少。由于20世纪80年代封山育林，防止水土流失，植被有较大的改观。高山、石隙中的涓涓水流汇入峰台水库。西山脚坪下曾有陈氏族姓居住，称之峰台村。1957年造水库，移迁弹子山南麓。此山现杂草丛生，乔林灌木，生长良好，连环水库，环境清幽。

白水山　位于永中街道刘宅村内。海拔336米。因该山有一美人瀑，故称为白水山。光绪《永嘉县志》永嘉场图别有白水刘之名。西部高，东部低。北靠大度山，南位于刘宅村落与山下田园，西与白水水库及峰台山相交，东临刘宅村境内。山的东部和西部大部是岩石，西部植有松树及小量经济作物，近年封山育林，植被较好。

花船坑山　位于龙湾区永中街道西南，郑宅村西部，海拔558.3米。南接长坑山，北连牛头崖、堆山、四周高山，中央低平，形似一只花船故名。多山崖，植有松杉等树木，山地溪水东流，在天柱寺西侧下汇为瀑，入天柱寺水库。另部分水源由后坑水渠引入后坑水库。纵深广阔的山谷，形成溪流，水资源十分丰富。青山绿水，亦称胜境。

横山　位于永中街道和沙城街道天柱风景名胜区境内，系大罗山东部一支。海拔176.6米，西接长坑山，向东伸入平原，因山体狭长，横陈于村境南缘，故名横山，别名横塘山。大罗山东部多山崖，唯此山地层深厚，岩石稀少，高处松木茂盛，并辟有梯式山园。郑宅林场在低坡，种有柑橘、杨梅等果树，东端低坡一块两米见方的岩石，镌有“第一山”字样，为米芾所书。系龙湾区文保单位，其旁有王瓒兄之墓。北东麓建有教堂，村民居住房、厂房、姜氏宗祠等连接成片。西边有百步梯岭。

金山　位于龙湾区天河街道，系大罗山东部一支，海拔199.1米，西北连八份山，东北隔长坑溪与横山相望。以土色如金得名。整座山体坡度较陡，土层不深，生长稀疏的马尾松林，另有杉、柑橘、杨梅等，并辟有梯式山园，种植番薯等经济作物。东麓有寺名“金山寺”。有河称“金山河”。有桥称“全山桥”。

八份山 位于天河街道西部，系大罗山东部一支。最高峰海拔345.5米。东接金山，西至天河东水库，北接长坑山。相传林氏始祖在此开山造林，后代命名为太祖山，后林氏八房将山分八份，故改称八份山。山表土层稀薄，岩石多裸露，植有松、杉及杨梅等，东山腰有卧云寺、陶仁洞、观海寺。山涧纵横，杂木野花丛生。其东麓与金山相间，西山麓地势稍高，土壤条件较好，水源丰沛，山谷植被较好，果园、苗圃集中于此。近年在山的东部建有上山公路至观海寺。

长坑山 位于永中街道与天河街道交界处，别名强坑山，海拔491米。西东走向，西接百岗尖，东至天柱峰，北依蹲儿坑，南隔长坑溪，与八份山相望。植有松、杉、杨梅等。南山坡气候湿润，土层深厚，四季深绿，奇花异草生长良好，时有鸟兽出现，生态较好。

郑岙山 位于天河街道郑岙村，海拔422米，以村为岙名。北临八份山，南隔郑岙溪与歪头尖山相望，西至天河东水库，东至郑岙村落。东部崖石耸立，天河水电站的水泵管从高峰直入电站泵房，落差较大。南山坡盛产林木柴草。开垦山园种植农作物，有郑岙林场。东麓沙田植糖蔗，20世纪90年代建有淡水养鱼池。

歪头尖山 位于天河街道西部与场桥镇交界处，海拔568.6米，西北至东南走向，东南接元宝山，北至天河东水库。因西坡陡峭，东坡缓展，山头似向西歪，故名。东部植有杉、松、桉、黑荆树等。

观海坪 位于永中街道郑宅村，天柱风景区东部入口处。海拔145米，山坪起伏，南部与横山相连，北部近靠弥勒峰下山坡，西部位于盘谷湖东岸，东部依横山与美人峰形成山谷。绿化覆盖率高，东北麓荣阳院周围及背部山林长势特好，四季常绿。上山入口处建有大罗山绿化碑一座。坪顶端视野辽阔，是观东海日出胜地，因此得名。

峰台水库屿 位于永中街道峰台山峰台水库内，因此得名。海拔408米。原来位置处在峰台村落西南后山，在1957年建造水库时，形成了屿。西周洋洋白水，屿中杂草丛生，无高大树木。

美人峰 位于龙湾区永中街道白水电站所在地与白水水库之间。美人峰是一座奇峰，主体是花岗岩。落差二三百米峭壁，从平地陡然拔起，瀑布直落，举首仰望，百丈崖瀑犹如仙女散花，故称“美人峰”或“美人瀑”。

天柱三峰 位于天柱风景名胜区内。三峰相连称石宝山。其一天柱峰巍然挺拔，高插云霄，独秀如柱，气势雄伟，天柱寺以峰为名，沿用至今。峰因寺益彰。其二弥勒峰，形如雍容大度弥勒佛，或称“山是一尊佛，佛是一座山”。其三观音峰，花岗岩组成不规则台柱状，节理丛生，水蚀沟痕，犹如千佛袈裟，峰如观音真身呈现。

百家尖　位于龙湾区天河街道西部，又称百岗尖。海拔 560 米。东南临长坑山，西北耸立在天河水库边，与塞垟、上降底山、水库坝西岸群山相望。北为仙岩镇界山。东北侧陡立，不可攀登，西南侧有山路可登，山顶有坪，建有山神庙。相传明初倭寇侵患，山下村民迁此避患，故有百家尖之称。现尚留存石垒寨门。该尖是大罗山中主峰之一。从峰侧攀岩而上，到达峰顶，极目东望，便是东海。

观音峰　位于天柱寺北侧，因山峰上有一岩石台观音身披斗篷，云游归来。故名观音峰。

2. 岩（崖）

蹲儿坑石群　位于永中街道天柱风景区境内，蹲儿坑山背南侧，长 200 米，高 100 余米，峭壁上呈网络状，形成道道裂隙，流水侵蚀又使裂缝演变成沟，对岸眺望似狮子背景，故称“狮子壁”。绝崖山梁下有爬山石、母子岩、骆驼石等象形石。鲤鱼状石景由北向南斜横在背上，四周悬空，故称“鲤鱼倒游”。附近还有老虎洞、摇摆石、关爷刀、老鹰岩、花船坑等石景。

天柱老人　位于天柱寺西侧峰上，临湖一侧有一面如老人端坐，在大脚下，有一石如犬。

狮子壁　位于天柱峰附近，该处岩壁上仿佛雕刻着一只狮子。

母子岩　位于长坑北侧，该岩石酷似一位母亲带着她的孩子，流露出满怀的慈爱和温柔，令人百看不厌，叹为观止。

幼象岩　位于百家尖东侧小水库中，仿佛一头小象拖动着肥大身躯，望之长鼻大耳俱全，正准备淌水泥的幼象。

沙僧伏马　从银湖往西望，百家尖顶有一块岩石突兀，极像马头，马头后方有一块岩石好似一人伏于马背上，不禁使人联想起不畏艰难去西天取经的沙僧伏于马上，故称沙僧伏马。最妙的是，时近日落，夕阳斜照，佛光仿佛，令人叫绝。

蟒蛇岩　该岩为百家尖东侧，附属岩体，酷似一条蟒蛇顺岩而上，气势磅礴逼真。

排石岗　位于天河西水库东侧山背上，累累花岗石，各具形状，如脱兔，如奔马，如倨虎，如卧狮，让人浮想联翩。从远处看，山脊上的岩石连绵不绝，如巍峨的长城，其上的烽火台，雉架故楼样样俱全。

三角岩　位于白水湖西南角，因该岩石外观呈长三角形而得名。

夫妻岩　位于后坑湖西南侧，有两块紧挨在一起的岩石组成，酷似一男子贴在一女子耳边窃窃私语，似如夫妻，故称夫妻岩。

将军岩　位于夫妻岩两侧，因该岩石酷似一名将军而得名。

摇摆岩 位于峰台山景区与乌楼梯水渠的连接健身步道旁，一块岩石立着，另一块岩石横在该岩石上，推之欲倒，望之疑落，极为，惊险，老名“摇动岩”。

三岩石屋 位于天柱景区观海寺东北角，此由三岩顶柱巨岩形成石屋，西南口较大，四周基本平坦，整体顶高距离地面约有1米高。使人们认为是先民居住的地方。但是，这也是大罗山独有的石屋。因以此特点得名。

变形石 位于天柱景区内的天河西水库往南看的山顶上，有一石制仙人掌，危然耸立，但从库坝处看又如一大墩柱，敦实可爱，不同方向观之形状各异。

3. 岭

十二盘岭 位于永中街道丰台山等诸山之中。岭从东北山腰度山路与坦头路末部开始至峰台村。山岭迂曲盘绕十二折，故名。海拔407—241米。岭东北脚有寺院遗址与泉井。

西山岗背岭 位于永中街道坦头山等诸山境内。岭从十二盘岭起点处开始向西通往陈家坟山。因岭大部分经过西部各山冈之背得名，岭由条石块垅路及石岗坡构成。近年岭两侧柴草丛生，时常有小动物出现。人难行走，崎岖山岭，沿途所见怪石累累，有糖糍岩、鸭勾岩、门坟岩、西山落、鲳儿岩，像虎、像豹，不一而足。岭北南坑几潭深渊之险，较罕见。

天柱寺岭 位于永中街道天柱风景名胜区上山岭。因该岭通往天柱寺得名。岭脚有龙眼井，罗东绿化碑、景区管理房等建筑物，岭宽1.6米，条石筑建。1990年翻修。近年，岭脚的环境有所改观。

百步梯 位于天河街道北部横山西南坡。为天柱寺风景区南道入口通道，有石阶368级，沿陡坡而上，如楼梯傍山，长约150米，宽1.5米，由条石块石筑成，上岭过天柱寺水库堤坝，向西入长坑溪，通大罗山中各村庄。

凤凰岭 位于天河街道郑岙村西部歪头尖山北坡。岭径长1.5公里，宽0.5米，泥土路面，向南过歪头尖山坡，可至瑞安场桥镇与梅头镇。

郑岙岭 位于天河街道郑岙村境内。东南自郑岙起，向北至天河东水库西侧西垟头自然村。岭径长约3000米，块石筑成。通天河水库及瑞安仙岩镇。岭中部有郑岙林场及路亭遗址，东部山腰城建有电力网架。近年翻修，改为条石构造。

4. 洞

水帘洞 位于天柱景区西部十里长坑溪末端。为花岗岩悬崖下洞穴。洞口高0.3—1.7米。洞分三层，有500余平方米。

道人洞 位于天河街道天凤村八份山南山腰，巨岩覆盖成洞，中有二穴，中穴石壁有泉水洒下，甘洌无比，洞内湿润幽静。洞外周围崖壁陡耸。此洞又名陶成洞、陶隐洞、陶仁洞、道壬洞等。总占地面积约680平方米。今洞改建为“观海寺”。2011年12月，被龙湾区列为文物保护点。

卧云洞　位于天河街道钟桥村八份山南山谷中。洞高约10余米，形像一间大房室，洞内有石砌案台等杂物，洞口直立一条石柱，是前卧云寺舍建筑遗物，内外杂草丛生，洞前周围茂林修竹，山坪中，留下数间卧云寺寺舍遗址。

5. 其他

后前坑　位于天河水库东，崖壁形态良好成一长坑堑道。

空谷回音　位于长坑溪以北的山体上，有一条与长坑平行的溪谷，称之为蹲儿坑。蹲儿坑下部有一大片陡壁，在溪中间叫喊，回声连绵不绝。

三、水景

天柱寺风景名胜区内的气候条件与上述龙湾区气候条件相似。区内山间多深谷，通过人工修建堤坝，已建有多座水库，如天河水库、峰台水库、山门坑水库、后坑水库、白水水库、天柱寺水库等。区域水质整体较好，绝大部分都可以达到国家I类水水质标准，但是，不同区域的水环境质量也有一定的差异，尤其是盘谷湖水质明显要劣于其他水质。

1. 瀑

九叠瀑　位于峰台风景名胜区山门坑水库西北角，沿着狭长的岩坡蜿蜒曲折倾泻而下，飞花溅玉，升腾起一绺绺细微的水沫，最后汇合成潭。

美人瀑　位于天柱风景名胜区内。瀑布落差200百米。从峭壁上奔泻直下，沿崖溅起朵朵瀑花，犹如仙女散花故称“美人瀑”。

五折瀑　位于永中街道天柱风景区，天柱寺西侧山峰下。由于花岗岩风化成不规则台阶，瀑布渲下形成五折，故得名。天柱寺因有此瀑，或称瀑泉寺。瀑布落差100余米，由多级梯瀑组成，气势磅礴，形如云垂烟接，万练倒悬，细似珠帘，粗如冰柱，是景区重要景点。

天河瀑布　位于永中镇郑宅村与天河镇钟桥溪之间。又名百步坑瀑布。白天柱寺景区盘谷湖大坝一侧流出，在巨岩峭壁之上飞流直下，右壁尤奇险惊人。瀑人流入钟桥溪。

2. 潭

仙浴潭　位于永中街道长坑溪中。山路与溪水并行，水流绕石而过，形成仙浴潭，仙人影等溪石景点。两岸怪石嵯峨，群峰相映。令游客流连忘返。

龙虎潭　位于天柱风景名胜区境内五折瀑下。由于五折白练倾泻入潭，浪花四溅，水珠轻扬，如蒙蒙细雨，水雾经阳光折射，化成一道一道五彩缤纷长虹，颇为壮观。

潭前有石拱桥，供行人通往其他风景点。

溪硐坑潭 关于天河街道钟桥溪西侧溪硐坑末部。潭以坑得名。为自然石穴。即深又广，泉水清澈甘洌，碧绿见底。春夏大水，瀑布飞流直下，声若雷鸣。

3. 井、池

龙眼井位于龙湾区永中街道郑宅村美人峰与横山交接山麓下，有两井南北相距 10 米左右，井水终年不涸，冬暖夏凉，清冽甘甜，有“贵人至，泉水盈”之说。近年，景区管理小组重视美化井周围环境，被当地村民作为大旱饮用水源。

郑岙村水池 位于天河街道郑岙村樟井路中段。水池分上下二池。上池宽 2 米，长 1.5 米。昔日村民饮用上池水，下池是村民日常洗涤使用。近年村路改建，此二池水质较差，基本上不能使用。

4. 溪

长坑溪 位于大罗山东南谷，天河街道西部的长坑。因流经钟桥村，又名钟桥溪。源出百家尖东麓，沿长坑山与八份山之间峡谷东流，至天河街道钟桥南注入永强塘河，长约 5 公里。水质洁净，为四甲水厂水源。北部支流源自花船坑、牛头推诸山、东流天柱峰东、渐南沿山崖下泄为瀑，汇贮成水库。溪谷间山峰重叠，水声潺潺。沿途有金龟岩、水帘洞、仙浴洞等景点，

郑岙溪 位于天河街道西部，以村得名。因流砂沉积，又称沙河。上承天河水库之水和歪头尖，八份山之间小溪流，向东流经郑岙、高轩村，流入永强塘河，长 4 公里。白郑岙以下流经后风地段称后风河，河面宽 13—14 米，常年水深 2—4 米。该溪流水由西向东，地势平缓，南侧山坡苍松翠绿，绿草如茵，山峦起伏，群峰异石相映。

金山河 位于郑岙村前直至钟桥，傍依山山麓，一水绕青山，秀丽迷人。

竹径 位于天河东水库畔及银湖西侧，小径两侧种满了水竹，修竹碧绿，小径羊肠，颇具竹径通幽之意境。

盘谷湖 因天柱寺的所在位置形像盘谷，所以这个湖称盘谷湖，也称“明湖”。1957 年，在盘谷南口处拦洪筑坝，使其成为人工湖。盘谷湖湖水凝碧，风光旖旎，湖面建有一座清风长廊，在其尽头是龙珠亭。近年在湖三周建有栏杆，同时杨柳、桃树等观赏植物，使这里湖光山色、奇石古寺、鸟语花香于一身，确实是旅游好地方。

银湖 位于长坑中部，银湖波平如镜，绿如翡翠，游人惊沱此水与仙岩梅雨潭水一样绿。蓝天白云和山影树影一起映入水中，让人分不清哪是形哪影，人们称之为湖光山色“一泓碧海开明镜，三环青山列翠屏”。

天湖 位于龙湾区天河街道西部与瓯海区仙岩的交界处，有百家尖山、西垟头山、上降底山、塞垟山、双鱼山等海拔 431.8—634.2 米的 10 余座山体构成的不同形状的

峡溪。1957年原天河公社把这些峡溪建成天河水库，故得名。此湖是人工建成湖，虽然在中间建创一条大坝，但其水系连成一体，湖水由西向东流。总计水面约18.9公顷，蓄水量约424万立方米。湖海拔约在400米，地处群山环抱之中，其周围的山，有的葱葱郁郁，有的濯濯童山，有的山花烂漫，有的高峰奇立，有的山平起伏。高山之湖特别清幽，空气新鲜，湖光山色、蓝天碧水、石桥松林浑然一体，是大罗山中一幅绝妙的图画。

四、生景

1. 草海与沙滩　位于天河东。西湖水库之间，为一片天然的草丛，非常优美，野趣盎然。人们称之为草海。沙滩为西水库的南岸，有一条比较独特的狭长沙滩，是人们理想的休息好地方。

2. 植物动物　天柱风景区内植被以常绿阔叶林为主，间有常绿针叶林。常绿树种有香樟、杉木、柳杉、侧柏、桉、黑荆、银桦、杨梅等，落叶树以枫香为主，还有枫杨、楝、乌桕、鸡爪槭、臭椿、重阳木、榔榆、桃、朴、杨、紫薇等。林下灌木层极不发达，有零星的柃木、水杨梅等生于林橼。外观四季常青的马尾松林为占地最大的植被类型。由于频繁的人类活动干扰和地带性森林的高度退化，区内裸露岩体较多，绝大部分分布在东部迎风面，整体植被覆盖率较低。

区内动物种类中，鸟类有山鹊、白头翁、竹叶青、麻雀、猴面鹰、铁嘴儿、青翠、白鹭、鹰、猫头鹰、山雀、八哥等，还有穿山甲、山猪、刺猬、猫狸、野兔、麂、松鼠和眼镜蛇、银环蛇、菜花蛇、乌梢蛇等动物。

第二节　人文资源

天柱风景名胜区因有晋代古刹天柱寺而得名。天柱寺又称瀑泉寺，位于大罗山天柱峰下，占地面积约3000平方米，布局为山门、天王殿、大雄宝殿与观音阁四进，群山环绕、古朴庄严；该寺始建于晋代，重建于唐贞元年间，迄今已有1500多年的历史，系浙南最古老的寺院之一。

历史上，众多的文人墨客为天柱风景区所倾倒，明代汪循的“万山中拥梵王宫，石磴羊肠顶上通。东麓种松招野鹤，西潭行雨起潜龙”。四句就勾勒了五百年前这里的胜景，也是对当时天柱风景名胜区一处景色的描绘；王叔杲的《登大罗山顶》是当时融情于景的一篇佳作；当地诗人王毓（字尹成，号樵云，明英桥人）曾作《七律·游天柱峰》一诗。此外，天柱寺在革命战争年代，还曾作为中共地下党的联络点和活动场所，1938 年夏天，时任浙江省委书记刘英曾由人陪同，到这里观察过地形。

通过对选定的 60 个景点逐一评价，天柱风景区内有二级人文景点 1 个，三级人文景点 3 个，四级人文景点 7 个。

一、园景

1. 现代公园

金钟湾公园 金钟湾公园位于龙湾区沙城街道庄桥村内，工程占地面积为 104371 平方米；其中驳岸 1521 米、铺装 8980 平方米、木栈道 950 平方米、停车场 494 平方米、绿化面积 79706 平方米、景观水体面积 6665 平方米、游泳池 1330 平方米；工程绿地率为 83.97%；公园内配备管理用房、茶楼、老人活动场地、儿童游乐场所等建筑设施及路灯工程。工程总投入金额约 5500 万元（沙城片），于 2013 年 4 月完工。

2. 陵园墓园

郑氏始祖墓 坐落天柱风景名胜区上山人口北侧丛林中。依山而筑，是一座典型浙南家族园林式坟墓。地人称为“荥阳院”。院中首为第一代郑氏祖先墓，茂林修竹，栽培合理，前有小水池，游步道两侧左为翠竹廊，拾径而上，景石林立，树木茂盛，灌木丛生，古藤缠绕，西边有亭、石桌、石凳。

王瓒之兄与嫂陈氏合墓 坐落在永中街道郑宅村横山东端低坡上，墓前原有古牌坊等建筑，“文化大革命”时被毁。王瓒撰写墓志铭现存。

王荣年墓 位于天河街道西前村茅垟山中。该墓原建于仙岩，1976 年迁移故里今址。占地约 40 平方米，座椅式，坐北朝南，有石垒砌，分二坛，墓券做成波浪式，墓室门前正中置阴刻篆书“王梅庵公之墓”青石碑、坛前西向立有林剑丹写墓主志铭。2010 年，被龙湾区列入文物保护点。

章邦元墓 位于天河街道天凤村天风山，坐北朝南。南对沙河、金山，占地约 150 平方米。该墓建于清道光年间，整座墓由块石墙围拢成扶椅式，青砖墁地，封墙由青薄砖菱形样斗角砌筑，墓冢上下五坛，墓室上方筑牌楼式影壁。该墓为龙湾区保存较为完整的清代墓葬，为研究清代墓葬形制习俗提供了文物资料。2009 年，被龙湾区列入文物保护点。

王维夔墓 位于永中街道坦头山峄台十二盘岭脚。墓占地约 90 平方米，坐西朝东，依山而建，座椅式，分上下二坛。椅圈用花岗岩条石竖砌，上盖压条石，坛坎用花岗岩条石铺筑。原墓由永中上京田垟中迁移此地。王维夔（1574—1653），字邦佐，号龙友，英桥二都人，万历进士，志书有传略。

王珉家族墓 位于沙城街道庄桥村厚碧岙，始建于明代占地为约 180 平方米，墓坐北朝南，依山势而建，圈椅式，共分三坛，拜坛内有五通墓志。2010 年，被龙湾区列入文物保护点。

金铉墓　位于天河街道天凤村钟桥山秤垂岩之上。坐北朝南，依山势而建，墓呈扶椅式，分三坛，面阔6米，进深18.50米，墓后石板墙中间嵌花岗岩墓碑“明金公之墓”。2011年，被龙湾区列入文物保护点。

环川王氏始祖墓　位于天河街道，筑成村竹房路长春园内。墓坐东北朝西南，占地约600平方米，圈椅式，外设围墙，前置神道门，围墙内西北侧设纪念栏，并置三通碑。2010年，被龙湾区列入文物保护点。

二、建筑

1. 亭、桥

怀严亭　位于龙湾区天柱风景区长坑溪中部。条石块单间结构。建造年代约民国时期，近年当地村民对该亭进行修理，并旦立“山神案位”。亭有联语，四周草木丛生，亭前溪水流流，游人至此憩坐亭中，观看亭前路南，长坑溪，更增游兴，此亭建造为溪山又添一景。

天湖亭　位于天河街道郑岙村天河东水库大坝南部上。坐东朝西。亭为双层，四角花岗岩结构，四周有栏栅，中间有石凳、石桌等附属建筑物，亭柱均有联语。来往的游客在此处小憩，东部小山头映山红烂漫，西面高峡出平湖，怀古观景，滋心乐在其中，颇有情趣。近年亭因在台风影响倒失，现改建成牌楼式，名“百岗亭”，东西走向，长10米，宽5米，亭柱也有联语。

观泉亭　位于天河街道三星村天柱寺风景区南入处山脚下，百步梯岭边。六角花岗岩构造，亭柱刻有联语。其亭西面建有“观仙亭”与“观泉亭”隔溪相望，令有趣味。

瞻鹰桥　位于龙湾区天河街道钟桥村钟桥溪五折瀑下。1997年建筑，长19.60米，宽5米，单孔结构。是天河通往天柱风景区入口处重要交通桥。桥上遥望，鹰岩苍古，势极雄峻。因以得名。

钟秀桥　位于龙湾区天河街道郑岙村。横跨郑岙溪，东西走向，块石水泥结构。桥长41米，宽8.5米，5孔，2000年夏造。

金山桥　位于天河镇西前村，横跨金山河上。以桥西部金山得名，桥长65米，宽10米，钢筋混凝土条石栏杆结构，2008年改建，东西走向。其东有变电所，西山坡上有排球场、放生池、青峄宫、金山寺等公共场所。

诸募桥　位于永中街道刘宅村与度山村之间。占地约26平方米，长15米，宽1.52米，净跨9.5米，长高2.7米，三孔梁式石桥，东西走向，横跨刘宅河。石梁南侧直书阴刻“淳熙元年（1174）岁在甲年九月乙酉朔二十四戊申日建”20个字，北侧楷书阴刻“口口癸亥高原张家口口龙口桥口口口”17个字，相传是宋代乾元寺僧人向诸信众募化而建，故名“诸募桥”。2003 年 9 月 23 日，被龙湾区人民政府列入文物保护单位。

上岸桥 位于永中街道郑宅村天柱路北侧，跨白水河上，建造年代北宋，地人又称姜合桥，此桥周围环境较好，2013 年 12 月 26 日，被龙湾区列入文物保护单位，桥南首建有“白水民俗博物馆”。

钟桥 位于沙城镇庄桥村。明成化元年重修，为庄桥村通往田间的生产交通用桥，桥总长 18.24 米，宽 1.63 米，高 2 米，占地约 30 平方米，东北向西南走向，横跨沙河钟桥河段与横塘河交汇口上，为梁或五孔石桥，最东西一孔已毁。为此，此桥具有一定的水文研究和历史价值，2009 年，被龙湾区列为文物保护点。

横塘河钟桥 位于沙城街道庄桥村，始建时间不详，据当地村民介绍，此桥建于时间约在明初。桥西北向南走向，横跨横塘河，为庄桥通往田间的水闸和交通双用梁式三孔石桥，总长 11 米，宽 1.6 米，高 2 米，占地约 18 平方米。2010 年，被龙湾区列为文物保护点。

西垟头水库中坝 位于天河街道郑岙村西垟头自然村，此坝南北走向，横跨于天河东水库区中，坝中间有丁步供行人通往，是近年新建。

金凤桥 位于天河镇金山桥北面。横跨金山河，西北走向，桥宽 6 米，长约 60 米，有青石栏杆。

天河西水库桥 位于天河街道西部与仙岩镇交界处。此地有百家尖山，西垟头山、上降底山、塞垟山、双鱼山等海拔 431.8—634.2 米的 10 余座山体构成的不同形状的峡溪。1957 年，原天河公社把这些峡溪建成天河水库。在水库中建有一条长约 90 米，宽 1.2 米，南北走向的天河西水库桥。该桥是长坑、西垟头、十亩墩通往盘台角及大罗山各村主要交通桥，也是一条特殊的桥，也可称为坎。桥是用块石与粗加工的石条石板构筑，桥上两旁建有石板条、栏杆，行人事坐之其上。桥面铺石板。说它是坎是因为无柱有墙，整道墙体都直接砌水库中，仅中间有一桥洞约 3.5 米左右，可通水。水库水满时，可漫过桥面，整个坎体都湮在水中。库区水面宽阔，面积约在 4000 平方米，地处群山环抱之中，其周围的山，葱葱郁郁，高峰倚立，高山之湖，特别清幽。石桥与山与水浑然一体，构成一幅绝妙的图画。

2. 民居宗祠

刘氏宗祠 位于永中街道刘宅村刘宅河西岸。该祠始建于明嘉靖年间，清康熙间，因内迁而拆毁。咸丰间迁建于此。1992 年毁于火，1995 年集资重建。建筑坐西北朝东南，占地约 1008 平方米，由门厅、厢廊、正厅组成合院式。2011 年 12 月 30 日，被龙湾区列为文物保护点。

3. 现代建筑

后坑水渠 位于龙湾区永中街道峰台山中，在后坑水库西北侧山腰绕山坝而通往花船坑，把花船坑水源引到后坑水库，故此以地理位置命名。水渠宽约1.5米，均系、明渠，建造时间1957年，其后常修补，为白水电站供给水源发电。此渠不但为供电站服务，而且也是峰台景区一道风景线。

乌楼梯水渠 位于龙湾区永中镇峰台山两边青山峡谷中，乌楼梯路北侧山腰上。水渠以地理位置命名。1957年，造雷打岩水库而建水渠。径宽1.5米，明渠。1957年建造，其后经常修补，为雷打岩水库供给水源发电。此渠对峰台景区的人文景观开发起了重要作用。

4. 宗教建筑

天柱寺 位于龙湾区永中街道郑宅村盘谷湖北岸，石宝山弥勒峰下，观海坪西侧。坐北朝西南。寺西有五折瀑和龙虎潭，古名“瀑泉寺”。唐贞元年间重建时，以景区内天柱峰为名，改名“天柱寺”。环境幽美，风光秀丽。明清时该寺香火最盛，寺僧较多。为大罗山东麓五大古寺之一。近年，扩建占地面积约3000平方米，全寺依山而建，入门为山门，左右钟鼓楼，天王殿、大雄宝殿、观音阁等配套构建。寺前小溪改成池塘，四周围以典雅古朴石栏杆，池水清冽甘美。既保持明清建筑风格，又有浙南地方佛教寺院特色。

观海寺 位于龙湾区天河街道钟桥村八份山中。寺原称陶仁洞，抗日战争时改称今名。寺以岩穴为基础，分二穴、中穴石壁有洒泉，甘洌无比，下穴有观音楼。过去在寺前左侧建二层楼为香客住房。近年来当地群众集资在寺前山谷平地建造了坐北朝南大雄宝殿，东厢房、放生池、山门等配套设施。当游人登上寺内，观音楼、东望海际、日轮升起、霞光万道。2011年，原旧寺遗址被龙湾区列入文物保护点。

卧云寺 位于龙湾区天河街道钟桥村八份山观海寺北侧。以原有卧云洞为名。寺由卧云洞及洞前石块组成数间房屋构成。今寺废，仅留遗址。

胡公庙（天坦观） 位于天河街道三星村八份山脚天柱寺水库大坝南下交汇处。此庙于2008年在原基上进行改建成前门、中进、后进及其他附属建设设施，以山而建由围墙组合成道观建筑。2009年，被龙湾区批准为宗教开放活动场所，登记证号AD018号。庙前东南有一六角“清晖亭”。

金山寺 位于龙湾区天河街道金山河西岸，全寺共有三进，内有山门，金刚殿、大雄宝殿。整座寺院布局合理，远望并异常壮观，后为山，前为河，风景秀丽。

杨府庙 位于天柱寺西侧，为纪念杨府爷而建，是道教的修身之所。据说杨府爷是渔民的保护神，能在海上击退贼寇，拯救渔民，所以永强各地渔民场要到杨府庙来祭拜。

郑岙村积善堂 位于天河街道郑岙村口孙氏宗祠旁。始建于1920年，建筑坐东北朝西南，占地约750平方米，由门台、正屋及围墙组成合院式建筑。门台为清水砖砌悬山顶仿木牌楼。正屋为单层九开间单背硬山顶传统木结构。该建筑是郑岙村一座代表性建筑，其周边还有几处不同特点的民居。

5. 工交建筑

坦头路 位于龙湾区永中街道坦头村坦头山中，路以地理位置命名。东西走向，路面由级步、石条、沙路、岩坦等构成。路侧建有一亭，顺山势而上至十二盘岭脚。

丰台路 位于龙湾区永中街道峰台山中，从十二盘岭背至峰台村（今村废，为水库），以地命名。东西直向，路面由条石、沙土、山岗岩坦组成，起伏平坦，绕山坡过山田园到村，历史久远。为通往大罗山几处水库重要山道。

库区路 位于龙湾区永中街道峰台山中。1999年，在原有各水库之间小路基础上改建，宽约1.5米，大部分用条石块与水泥砌成，从峰台路东开始，通往峰台水库水坝，连接山门坑水库、后坑水库、白水水库及雷打岩水库等各库区之间道路，是大罗山独有一条长路。不但为库区建设配套设施服务，且能调整水库建筑合理布局。为峰台景区游客提供了良好交通。

天柱寺路 位于龙湾区永街道郑宅村境内。是罗东通往大罗山重要路道。以地理位置命名，东西走向，原是沙路，现改建成水泥路，东从永梅公路至天柱风景名胜区，南侧横山，北美人峰下。路经第一山、郑宅村南部、白水电站、荣阳院等处。近年在路入口处建有风景区管理房、停车场、游客休息长廊等设施，并且在路的上段北岸线建成绿化风景带。

金山沙岗路 位于龙湾区天河街道金山东麓，金山河东岸。南北走向，路名以地理位置命名，路面大部分用沙泥建成。从钟桥村南至郑岙村南山脚，宽约2米，绕山体而过和钟桥路、三甲路、郑岙电站路等连接。近年，在路多处地段建成几座东西走向桥梁与该路相交接，便利游客到天柱风景名胜区南入口处和天河风景区的交通要道。

永梅公路 系温州至永强机场公路向南延伸。1987年机场公路建成后，自机场路口向南永中镇至梅头镇的路段在原有初级公路基础上进行改造，路宽约11米，渣油路面，属二级公路，是龙湾区罗东片区主要运输大动脉之一，同时也是外界通往天柱风景名胜区主要公路干线。近年来，政府投资对这条公路进行改修整理，是龙湾区重点工程。

6. 纪念建筑

罗东绿化纪念碑 坐落在龙湾区永中街道郑宅村天柱风景名胜区上山岭脚左侧经济林园中。建于20世纪70年代。碑高约4米，宽约1.5米，用厚砖构成。碑文用行楷书写“绿化祖国，大地园林化”。近年，在天柱风景名胜区区郑宅村入口处进行整体改造，并且配上景区的基本设施，改观旧貌，并且对该纪念碑进行修缮，使周边环境良好。

三、胜迹（遗址 遗迹 摩崖题刻）

1. 遗址遗迹

王鸿年故居门台 位于天河街道西门村环门南路65弄，坐北朝南。始建于清晚期，现建筑已毁，仅保留门台和花墙。门台占地约20平方米，为牌楼式砖砌仿木结构。门楼两侧花墙外八字造型，青砖漫砌，顶部做镂空，施回纹，点缀花卉浮雕。王鸿年（1870—1945），字世屿，号鲁豫，龙湾区天河街道西前村人，平时好读书，富于记揽，也工诗词，是著名爱国外交家。生平著有《国际中立法则提要》《战时国际法规总纲》《南华诗存》等。2009年，该门台被龙湾区列为文物保护点。

百家尖古遗址 位于龙湾区永中街道天河东水库与西水库之间的百家尖山。山腰处建有古城墙遗址，山顶有坪。相传明初倭患频承，山下村民百家迁此避患。今石垒寨门尚存。

胡公大帝牌坊 位于天河镇三星村八份山东山脚的长坑溪西岸大路中。坊四柱三间冲天式结构，坊柱构刻有联语。

2. 摩崖与题刻

郑宅村“第一山”摩崖题刻 位于龙湾区永中街道郑宅村东首山坡一块约4平方米岩石上。自右至左横刻“第一山”行书3个字，右下角直署“米芾书”，总体长2.32米，高1.06米。字体清雄飘逸，刻工精良。“第一山”的西向悬崖上，还有一处用楷书刻成“第一山”，书体秀逸，无款。1990年被列为龙湾区第一批文物保护单位。米芾（1051—1107），字符章，号襄阳，人称米南宫，能诗文、擅书画、精鉴赏、与苏轼、黄庭坚、蔡襄并称宋四家。

峰台山摩崖 位于龙湾区永中街道峰台水库大坝通往山门坑水库的大坝之间，平坦岩石上，20世纪80年代刻有“瓯水管界”四字，行楷。长约2米，宽0.5米。

天河水库摩崖 位于天河水库（东）大坎北边岩上。刻有：“天河水库，一九五五年建造，一九八八年除隐加固工程，永强电站一九九二年记。”

天柱寺水库摩崖 位于天柱寺水库西南“玉兔桥”西边崖坡上，“盘谷湖”三字陈文席书正楷。此摩崖长5.68米，宽1.58米。因处位置在水库之内故得名。

长坑口摩崖题刻 位于天柱寺水库西南角水库防洪道西侧“听泉山庄”后面二块合岩石。前石高3.2米，宽1.6米。题刻由杭州西岭书画社社长吕迈书写，王璞甲戌暮春撰《游天柱寺》诗，行楷。此题刻内容为：

天柱有晋寺，罗东第一流。儿时浪迹处，今日喜重游。

同行九老友，都已白了头。登山不策杖，赏景各由由。

既试身尚健，且感兴致稠。一日游未足，秉烛继寻幽。

相期明春暮，再来事禊修。美哉此行色，临别意悠悠。

因该岩石位置处在长坑口，故得名。

挽玉泉公亭碑 “肺腑相知郑玉泉，山窗烟雨旧青毡，晨昏对席万千语，子侄从游二十年。世事兴亡非在我，人生修短总由天。落花细雨黄昏后，愁向东风泣杜鹃。大明嘉靖甲午立。”

说明：此碑立在龙湾区永中街道郑宅村天柱风景名胜区入口荥阳院中郑铎（字舜先）墓前。

天柱风景名胜区内文物保护单位、文物保护点一览表（供参考）

表 4—1

序号	名称	年代	类型	级别	地点	景区
1	“第一山”摩崖题刻	明	石　刻	市、区保	永中街道郑宅村	天柱
2	横塘钟桥	清	古建筑	文保点	沙城街道庄桥村	天柱
3	章邦元墓	清	古建筑	文保点	天河街道天风村	天柱
4	上岸桥	北宋	古建筑	区　保	永中街道郑宅村	天柱
5	环川王氏始祖墓	明	古墓葬	文保点	天河街道筑成村	天柱
6	王荣年墓	民国	近现代	文保点	天河街道筑成村	天柱
7	姜家坦遗址	宋	古遗址	文保点	永中街道郑宅村	天柱
8	金铉墓	明	古墓葬	文保点	天河街道天风村	天柱
9	道人洞	明	古建筑	文保点	天河街道天风村	天柱
10	王珉墓	明	古墓葬	文保点	沙城街道庄桥村	天柱
11	刘沁祠	清	古建筑	文保点	永中街道刘宅村	天柱
12	王鸿年故居门台	清	古建筑	区文保点	天河街道西前村	天柱
13	诸募桥	宋	古建筑	区　保	永中街道	天柱
14	钟　桥	明	古建筑	区文保点	沙城街道庄桥村	天柱

第三节　艺文

一、诗　词

赠大罗山李秀才

宋·徐照

大罗山上客，后主是宗亲。莫是为诗苦，却令生世贪。

荒年家口众，少日鬓毛新。近又重遭祸，虚星必照身。

徐照(1160—1211)，字巡晖，一字灵晖，自号山民。永嘉人。同徐玑、翁卷、赵师秀并称“永嘉四灵”。著有《芳兰轩集》即《山民集》。

白水漈

明·王毓

灵岩截霹几春秋，倒泻银河落斗牛。饮涧白虹岚气湿，倚空寒剑玉光浮。
明珠万斛随风散，素练千寻带月流。原作甘霖济枯槁，何须更探老龙湫。

石夫人

高绾云鬟淡抹眉，层峦屹立几多时。花残月缺浑无觉，海誓山盟似有期。
华岳洗头盘水冷，嵩峰捣帛杵声悲。坚心一片谁能识，霜操冰姿自不移。

说明：白水指大罗山东部白水。

王毓，生平见本志第二章第三节。

游天柱寺

明·汪循

万山中拥梵王宫，石磴羊肠顶上通。东麓种松招野鹤，西潭行雨起潜龙。
谢庭草长春风在，觉海波澄夜月空。清景撩人贪坐久，夕阳归棹小桥东。

汪循（1452—1519），字进之，号仁峰，安徽休宁人。游庄杲之门，与王守仁数相论辩。登弘治九年（1946）进士。授永嘉知县，迁顺天府通判。正德初，刘瑾擅权。一月三上疏，请裁革中官。为瑾所忌，罢归。著有《汪仁峰先生文集》。

同竹岩弟过陶成洞

明·王澈

试览罗东胜，游筇喜共支。陶成存古洞，题咏有新诗。
海日光先射，山云影乍移。何当谢尘鞅，长向此栖迟。

王澈，生平见本志第三章第三节。

与诸兄弟游天柱寺旧基

明 · 王健

共说天标胜，人藏地界深。水停疑玉镜，树长即珠林。
虎卧禅机伏，龙依梵语吟。至今遗迹在，尽可净尘心。

王健，王瓒子，字伟纯，号鹤泉，嘉靖戊戌进士，授刑部山东主事，南京光禄寺少卿。著有《鹤泉集》。

游天柱寺

明 · 谢德琦

寂静思行乐，登临逸兴长，瀑悬崖练白，麦老野云黄。
绝壑松杉暗，幽栖药草香。悠悠望东海，吾欲倚扶桑。

说明：此诗《东瓯诗集》误为谢进作。

谢德琦，字庭宝，号存心。永嘉鹤阳（今永嘉县鹤盛镇鹤阳）人。洪武时隐士，著有《聚伦堂诗集》。

罗峰寺

明 · 王宏化

溪流急杵乱秋声，迢递峰阴入化成。五美自为方外赏，一尘不到世间情。
蝉随霜叶吟风湿，树影澄潭逗日明。安得坐忘深竹里，山门长积白云横。

王宏化，字敦夫，号求如，明季山人。永嘉二都英桥（今龙湾区永中街道新城）人。

陪朱李二公游天柱

明 · 郑瑾

踏破松梧十里云，个中天地着红尘。寒潭撒下千秋雪，仙窟收来人合春。
谢守风流归吾辈，远公潇洒属伊人。青天有路终须到，此地原来是去津。

说明：朱荡南即朱谏，乐清人，李月川即李阶，永嘉场蓝田人。

郑瑾，字允怀，号瀑崖，龙湾区永中镇郑宅村人。明弘治正德年间庠生，曾为王瓒家庭教师。

郑岙

明·张涵

绿树阴浓接翠微，几家烟火傍岩扉。山深地僻游人少，一路溪云欲上衣。

张涵，系龙湾区永中街道普门村人，生平不详。

猛虎行（1517 年）

明·张璁

乘闲得向天柱游，正逢猛虎来食牛。山僧爱客为列戟，落日更坐潭西头。
山中本是虎穴地，暮夜咆哮何足异。乡村白日尚纵横，犬豚无宁尽逃避。
读书岂无稷契期，弃置何能空自悲！始信苛政猛于虎，观人风者知不知。

张璁（1475—1539），生平见本志第七章第一节。

游天柱寺

清·王锡琯

一入招提便可家，独怜心事问空华。闲房径外千竿竹，古庙潭前一树鸦。
岂可倾摧虚五石，敢将梦觉付三车。振衣岭上时回首，意外沧桑未足嗟。

王锡琯，字玉叔，一字友教、又教，王维夔第三子。崇祯十五年（1642）举人，顺治九年（1652）进士。

观白水瀑

清·郑云风

何年倒泻天河水，倾作悬崖一派流。千尺寒涛连昼夜，半空晴雪几春秋。
惊摇山岳龙初吼，界破搀岩绅未收。正合散为川上雨，须臾慰却万家愁。

九日赠天柱寺端严师启关

玄关幽扃历三年，晨夕参居饱学禅。说法林狐惊道左，谈空野虎伏山前。
天花适散黄花径，贝叶还翻梧叶天。从此跨驴须觉世，功深应见钵中莲。

郑云风，字公飞，系永嘉场白水郑宅（今永中街道郑宅村）人。

秋游天柱寺

清·朱一绂

山门泬寂响秋风，径转松林一线通。石砌就荒丛草没，曲廊犹在暮烟笼。
潺潺潭应钟声冷，霭霭殿交香气蒙。羡煞僧居清净福，送余微笑别溪东。

朱一绂，字方来，号绣水，清乾隆年间（1736—1795）庠生。今龙湾区永中街道度山村人。

笑客岩

清·郑绍珠

此如长沙旧海塘，飘衣落帽恨风狂。关山不碍英雄路，英遣岭岩笑客忙。

秀才垟

雅管风琴树底来，刘冲自昔著名才。柱峰借作描文笔，伫看云山锦乡开。

君子峰

红染枫林天气清，众山环绕拥为城。莫嫌地僻人多陋，君子常留大雅名。

秋游天柱寺

（四首选二）

（一）

隔断红尘别有天，游观无处不悠然。孤猿啸落三更月，皓鹤飞开万树烟。
弥勒峰头云渡法，观音岩上蔓为莲。指挥不少天花坠，会见谈经学老禅。

（二）

巍巍古寺结山巅，一柱高冲兜率天。万丈玉虹飞瀑布，千峰茂树锁苍烟。
降龙潭曲清泉咽，伏虎风摇老竹颠。莫道层峦惟鸟道，骚人乘兴任周旋。

郑绍珠，字鹤山，号明川。永嘉白水郑宅（今龙湾区永中街道郑宅村）人。

游天柱寺作

清·朱麟瑞

古寺修篁里，春风碧浪斜。雨微山锁翠，日丽鸟穿花。
潭水融明镜，天峰绘彩霞。更怜松影外，迢递隔尘家。

朱麟瑞，字精子，号素堂，清康熙间庠生。系永嘉永度山（今龙湾区永中街道度山村）人。

游陶成洞

清·王涵

山腰疑结化人宫，岩窦常留鬼斧工。檐外星辰窥碧落，洞中日月问鸿蒙。
到来心地清如水，行踏游丝澹若空。丹灶定知流石髓，谁教迷道似空同。

王涵，字南永，号龙川。永昌堡（今龙湾区永中街道新城村）人，乾隆八年（1743）庠生，后为贡生。著有《清辉斋藏稿》《古今文》等。

题大罗山居

王毓英

意向浮云淡，心随造物游。山林无虎豹，草木自春秋。
境静眠鸡犬，门闲对峙流。寄言名利客，到此复何求。

咏罗山

秀士罗山隐，兼传相国名。二人长作古，行载并垂声。
我有烟霞癖，春多草木情。霓裳仙界近，度曲听分明。

赴大罗山中

家枕大罗山，沿途便往还。易来双足健，难得一身闲。
峰顶看云起，岩阿把竹删。听泉资洗耳，尘事不相关。

王毓英，生平见本志第七章第一节。

游大罗山杂作十七首（选二）

王荣年

西垟头

仲尼登泰山，天下不足论。小哉西垟巅，于岱云祖孙。
高下虽则殊，亦自魁其群。孩视天马小，其下为吾村。
青禾被阡陌，铺地碧于茵。大瀛流其东，极目天为垠。
小门与大岙，螺髻波中翻。西北亘诸山，坐控瓯江滨。
隐若一敌国，东向为屏藩。虽非嵩华俦，灵气所蟠蜿。
我今试高瞩，天地有奇观。天地亦何殊，所处非笼樊。
鸡虫论得失，毫发重于山。诸天于下界，只作微尘看。

秀才垟

西进秀才垟，实踞山中心。其南出仙岩，西顾茶山岑。
洪岩大岙溪，错杂位其阴。居民数十家，绕屋村萧森。
视彼西垟村，伙颐何沉沉。人言贡举朝，此地多青衿。
姚妫降儓隶，弦诵閟其音。此言有深慨，泥古未知今。
儒风渐衰歇，世已贱冠簪。胡言胡服者，月进千黄金。

王荣年（1889—1951），生平见本志第七章第一节。

观海寺

邹诚

芒屦乘冬暖，来将夙愿酬。叶飘凋万木，僧去剩空楼。
少倚危栏好，长扃古佛悉。凭高瞰沧海，何处有横流。

北坑庵

看好朝暾庵里过，老尼款客点陈茶。阶前黄叶萧萧处，半架开残匾豆华。

邹诚（1915—1993），字伯昭，温州市区人。诗人。

和邹伯昭天柱山题壁（选三）

王鸿章

天柱寺

好山得得到吟翁，为觅当年谢客踪。僧舍调门随皎月，马鞍裁句付丹枫。
兴来疾走生花笔，梦觉浑忘附乌弓。此日南皋留雪指，倍添声价是三峰。

卧云寺

邹子烟霞侣，何缘瞻佛来。为贪肝嶂趣，少卧五云堆。
景好真非幻，峰强自是媒。怡然偿素愿，那计鬓毛催。

暮过金山寺作

青峰黄屋景清奇，夹岸松杉映涤漪。冬暖连阡新麦秀，斜阳嫩绿腾秋姿。

王鸿章（1914—2004），生平见本志第七章第一节。

游永强天柱寺（二首）

苏莘尧

（一）

寻幽入谷路盘回，三月春山锦绣堆。独有桔花慷未放，含苞还欲待谁开。

（二）

二泓潭水寺门前，碧瓦红墙相映妍。百步长廊亭一角，凭栏遥对大罗天。

苏莘尧（1914—2000），鹿城区人，温州诗词学会会员。著有《听雨楼吟草》等。

大罗山中

唐湜

穿过一片黛色的青山，我走在多彩的花波之间，
一早，云雀嘹亮的歌啭，引我去瞩望蓝色的遥天；
绕过紫色的山中小湖，我走向一片恬静的小村，
镜似的水波倒映着翠竹，叫我遥想起古代的桃林。

呵，我像个武陵的渔人，悄悄儿跟着桃花的水流，
进入了幽美深邃的幻景，想象那诗人峻洁的眉尖，
如何叫明朗、丰腴的柔翰，描出了千古闪烁的光灿！

美人瀑

呵，你海岸上湍急的瀑流，可像个美人晨起梳理着，
姣美的金发，那馋岩笔陡，就像是一个乌亮的镜盒！
海岸的鹰隼就爱来照照，自己盘旋着的矫健的影子，
海上的乌云也常来飞绕，张开那一片闪光的羽翅；
可你仍梳理着清亮的长发，就好像没见到什么似的，
谁都不理睬、更不害怕，恍在一片阳光下梦想着，
一个恬静的春天的海，千千万万都没有醒来！

唐湜（1920—2005），笔名迪文，杨和等。鹿城人。为中国“九叶派”诗人之一。著有《九叶集》《霞楼梦笛》《翠羽集》等书。

游天柱寺

王书之

东嘉多佛刹，天柱古今钦。翠嶂环僧舍，清溪响梵音。
林烟空世俗，潭影悟禅心。千载几兴废，游人感慨深。

王书之，温州市鹿城区人。1911 年出生，原系民革温州市委员会顾问。

咏百家尖

项延年

百家尖上晚风吹，万壑千峰翔我思。绝顶攀登心意爽，黄花山石总成诗。

天柱禅寺即景

天柱峰高气莽苍，俯瞰东海雾茫茫。黄山元宝罗山古，白水塘河瓯水长。
十八洞环杨府庙，百家尖耸秀才垟。美人瀑布泪泉涌，石室山前盼李王。

项延年（1921—　），龙湾区沙城镇人，黄埔军校第十七期毕业，退休教师，龙湾区诗词学会荣誉理事。

游永强天柱寺

应万里

盘谷环山古寺传，茂林秀竹出灵泉。平湖水碧流霞美，石室山苍飞瀑悬。
天柱诸峰看展纛，曲桥幽径欲通天。南朝谢客登临处，傍近机场景更妍。

应万里（1929—1992），浙江温州鹿城区人。温州老年大学长青诗社社员，温州诗词学会会员。著有《墨池诗稿》。

题天柱寺旅游区

何国祥

一缆轻丰度翠微，白云未动鸟迟飞。松涛柳浪无穷碧，院外桃花艳丽开。

暮秋游天柱寺

长日游山兴未穷，回廊坐立对高峰。松林结子千年绿，枫叶如花一路红。
天柱凌霄风不动，龙潭映月水如空。人间忧怨浑忘却，归道夕阳绕彩虹。

何国祥（1926—2002），笔名佩德，龙湾区永中人。著有《古诗今译》《千家诗选译》《佩德诗选》等书。

浪淘沙

张桂生

中法两诗翁，携手登峰。苍松金桔露欢容。天柱寺中同觅迹，争采霜红。
醉叶佩前胸，合影留踪。篱边连句两心融。永记今朝同咏萄，万里情通。

张桂生（1932—　），温州市鹿城区人。曾任中共瑞安县委书记，温州师院党委书记。现为温州诗词学会荣誉室会长，浙江诗词学会常务理事，中国旅游文学名誉研究会、中国韵文学会理事。著有《萍茵吟草选》《鹿鸣诗话》等书。

游天柱寺即寺事

王兴森

乙亥初冬，与王璞先生、程绍国、章方松、项友仁诸同志陪林斤澜先生游天柱风景区，天朗气清，而游人稀少，爰掇俚句纪感。

天柱风光地，瀑飞寺庙峥。有人畿甸转，吾辈伴游行。

玲珑天柱景，松翠不知秋。野菊黄花旺，相偎倩影留。

王兴森（1943— ），见本志第二章第三节。

庚午重阳游秀才垟水库（二首）

吴明哲

（一）

新磨古镜水弯弯，淡月黄花雁自还。红叶野烧薯半熟，晚风牧笛卧看山。

（二）

重踏罗山忆旧游，芦花影淡一身秋。无心撷得相思子，也学顽童插满头。

吴明哲(1946—),笔名半山、钝三,系中国书法家协会会员,省考古学会会员,省博物馆学会会员,曾任龙湾区博物馆馆长等职。著有《温州历代碑刻》等书。

天柱寺夏行

郑通

百步攀登一镜开，天工人景共徘徊。泉飞白帛蓝山耸，露染红梅绿叶陪。

水复峦围斑虎去，松浓竹荡贵宾来。青峰不老千杆树，枯枝春发又为材。

郑东雁（1957— ），名通，字笃通。龙湾永中郑宅村人，教师。著有《天柱风光》等书。

二、楹联

卧云寺（道壬洞）

卧云常自在，寺宇几回旋。

罗东地名联

蓝田种玉三十亩，朱垟浮礁五里岩。
天马司南如笔架，黄山镇北似屏障。
龙湾石浦司南荡，凰岙水心林北垟。

天柱寺

问昔日瀑泉是否，看今朝天柱依然。

长坑亭

畅淡不必分宾主，常座何贸讲称冬。

天柱寺景区联

横山天然如龙卧，石室地灵似狮蹲。
山秀罗峰古树参天朝圣境；门通马岭慈云浮柱护禅关。
天赐名山，虎首奇岩观音像；柱安胜地，龙潭峻壁弥勒峰。
郁郁大罗峰，峰接游人上天柱；潆潆五析瀑，瀑融皓月化诗篇。

三、序　杂文

石室稿序

王锡管

盖闻胜迹留题名山志盛，虽扬厉不减，夫金界而经营必极，夫人工未有天造地设自然佳丽。如吾里罗东之天柱禅寺者也，创自晋，诸山环绕，势若星拱，中有十六佳景，俨然秀峙。惟天柱峰为最，巍峨万丈，插汉干霄，俗称谓之百家尖，而寺亦因之为名。寺之右为西漈潭，水碧沙明，澄清见底，浮光跃金，静影沉璧，窥色相惟见片石孤云照禅心，更有清波皓月。潭之深，峰之高，两相辉映者，舆地如梯云谢风，降龙伏虎，瀑水悬，白溪桥锁翠，无不秀绝，人区为逸客骚人游息之场。

至于琪花瑶草，浥露留香，翠竹苍松，迎风竞秀，其以缀景中之景者，又可胜既耶！世传武夷桃源此其是与，时王右军、谢康乐二公熊轼瓯刑清政简，常以政暇逍遥游咏于其间，世称儒雅风流焉。下迄唐宋寻芳拾翠，代不乏人，第求其真迹，鲜有存者，余亦不敢妄为传述。若夫前明吾乡先达如月川李公，文忠张公，文定王公，瓯东项公，仰山叶公，元谷周公，越凡沈公，本家东崖、鹤山、西华、阳谷、东华、省庵、存吾、黄石诸公既先严方伯公皆游适于此，而天柱之名益着，乃知名山大川在领之者有焉耳。

余族侄无文和尚，幼通三教，饱学五车，今以派衍仙岩成天柱，忆先贤之故迹，标胜地之踪影，赋诗见志，即景摛词，汇成一编，不以余衰迈，独出其帙相示，宝墨淋淳，琼篇灿烂，读之不忍释手。余初游天柱每低徊留之，四十年来仕宦风尘，诸景不能见识，披览之余，历历更在目光，恍如登烟霞法界、水月香台而谈妙绪也。夫以余偶然读之，而赏心乐事犹如此；况乎行吟啸其间者，其乐当何如哉！呜呼，山水固可乐而乐水之乐者乐，固不山水也，尝读郁堂石屋、佛印诸诗，无不得山间明月、林下清风之致，则知山水之乐得之心而寓之诗耳。夫诸景虽奇，使不有诗以传之，其如层峦叠嶂芜没于空山何。所以诸景得无文之诗而益着，无文得诸景之诗而名益彰。世之览者倘谓是编之作，仅穷葩斗艳等诸陌上之间，吟则所以知无文者浅矣，聊赘数言以助赞叹耳！

呜呼，金谷名园徒伤心于财累，平泉草木亦遗恨于忧谗。彼造物之忌盈虽英雄乎，不免惜乎，不闻教渊明也。予自撄尘累每于忧来之间，辄诵其诗以自豁，向固好之近益者若有得焉，故更取言以名齐。盖庶几顾諟常存乐焉，无改酌彼黄花相对岁寒渊明其许我焉。然使颜闵诸子见之将毋曰恶，用此芬芳满目者为哉！予又愧矣。

赐进士第承德郎礼部主客清吏司主事七十八老人二都英桥王锡管题赠康熙二十五年岁次丙寅花朝吉旦

说明：此文录自清康熙版《永嘉县志·天柱无文和尚石室稿序》

王锡管，生平见本志第三章第三节。

峰台陈氏重修宗谱序

方彩耀

尝闻人以祖为重族，以谱为先犹如木，以根为本。水以源为大，本固枝繁源远流长。有可笃本支于万世焉。溯陈氏始世祖思轩公，自清初由福建泉州迁居温州永强峰台山聚族丛生。椒衍欲萝世系相传至1958年因为水利建设造水库，山上所有房屋人等全部迁搬坦头地方居住安居乐业。在“文化大革命中”，时势变迁，社会复杂，本族宗谱正本遗失，幸福本尚存。群议重修，族长成柱偕昌眉、苗钏、岩桂、高明、瑞伦等公务抱热心报本之微忱任劳任怨，协力同心相予以成。今谱牒告竣，我不嫌鄙陋略书数言为陈氏子孙敬亲睦族者勉之时在。

时在公元1980年岁次庚申春月吉日，永强水中寺前街方彩耀敬修并书。

说明：1957年冬，大罗山峰台水库上马，峰台山自然村中，63户陈姓山民移之山下居住，现为永中街道丰台村。

方彩耀，龙湾区永中街道寺前街人，系黄埔军校第十七期七分校步科毕业生。

大罗山的奇迹

孔晨

十月间，我随着温州市区各县的水利代表，到永嘉县永强区参观大罗山顶天湖（河）水库，路过大罗山下，只见郑家垟到九亩田河两岸二千多亩晚稻，亩计有齐胸那么高，当时一个社员告诉我，今年这里光晚稻每亩田估计可收六百八十斤。这是一个多么了不起的数字啊！

可是，在过去洪、涝、干旱灾害频繁的岁月里，这里却是一片十年九灾的破田垟。当地一个省水利劳模李景弟老人告诉我，那时候一下大雨，大罗山的洪水直泻而下，田地房屋，尽成泽国，坑边山园冲破堆积如山。但是，天晴几天，坑水一断，下面这片又被晒得破裂。解放前，许多农民因为连年受灾，弄得妻离子散，过着悲惨的生活。民国20年左右，连年洪旱为害。天河乡出外讨饭的就有一百四十多人，卖儿卖女的有三十六户。现在高津农业社的五保户王亭卡妻子，今年六十多岁，每当社里分口粮照顾她的时候，感激得流下眼泪。原来，在二十年前，她有二个儿子，可是连年的灾害，逼得她走投无路，只得把自己两个亲生孩子卖给别人。在旧社会里，过着那样悲惨生活的，大罗山下何止她一家？

制服大罗山的恶水，这是永强数万人民儿世来的愿望，但是解放以前，这种愿望始终是个空想。解放以后，在共产党和人民政府英明领导下，这种愿望变成现实了。前年冬天，合作化高潮里，人民政府派来工程师，经反复勘测后，认为大罗山顶山峰重叠，四面环抱，峰口狭小，是个天然好水库。于是永强区人民百倍信心开始向大罗山进军了。数千民工，不顾风霜雨雪，日夜坚持筑坝基，前后经过两个冬天，出动了二十万工，完成了九万七千多土方，造成三条高大土坝，筑成内外两个水库，能蓄水三百三十六万方，加上别的小型水利，使永强七万亩农田，都增加了抗旱能力。今年夏秋抗旱期间，天河水库放水十一天，天湖（河）乡五千亩农田完全自流灌溉，上流河水，一直压到二十里外的永中镇，全区大河水位保持七天没有下降。

凶恶的洪水，被人们制服了。你瞧：大罗山上已出现了一条银河，水库管理员驾着渔船荡漾在银河中，他在这里还管养着数万条鱼儿。

孔晨，曾任浙南大众报记者。

一派风光天柱寺

张雁云

天柱寺古称“瀑泉寺”，位在大罗山东侧——瓯海县白水乡石室山天柱峰下，距市区三十五公里。寺右，有相传为“黄帝时八水之一”的五折飞瀑，如悬白练，泻入西潭；寺左，有甘洌的冷水泉，泠泠细流，斗折蛇行，与西洋水合流出天南谷——“瀑泉寺”系由此得名。明朝中叶，才改称为“天柱寺”。全寺占地面积三千平方米，分山门、天王殿、大雄宝殿与观音阁四进。《永嘉县志·据清朝康熙版天柱寺无文和尚石室稿序》载：“天柱禅寺始创于晋代，重建于唐贞元年间”，曾任为大罗山西麓的仙岩寺的五大支院之一，迄今已有一千二百年的历史。

此处形如盘谷，三面环山，势若星拱。其中以天柱峰为最，山势险峻，高插云霄。天柱禅寺亦因此得名。天柱寺后的观音、弥勒、天柱三峰，如红旗招展，气势雄伟。谷内有老虎头、北老虎洞、狮子壁“空谷传声”鲤鱼溪“双鲤倒游”摇动岩、仙人影、仙人足迹、仙人踏碓、北老鹰岩、板嶂岩、兜率庵，以及牛龟岩、关爷刀等十七佳景。寺旁茂林修竹，浓荫蔽日。寺前原为小溪环绕，今建为人工湖——天柱寺水库，面积约一万二千平方米。

天柱峰附近一带，佳景星罗棋布：东面有“第一山”摩崖、开口岩、和尚岩、狮姑岩等；西面经西潭，循长坑而行，有盗洞、百家尖和天河水库；西南面有大、小秤垂岩、寿桃岩、南老鹰岩、大鹏岩、南老虎洞、象状抬岩、和尚火化室岩，以及玉泉寺、观海寺（俗称道人洞）、卧云寺等。“罗斯山以郁郁，观夫海之洋洋”。观海寺的一副楹联颇能道出其居高临下的壮观气象。

世传天柱胜景，可与武夷，桃源媲美。古今名流，闻风慕名而来的，历代不乏其人。如南朝宋代的永嘉太守谢灵运，明代王瓒、张璁、王叔果，清代潘衍桐等，都有诗作流传。明代人王毓有《七律‘游天柱峰’》诗云：

万仞崖嵬石藓斑，孤标不断不周山。雨凌风撼知多少，兔走乌飞任去还。

无假栋梁擎玉宇，独超轮奂出法寰。云霄总藉扶持力，万象熙熙覆载间。

一九三八年夏天，相传当时浙江省委书记刘英同志曾由人陪同，也至此观察过地形。

这里因毗连市区、交通方便。游客乘九路车到永强车站后，转发北永（强）梅（头）公路车或机动船，然后分别从白水乡郑宅村，或从四甲乡钟桥村入山，便可身临其境，抱览一路风光了。

张雁云（1925—1989），生平见本志第七章第一节。

开发“东雁”的设想

项有仁

本区地理位置枕山濯海，旅游的开发上要用足用好这一优势。目前我们的目光仅仅停留在瑶溪、天柱寺等大罗山麓的现有风景点上，对大罗山中丰富的自然景观资源未曾关注。就连这次已通过的初审《龙湾区发展旅游总体规划》也是如此！尽管市里对开发大罗山将有总体规划，可是我们也不能坐等，尤其是一些景区涉及与兄弟地区交叉问题，捷足先登者就有主动权！

去年今春以来，我们根据资料提示，对大罗山中的天河水库地段和峰台水库地段进行了初步勘察，发现大罗山中一些风景资源比“中雁”、“南雁”、“西雁”毫不逊色。天作之合的是：全市已有“北雁”及“中、南、西雁”，唯独“东雁”尚名花无主，而本区位处东部，这正好为本区上述地域的命名“东雁”留下名分！

设想中的“东雁”风景区由“天河景区”“峰台景区”“陈家坟景区”三大块构成。

一、天河景区——特色是峡谷长河

这是景区的精华部分，由建于 1957 年的东天河水库和西天河水库和沿岸的峰峦组成，主要特色是两行秀丽的花岗岩山体之间夹峙着一泓逶迤十余公里的碧水。

碧水：由于两岸集水面积都是秃岭童山，偶有土层也植被很好，所以水极纯极清，浅处碧绿，深处靛蓝。东西天河水库构成两节长约 15 公里的长河，平均宽度约 500 米，水域总面积达 824 亩。横卧在两岸千姿百态的峰峦岩壁之间。水迢迢，山弯弯，一眼难见尽头，故拟暂名“天河”（河上有一桥，拟暂名“鹊桥”），它的水域面积比瑶溪瑶湖和天柱寺盘谷湖的总和，还大十倍以上。

青山：由于两岸都为裸露的花岗岩山体，夹以芳草绿树，色彩斑斓，造型秀美。远山近峦，浓妆淡抹，奇岩巧石，美不胜收，构成两幅蜿蜒二十来公里的巨幅画卷。其中尤以百家尖最为出类拔萃，高约 560 米（海拔），底部直径约 500 米，成圆锥状，像座雄伟的金字塔；又像只五色彩玉雕琢成的座雕。山体上岩、障、洞、峰如画如塑，精巧绝伦，大罗山中，堪称第一峰。

二、峰台景区——特色是高山天池

大罗山向东突出部分——美人瀑上方，为一高山平台，高 430 米，面积约 2 平方公里，地势平缓，童出秃顶。裸露的花岗岩地表经长期风化剥蚀，或突兀如馒头，或平坦如砥石，或低洼成盆镬，夹杂着萋萋芳草、丛丛灌木，构成一种群山崇岭中极为难得的坦荡、舒展的平台景观。

平台中心有峰台水库，方圆达 353 亩，碧波荡漾。水中有一小岛，花树葱茏。鉴于水库处于高峰平台上，拟定取名“浙南天池”，池中小岛拟取名“小瀛洲”。

高山平台东边，削壁千仞之下即永强大平原。平台上既可放眼云天，又可鸟瞰“人间”。永嘉场繁华景象，东海上渺茫烟波，尽收眼底，可教人顿生天高云低、置身世外之感！

平台东延，大约以 50 米左右之落差逐级造有 4 个水库（水库名：山门坑、后坑、雷打岩、白水）形成一个星罗棋布的水库网，4 个水库的水域总面积达 200 亩左右。

高山平台景区面积约 10 公里左右，湖光山色之中，若略加以亭台廊榭点缀，旅游价值不可估量！由于地处高峰之巅，拟暂名“峰台景区”。

三、陈家坟景区——特色森林野趣

该景区以度山林场为中心，景区内有花船坑、牛头堆、烽火墩诸景点。方圆约 10 平方公里，以绿色生态为主，原始森林中夹有溪流岩壑、奇岩巧石。

项有仁（1932—　），见本志第二章第三节。

登百家尖

王勤福

前些日子约友去登大罗山的百家尖，那是一座勇敢者之峰。

拾级而上，犹如腾云驾雾，大有步步临空之感。往后一望，四周的山矮了许多；然而再向上看，那蜿蜒而上的石阶还是望不到尽头。

经过一段艰难的路程，我终于登上了山顶，一览众山小。极目远眺，东海茫茫，一望无际。居高临下，大罗山之景，一览无遗，尽收眼底。老方拿出一袋牛肉、几包花生米、半斤白干，吆喝我们吃。他自己饶有兴趣地向我们讲起了百家尖的传说。相传明初倭患频频侵犯永嘉场，山下有许多村民都逃到百家尖山头避难。避难的约有一百户人家，所以这山就叫百家尖；还有一种说法，说山上住有许多户人家，有一男孩从小就丧失父母，孤苦伶仃。山上的人家就挨家挨户轮流供饭给他，把他抚养长大。小男孩长大后神勇无比，倭寇来侵犯，他率领众人英勇抗敌，由于这小孩是吃百家饭长大的，所以这山峰为百家尖。

旖旎的风光配上美丽动人的传说，更使百家尖披上了神秘的面纱，令人神往。

更令人叫绝的是那天湖。柔和的夕阳，把湖水染得斑驳陆离，微风轻拂，天湖泛起一圈圈涟漪。拖起无数条光带，恰似一条条素绢在水面漂动。

天湖是人工造的两个东、西大水库，当地的人习惯叫它“天河”。据了解，在未建水库之前，天河镇洪涝、干旱灾害频繁。每当台风暴雨来临，百家尖上的洪水直泻而下，田地房屋都在一片汪洋之中。但是天晴几天，坑里的水一断，田地又被晒得龟裂。解放后，百家尖修成三条高大石坝，筑成内外两个水库，高峡出平湖。水库能蓄水三百三十六万立方米，使永强七万亩农田都增加了抗旱能力，凶恶的洪水被制服了，并为天河水电站发电提供水源，造福一方百姓。

这落日、云彩、奇峰、湖水是美的，自然是伟大的，然而你不得不赞叹，人类更伟大。

王勤福，龙湾区第四届政协委员、区青联委员，中国散文学会会员、温州市作协理事、龙湾区作家协会主席，多篇文章获国家、省市奖，著有《民间姿态》等文集。

第五章　其他旅游资源

旅游资源是旅游业可持续发展的物质基础和旅游生产力增长的潜力所在。龙湾区旅游资源较为丰富，各景区自成一体，别具风格，显示出山海风光，历史文化、滨海风情的特点。

第一节　双岙风景区

双岙风景区位于龙湾区永中街道双岙村，是大罗山中人文景观、名胜古迹比较集中丰富的一个景区。主要景点有滴玉泉、峰门摩崖石刻、坦头尖、仙人尿、安仁寺、蒙泉等。

双岙自古以来就是旅游胜地。永强一带曾是一片汪洋大海，据《山海经》记载的“瓯在海中”，现在的双岙村曾处在平坑和倒泷坑两条溪水的汇合处，名叫双溪。双溪水向着东流，水面平坦宽阔，可以通船。

风景如画的双溪，曾经使许多古代的旅行家、诗人陶醉其中，流连忘返，留下许多动人的诗篇，其中流传最广的是明朝中叶、当时著名诗人何白的两首诗:《双溪晚宿》与《双溪晓发》。

一、人文景观

1. 遗址遗迹

双岙石胜观摩崖造像　位于永中街道双岙村古佛岩。石胜观为石结构、依山而筑，前为玉皇殿（晚清建筑）面临沙岙龙潭。造像共14尊，分3组，皆坐南面北。最大一尊，通高1.33厘米，宽0.55厘米，凸出0.21厘米。东首第一尊，上角阴刻有“张氏妈娘舍山路捌丈，垟路四十二丈，祈保寿命延长”，楷书。第一组共4尊，为三官（即天、地、水三官，亦称三元）和土地神；第二组5尊，全为女性造像，面相半满倾长，头梳螺髻有鬓、胸佩瓔络、赤足垂莲踏朵、身着长裙、披云肩、头后有圆光；第三组，靠近女神的，似为摩呵目犍连、足踏祥云、披云肩；接下3尊，首髻、披云肩、着U形领服，结跏趺坐莲座，应为药师佛、释迦牟尼佛、阿弥陀佛；第四尊戴风帽、披帛、着U形领服，结跏趺坐莲座，似为地藏王。石胜观造像，容相慈祥、造型古朴、刻工精炼，有较高的艺术水平，就造型风格而言，当是宋代造像。1990年，被列为瓯海区

（现属龙湾区）第一批文物保护单位。

王瓒书院 位于龙湾区永中街道丰台村（双岙村）。原书院坐南朝北，为王瓒之父王祚（举人，后因王瓒官封三代，封为礼部尚书）建，其内由书院、读书岩和岩前莲池组成。2004年，在已毁的遗址上恢复由门台两厢、正厅组成合院式书院；读书岩由两旁三组巨岩连成，其中一块刻有“王瓒书院”四字，为浙江省文物局长鲍贤伦于2008年撰书，王瓒读书岩遗址岩前的莲池尚存。该遗址为王瓒中进士前读书地方之一。同时，该遗址也是李浦王氏缅怀先人及后学者纪念先贤的场所，具有情感和精神价值，是研究王瓒的重要实物依据。2009年，被列入龙湾区文物保护点。近年，在此地建有王瓒诗碑林。

安仁寺 位于永中街道双岙村双岙山北麓。创建于后晋开运元年（944年），明代英桥王至彪撰有《重建双溪安仁寺募缘疏》，寺前一望平畴，山环水抱，环境清幽。20世纪70年代毁，近年当地群众在原址上重建。

石胜观 位于永中街道双岙村双岙山西麓，双岙水库坝脚东侧。始建年代不详，至明、清时期日渐衰落。民国初年，本镇新路人胡理岳，在废墟上搭起茅庐供奉玉皇大帝，民国10年永中街道桥北王晋庚父子、永兴下垟街王新洪等，兴建大罗宝殿（今称玉皇殿）续建左右两庑各三间，又数年，在殿后修建三间斗姥阁，规模粗广。王荣年为山门题匾额“石胜道观”。今重新恢复旧观。

峰门观 位于永中街道坦头村祭坦。两进五开间，正堂神龛供奉玉皇大帝。

许真君祠 位于永中街道坦头村峰门观右侧。正殿三楹，中塑许真君像，两旁各有耳房四间，招待游客住宿。

许真君，名逊，字敬之，号旌阳。公元136年，为四川旌阳令，因射死幼鹿，母鹿寸肠九断而死，遂弃官至江西庐山修炼。宁康初（373），举家四十二口，拔宅上升。宋封许神国妙济真君。坦头村许氏后裔，立此祠祀之。

白岩宫 位于永中街道孙垟、双岙两村之间。背倚丰台山，面临双溪水。东西两岩对峙，宛如石门。宫西侧巨岩高约四十米。书法家林剑丹书“钟灵毓秀”四大字于其上。四合院结构。

峰门摩崖石刻 位于龙湾区永中街道峰门山中。从山东部山脚上行往山途中，高约二十余米山埂上，刻有一艘船，竖桅扬帆，船后有舵，长约50厘米，帆船下边刻有“乾道二年水满此地”八个隶体大字。

祭天坦遗址 位于龙湾区永中街道峰门山山顶（也称前街尖）。粗石砌叠平台，高约0.7米，宽约2米左右。台上放置石桌、石椅各一把，石椅上放石牌位。石桌西端，左右放置右风灯一对，中有石香盘。祭坦是附近各村村民祭天场所。2010年，被龙湾区列入文物保护点。

坦头王静庵墓神道门 位于永中街道坦头山中，离观音堂二十余步。此墓呈圈椅状，坐南朝北，分上中下三坛，花岗岩砌筑，占地约170平方米。神道门高3.7米，面宽2.7米。王静庵为李浦王氏十世祖，河南汝州同郎知王预父，王瓒伯父。神道门附近有王瓒祖父文燠公继配史氏安人墓。此坊是坦头山中唯一座古老纪念性建筑，具有一定的历史和情感价值。2013年12月26日，被龙湾区人民政府列入文物保护单位。

马初翁墓 坐落在双岙安仁寺右侧。馒头式，墓前石碑坊1990年间按旧观重修。且在基墓周围建造园林供人游览。马初翁，字吉夫，号慎仍，原籍河南均州，元至元间（1335—1340）任两浙运判。自杭到温督征盐课，死于任所。2010年，该墓被列入区文物保护点。

王晓梅墓 位于永中街道双岙村东部山脚。东面与沙村陈氏祖墓交界，坐南朝北，块石砌筑，墓座椅式，上下二坛占地面积约70平方米。墓中葬王晓梅先生与父亲王慎斋公。墓建于民国36年。王晓梅（1896—1968），又名瘦梅，永中街道永昌堡人。教育家，曾任温州三希小学校长等职。

芙蓉亭 位于永中街道丰台村（双岙村）王瓒书院前，亭八柱八角，双台层花岗岩结构。2009年冬月王瓒后裔为纪念先祖，特建造此亭纪念。亭柱刻有联语，建筑面积约25平方米，高12米。

胜昔桥 位于永中街道孙垟村。南北走向，横跨双岙下游沙河上，长14米，宽5米，始建于1981年，三孔石梁桥，近年改建石钢筋混凝土结构，造型新颖，使周边环境有所改观，成为一道风景线。

滴玉泉 位于永中镇峰门山山脚。多块巨石突兀堆叠如拱门，拱门右上侧有“龙门”二字。拱门入内20多米，星点水珠从上滴下成泉，叮当作声，俗名“响叮当”。明嘉靖间邑人李浦王介石为撰《滴玉泉铭》，故名。

二、艺文

沁园春·双溪狎鸥

宋·卢祖皋

几叶凋枫，半篙寒日，傍桥系船。爱洞门深锁，人间福地，双溪分占，天上星躔。破帽敧寒，短鞭敲月，此地经行知几年。空赢得，似沈郎消瘦，还欠诗篇。

沙鸥伴我愁眠，向水驿风亭红蓼边。有村醪可饮，且须同醉，溪鱼堪鲙，切莫论钱。笠泽波头，垂虹亭上，橙蟹肥时霜满天。相随否，算江南江北，惟有君闲。

卢祖皋（1174—1224），字申之，永嘉人。登庆元第，历馆阁。工乐府，意度清远，江浙间多歌之，著有《蒲江集》。

舟次双溪试野歌

明・王激

道衣断送红尘态，长啸扁舟归翠微。袖大还堪调鹤舞，帽高应不碍云飞。
秋波弄影星辰动，诗社披襟笋蕨肥。华屋朱门终突兀，沙鸥野鹭已忘机。

王激（1476—1537），字子扬，号鹤山，生平见本志第三章第二节。

卧病双溪山馆见月，寄张有功

明・陈鹤

溪边桑柘映双流，病里萧条赋四愁。坐雨几宵方见月，别君一日已成秋。
山深倦鹊犹依树，风静飞萤自上楼。托迹文园须共遣，莫因乡国难羁留。

陈鹤（？—1560），字鸣野，号海樵。山阴（今浙江绍兴）人。袭祖荫得百户，弃官着山人服。为古诗文、骚赋、词曲、草书、图画，能尽效诸名家，间出己意，工赡绝伦。著有《海樵先生集》。

双溪晓发

明・何白

双溪百里翠扑眼，天劈两峰开胜观。杏花压雨倚春态，楮叶拂去生暝寒。
旅梦不迷越山岳，客心无赖随风湍。茅堂日午息徒侣，浊酒剑歌行路难。

春日王邦彦偕伯氏邦瞻携尊招同王明元、张思吉泛舟游双溪寺

（四首录一）

大罗一柱障东南，鸟道盘纡不可探。翠壁别开千佛岭，沧浪遥注百花潭。
古泓通海盘深黑，绝顶摩天近蔚蓝。它日试临登善贴，六时弥勒愿同龛。

宿罗峰寺，晓起登绝顶卧龙潭

精蓝分夕衾，罗峰振朝策。层峦上无倪，寒湫閟灵宅。
霞蔚竞秀崖，濞赴垂崩石。水府何窅冥，阴洞殊深黑。
神物偃重溟，潭云犹异色。歆彼天用神，贲此渊潜德。
想见媚幽姿，玄珠可能摘。嘘气见宫隐，截肪瑶砌直。
浣濯试束腓，微波动清澈。坐久神已凛，欲去心犹惕。
险异伯昏游，奇践龙威迹。空谷厉长飚，归涂奄将夕。

何白（1562—1642），字无咎，别号丘生，又号鹤溪老渔。祖籍乐清，迁居温州。工画山水竹石，能诗。著有《山雨阁诗》《汲古堂集》等书。

过双溪寺和何无咎诗

明·王士元

岧峣千嶂列溪南，溪上双林胜日探。钵散昙茶流宝地，瀑摇晴雪落碧潭。
翻经室静虚生白，拄杖无空远送兰。偶尔拾携寻法侣，喜闻仙梵出珠龛。

王士元，字昭甫，号抱玄。永嘉二都英桥（今龙湾区永中新城村）人。

九日游双溪

明·王叔果

不到双溪逾十年，偶携童冠叩西禅。入门古刹荒苔色，散迹平芜落日天。
菊社风烟悲旧侣，沙洲芦苇涨新阡。蓬莱清浅经秋变，漫对芳辰感递迁。

言孙同族子读书双溪山中，春日过访

言访读书处，行穿旃树林。境偏心自寂，春早气犹森。
钟梵杂清籁，烟霞萦素琴。岩栖吾昔尚，此地可招寻。

王叔果，生平见本志第三章第二节。

罗东八咏（八首录五）

明·王至彪

双溪红叶

悬泉一碧入溪流，两岸丹枫万木稠。紫霭分林图里谱，朱颜向水镜中愁。
春花烂漫浓非匹，秋色凋零艳独优。闲拨小舟时上下，夕阳照里倍堪游。

白水悬瀑

大罗层折耸南岗，白水飞流千仞长。急势高悬如布练，疏声远播似吹簧。
风台积雨来源陡，天柱晴霞映照光。胜览古今知不竭，空濛更喜对朝阳。

黄石夕照

黄石高峰枕海隅，夕阳返照满山区。吹来牧笛江村暮，集遍渔舟野渡孤。
石壁倒翻云影杂，炊烟乱起日光晡。柴扉徒倚空搔首，门柳萧萧噪晚乌。

大度晴岚

春明野色达江天，一望峦峰彩翠妍。紫气漫漫林壑渺，清虚漠漠水云连。
带岩映日瑶华满，瓯海标霞锦绣鲜。知是皇舆锺大度，景光非雾亦非烟。

双溪夜月

澄潭碧水落双溪，寺处藤萝月上栖。松际筛光光隐现，池中荡影影高低。
一行雁度秋声咽，四壁蛩鸣夜色凄。还倚书窗深静对，中天皓洁未流西。

白岩洞

幽洞依山麓，冷然仙窟中。落霞明远岫，微月透深丛。
穴古虚偏白，枫寒暝欲红。扪萝披胜览，相对意俱空。

九日与昭会弟登大度山遇何叔启、翁克生

秋高雁序向空摩，大度峰头载酒过。吹帽未堪愁发短，白衣已到任颜酡。
弟兄好插茱萸遍，朋旧还餐落菊多。海峤登临谁作赋，惠连曾共和羊何。

双溪安仁寺前池中莲花乃余手植，不数年来遍池盛吐，内有一枝双花并蒂，偶游至此，为之一快。

谁谓汙泥无净莲，怜余手植已多年。琳池漫识分枝贵，玄圃由来并蒂传。
翠盖亭亭承露转，红妆嬝嬝入晴妍。钟情颇有濂溪韵，莫笑当年独爱偏。

双溪五咏

春晴飞瀑

瀑向翻晴壑，清声散碧流。苍厓旋雾舞，白浪逐烟浮。
激石珠争碎，悬波练不收。幽潭无限韵，莫是厌常游。

四时松涛

群山松色满，时日作涛喧。蔽日凌光舞，留云杂影翻。
劲音寒暑澈，幽韵晓昏骞。坐卧闻天乐，隐居高致存。

花潭秋月

双溪今夜月，良久伫空潭。幽壑翻清影，轻风散夕岚。
露寒松子落，云卧石苔涵。寂寂秋山静，疏钟和瀑韽。

白岩除夕避乱寓此

满地兵戈混尽年，奔逃暂得寄平泉。莽苍望里家园迩，荆棘经时即次迁。
怪入新年违拜庆，愁来守岁却欹眠。巡檐强索梅花笑，漫问椒盘颂曙天。

春日白岩即事

春风落日满双溪，白石峰头草树凄。寄寓烟霞成疾病，留连鱼鸟自天倪。
喜闻村落多舂杵，怪听江干事鼓鼙。暂借平泉时啸咏，得闻身外一枝栖。

清夜疏钟

幽梦熟黄粱，钟声早夜扬。音疏残漏月，韵咽九秋霜。
愁绪听来豁，吟情觉后狂。浮生无住著，提醒悟空王。

村春夜火

晚来新雨过，水发便机舂。笑语人声杂，低徊杵影重。
崖阴星带火，风响濑兼松。谁氏能勤作，宵灯达晓钟。

游白石别墅 为龙友兄赋二首

罗山佳气亘层岗，秀郁璚岩古洞藏。归赋不荒彭泽径，联吟新考辋川庄。
月穿萝壁流空翠，云护花潭贮晚香。江左夷吾谁得似，东山安石正堪狂。
双溪环绕水奔飚，一洞开明气沉寥。海上楼台通日观，烟中草树簇霞标。
缘岩应似凌玄圃，陟峤真看入紫霄。遥夜薜萝堪适性，白云深处彩虹桥。

阁夜仲春既望白岩作

桃姿柳辫各乘春，寂寂园林夜色新。洞口萝阴常似幔，堤间花落自成茵。
溪山乱后难高枕，风月愁中失比邻。胜景有余心事恶，登楼东望不胜颦。

白石述恨

长真古洞雄白石，玄圃由来称玉积。罗山天□耸高峰，秀爽珍岩飞琼液。
我家小阮爱山川，搜出怪洞双屿前。郁葱林樾蔼佳气，翛翛层泉腾瑞烟。
营成别业壮山麓，烟楼云磴压郑谷。穴古曾藏太史书，崖深旧有仙人箓。
我尝游憩向平泉，主人邀我和诗篇。金樽倒尽供点缀，水光山色增.娟。
讵今遗徙几十载，月榭风亭复谁在？梓泽丘墟已成尘，石蒲洲蕊空遗黛。
洞口藤萝霜露凄，池中荷芰烟雾迷。晚来惟有猿鸟啸，主人戾止失东西。
我今感慨还题诗，靡靡行迈苦低垂。

王至彪（1596—1677），字文虎，号积石。英桥王氏十一世。王叔果族孙，父王光英。万历四十年（1612）庠生，崇祯六年（1633）副贡，偶以誊录误抬一字，遂落乙榜。崇祯十七年（1644）授平南令。著有《玄对草》等书。

咏白石山房诗

明・王至嘉

别墅新成杳霭间，独怜屏迹入深山。开荒种竹才能径，引水浇花便此湾。
闲检农书勤棐几，自斟村酿鄙綖环。何因共我占嘉遁，相对松筠逸驾攀。

王至嘉，字昭会，号辛人。英桥王氏十一世。王光英（字季实，原字季锐，号石门）子，王至彪弟。明弘光元年即清顺治二年（1645）选贡。著有《白石山房集》。

赠罗山隐者

明・王沄孙

日月忽云迈，离思何茫茫，古人有神契，讵必在同堂。
羡君志高蹈，逍遥罗山傍。青松郁以茂，清泉冽以芳。
结庐占幽胜，仿佛云堆庄。欲与共晨夕，矫首怅参商。

双溪寻僧

为爱双溪好，寻僧此再过。危楼凌翠壁，仄径入青萝。
果列龙晴盛，茶烹雀舌多。诗魔降未得，待月更吟哦。

王沄孙，字长云。王咏子。英桥王氏十三世。康熙四年（1665）入监。著有《自怡集》。

十六夜双溪山楼和长仁

明・邵建章

騑騑尽日走深山，暂倚高楼暮色闲。百尺桥横双涧落，一轮月吐两峰环。
但教酣咏消清夜，漫把穷愁怯壮颜。聚首群贤应不偶，片帆明发又江关。

邵建章，字少文，号青门。永嘉诸生，工诗。著有《维宝堂集》《咫闻录》《续咫闻录》等书。

白岩观荷

清・张子容

白岩者，故方伯王公之别墅也。在双溪之下，洞壑楼台俱极精致。其尤绝者，凿亩钟流，精莹如鉴。

芙蕖千柄，芳香满空。每于朱夏偕我同人移舟水次，日气方曛，忽来凉风疏雨，则腾香益远。花叶交芬、酒歇风酣，如在仙境也。迄今忆之，等诸梓泽临泽矣。

绿树斜阴水一方，荷花叶叶劝持觞。叶擎疏雨明珠溅，花压澄波醉脸香。
临曲岸，转回塘，酒酣偏爱晓风凉。藤萝石上幽香远，一枕银蟾清梦长。

张子容，生平见本志第二章第三节。

同王笃蕃、王与髧、谦受弟游白岩别墅

清・李象坤

几年清梦向名园，此日扁舟直到门。古洞藤萝烟乍启，新渠荷芰露犹屯。
吟扶曲槛移将遍，饮傍危亭袖每掀。况有竹林余兴在，增逢二阮得同论。

李象坤（1612—1689），字宁侯，号菊庵，别署迂庵。乐清人，迁温州郡城。康熙岁贡。工诗歌，善文辞。著有《菊庵集》等书。

晚泊双溪

清・孙霖

山迎水送一闲身，小店青灯映钓船。剧爱双溪好风月，余寒破得几分春？

孙霖，字武水，归安人。诸者。乾隆二十一年至二十四年在瑞安知县秦廷基幕中。著有《羡门山人诗钞》。

喜双岙五代古刹安仁寺重建

释木鱼

还从遗址复安仁，再现名蓝占本真。但愿人天齐拥护，重来必见法幢新。

释木鱼（1913—2006），俗姓毛，字廷权，平阳南田乡石柱村人。厦门大学文学系毕业。 1936 年出家为僧，法名东衡，自号木鱼。1991 年冬升方丈。系中国佛教协会理事、浙江佛教协会常务理事、温州佛教协会会长。著有《孤屿明灯录》《沧海吟余》等。

白岩宫

王璞

白岩为阙白岩宫，地设天生造化功。毓秀钟灵此处好，游人爱说榜眼公。

石胜观摩岩造像

摩岩古佛十三尊，千载尚存斧凿痕。百卷温州府县志，如今文管下定论。

王璞，生平见本志第七章第一节。

遥望双岙水库

杨涵

青峦嵌玉显芳颜，峰壑幽深乔木间。遥望云天映碧水，双龙飞上大罗山。

题白岩圣宫

一簇巨岩衬绿丛，三环峭壁映苍穹。明朝王瓒读书处，演化风光为圣宫。

题石胜观岩雕释道圣像

沉沦古观今苏醒，石壁浮雕见古风。文物浙南堪独秀，庄严释道乐相融。

杨涵（1920—2014），鹿城人，书画家。上海人民美术出版社总编辑。著有《杨涵山水画选》《梅花室诗稿》《杨涵木刻》等书。

题赠双岙景区

李凌云

连开翠玉盖，秋爽动松声。高谷万山秀，平湖一水清。
摩崖千古迹，梵刹数今名。胜咏仙泉池，采风乐此行。

李凌云（1928— ），鹿城人，诗人。

重建双溪安仁寺募缘疏

清·王至彪

吾乡双溪安仁寺者，瓯海之古刹也。踞溪山之胜，远城市之嚣。林木郁葱。备四时之佳景；峰峦叠翠，聳十佳之崇观。片石孤云，时窥色相；清池皓月，可照禅心。烟火几家，牧笛半天齐梵语；雾岚田野，樵歌十里接钟声。是谓名山，真成净土，皆余昔朝夕游憩时所躬历而心赏者。

按：寺背山面溪，历有所年，而以奔流冲决，多不利于住持。明嘉靖间，寺僧以形家言徙建此地。明则我族祖司谏东华公为檀那主，暨诸祖辈殷厚者同心乐助，构成梵宇，为我二都中香火寺，门图属焉。凡一切道场总归常住为法主，他庵院无敢越俎也。然而立地经营，规模未敞，因之岁时荏苒，风雨飘摇，遂致缁庐圮坏，自足寂寥。嗟呼！佛火湿秏秏，萧索一灯孤日月；僧厨寒刺刺，支持半壁老烟霞。山川于焉削色，行道共为咨嗟。

迨万历时，我家伯州丞玉淙翁慨然乐建，革故鼎新，以独力成雄殿，不烦寺僧之募一文半粒也。殿宇庄严，僧居清净，岂惟使缁徒法侣勤禅诵以修持。并亦俾随喜见闻，证真诠于缘觉也，垂六十八载。方谓山川不改，金界巍然灵光；岂期田海变迁，锦地翦为瓯脱。遂令此寺付之一炬。惜也！我家先贤心力尽归煨烬矣！

前岁奉令展界，余访勘故里，言集中泽，道经斯地，睹此废基，不觉重有慨焉，曰："此吾地名刹也，忍听其荒墟若此耶？"在昔为弃遗，目下踏成樵者路；失今无再造，将来扯作野人居。可若之何？为扼腕者久之！乃适有吾地发僧源坦诸徒某等上人者，会结毗邻，行皆尊胜，固以人持寸铁而入宗庭，各燃五灯以扬祖烈，爰协群心，尽倾众力，欲植迷途之圭表，先宏精舍之观瞻。曾买得材木数十金馀，已裁为屋料计若干许，始从安固之丽岙，欲创化城，苦非初地。正在踌躇间，余乃力为双溪招徕，而诸上人皆我桑梓亲邻，慨然思复，邦族遂尔乐就，已于数月前结茅故址，更期三秋尽建树招提，不可谓非愿力之宏开、山灵之巧遇也。

但工费孔繁，薄力易罄，非藉众心乐助，安睹崇刹高巍？奈吾乡遭兵燹之遗，继以迁遣，家焚人窜，凄惨非常，近虽稍稍归乡，仅茅屋数椽，以蔽风雨犹且不给，安能助成大房？所望长者尽破悭囊，一随同人普齐道念！金刀钱布，十方来贝叶之思；铢黍丝麻，一木支兰若之室。行见林宫矗地，远振潮音；宝殿摩空，俯吞山色。不亦名山、净土两美重合耶？但此赤手撑持，全赖敷贲，谨题数语，用勖众心。噫嘻！向得地宽惠远，宽伸元亮之眉；若使碑勒头陀，终愧简栖之笔。是疏。积石道人王至彪题　康熙十一年壬子八月

王至彪，生平见本章。

第二节 炮台山风景区

龙湾炮台 位于龙湾区瑶溪镇龙湾村龙湾山，原名温标右营龙湾炮台，简称龙湾炮台，建于清光绪九年（1883），北与乐清“镇瓯炮台”隔江对峙，扼守瓯江口，为近代温州军民抵抗外辱的重要江防设施。龙湾炮台依山而建，坐北朝南，平面呈椭圆形，南北直径40米，东西直径60米，由南门出入，门楣上嵌阴刻“龙湾炮台”石匾一方。炮台由3个炮堡连接组成，高2.76米。面对东、北江面。后有营墙，墙高3米，厚2米。炮堡内部呈腰鼓形，堡内设有一小弹药库。现有古炮7尊，每个炮堡内设一尊炮，中堡上安设阿姆司上落钢炮一尊，重6500公斤，口径17.78厘米，射程8公里，东堡上安设平安来福炮三尊，各重4500公斤，口径26.67厘米，射程3公里。炮眼由内向外逐渐夸大，平面呈扇形。炮台建筑采用黄泥、石灰、细纱拌和，逐层填筑实，非常坚固。

除龙湾和镇瓯炮台外，当时温州尚有东关炮台两座，茅竹炮台和状元桥炮台，现均废。龙湾炮台抗战时遭日机轰炸破坏，后经修葺，岿然独存。为近代温州军民抵抗外辱的重要江防设施。是温州市爱国教育重要基地，也是温州市具有青少年教育旅游最佳的活动场所之一。

经历了一百多年的硝烟烽火，炮台山亦然。1998年11月，温州市人民政府发文公布炮台山为温州市第二批市级文物保护单位，并且对古炮台进行一次较为全面的修复，对炮台山中的有关设施进行修整、充实、完善。由国防部原部长迟浩田上将为炮台专门题词“缅怀英烈，振兴中华”。为充分发挥文物古迹的教育潜能，把国防教育推向一个新的、更高的层次。本着“尊重、历史、确保原迹、增加娱乐”的指导思想，龙湾区人武部牵头在炮台内设置了“领导重视、炮台历史、勿忘国耻、国防法规、光辉历程、兵器知识、现代国防、民兵成果”等八个展览内容。建造瞭望亭、练武亭、古代官兵群雕等使整个景区布局合理，独揽一秀，为温州市利用固定基地开展国防教育与旅游相结合作了非常有益的探索。

第三节 响动岩风景区

响动岩景区位于龙湾区状元街道，北接狮子诸峰与九岗峰，东邻瑶溪风景区，西南侧为瓯海区茶山景区及平原中的大岙溪村，总面积近5平方公里。由响动岩、李王尖、美人尖、龙灯山、黄狗盘等景点组成。地形主体为低山丘陵、大势由东南向北倾斜。

响动岩景区因有一岩，敲打之后会发出“咚咚”如钟鼓的声音，而命名。原响动岩景区有一村庄，叫响动岩村。景区为大罗山支脉，气势雄伟，景色万千。自东南向西北，构成了一幅美不胜收的山水长卷。这里林壑清幽，飞泉喷泻，峰峦秀靓，洞奇石怪、芳草如茵，主峰李王尖海拔 460.4 米，相传唐宗室李集为避“安史之乱”在此隐居而名。景区自然景观见于山志记载者，共 50 余处。景区内有 10 崖、8 峰、6 洞、5 石、5 潭、4 岭、4 亭、3 谷、2 泉等。以崖（岩、石）、峰、洞和植被而引入注目。岩怪峰奇是景区一大特色。岩石怪异：响动岩，敲击之下能发出似钟鼓的响块；石脚盂，位于崖顶却长年累月清水盈盈；倾鼠岩，形象酷似前倾的老鼠；寿桃岩的确像寿桃一个。另外还有大蟒皮、八崖、蛙岩、稻桶岩、龟头顶地岩，等等。皆以形象得名。栩栩如生，并且步移形换昼夜不同。山峰奇特；如龙灯山，远远望去宛若凌空腾飞的巨龙，在月色朦胧之中，和天上的星星相衬，又俨然是由 9 个后生高举着舞动的龙灯；美人尖，像亭亭玉立的少女；李王尖、观日峰等高处还是观赏云海日出和温州市区的佳地。

悬瀑幽洞是响动岩的另一大特点。全长 1000 米的龙泉，因水流经四处危崖陡落而成四折，故称四折瀑，该瀑群一瀑一风姿，瀑瀑有特色。第一瀑两边是高耸的山崖，瀑布似白绢飘舞；第二瀑地势险恶，瀑布象一缕炊烟；第三瀑水量开始加大，瀑布玉龙飞驾；第四瀑水水量最大，瀑布倾泻而下，像水帘倒悬。霞水殿四周各有一条霞水泉，其形、声、色因水量、风力，光照不同而变化无常。景区中有许多山洞，多为山岩崩塌或侵蚀所形成。在众多的天然洞穴中，以龙洞最为奇特，洞深不可测，据说通到东海，有人见洞中有大蛇出没；龙虎洞位于危崖峭壁之间。此外，还有景山池、碗瓦槽，极有情趣，绮丽动人。

响动岩景区终年温暖湿润，雨量充沛，冬无严寒，夏无酷暑。区内年平均气温 15.9℃。植被完美无缺，植物类型和野生动物繁多。景区地貌属浙东南火山岩，其山体由花岩岩、凝灰岩等岩系构成。人文古迹是响动岩风景区的重要组成部分。景区内的莲花山顶上有烟墩遗址，用山石建成，遥望瓯江口，有 900 余年历史。相传元朝武宗年间山坳里有官兵驻守。外来侵略者入瓯江时，烟墩腾起狼烟，官兵准备战斗。明嘉靖内阁大学士张璁，在响动岩有私堂和坟墓，并且遗留有两座吹打亭，四个牌坊遗址。自古至今吸引了不少旅游爱好者登临揽胜，景区归农业观光园区所辖。

第四节　祠庙与大堤

一、祠　庙

张璁祖祠

张璁祖祠位于永中街道普门村太师路，西临沧河。嘉靖初年始建于普门堂东，三十七年（1558）毁于倭患，万历年间重建于今址，顺治十八年因迁海再毁，康熙三十二年（1693）重建，后曾多次维修。祖祠坐北朝南，占地约3300平方米，共两进，砖木结构。自南向北依次由照壁、东西仪门、牌楼、圣旨亭、前厅、天井、东西厢房、正厅、四周围墙组成合院式建筑。照壁、东仪门、牌楼及圣旨亭为1995年复原；前厅、两厢、正厅历年有多次维修，保存完整。西仪门为二柱冲天式，花岗岩石质，柱顶刻望狮，柱间上部设额坊。西仪门至牌楼间设青砖甬道。牌楼为冲天式四柱三间石牌楼。牌楼至前厅设青砖甬道。前厅面阔七开间，通面阔28.7米，进深三柱七檩，中柱落地，前后分心；重檐悬山顶屋面，稍尽间落翼。天井两侧厢房均为七开间，硬山顶青水脊木构建筑。正厅为五开间，梁柱粗壮，斗拱精雕，阴阳合瓦、勾头滴水、重檐悬山顶屋面。

张璁（1475—1539），字秉用，号罗峰，明华盖乡三都（今永中街道普门村）人。后因“璁”字与明世宗朱厚熜同音，皇帝亲为改名孚敬，赐字茂恭，《明史》有《张璁传》，官至内阁首辅，乡里人尊称其“张阁老”。著有《礼记章句》《大礼要略》《金滕辨疑》《钦明大狱录》《嘉靖温州府志》《罗山文集》等。

张璁祖祠梁柱粗壮，构筑雄伟，是龙湾区保存较少的明代古宗祠之一，具有一定的历史价值，且为研究当地宗祠建筑风格提供重要的实物依据，1981年被列为温州市第一批文物保护单位。近年来，该祠得到较好地保护和利用，2011年被浙江省人民政府列入重点文物保护单位。

汤和庙　汤和庙位于海滨街道宁城村十字路口，始建于明嘉靖七年（1528），为祀汤和而建。汤和庙坐北朝南，占地约1150平方米，建筑布局四进三院式，硬山顶屋面。汤和庙沿中轴线排，依次为照壁、台门、前厅、戏台、拜亭、正殿、后殿，戏台已改建。主体建筑面阔五开间、单崖悬山小青瓦屋面、混水脊狮各式兽吻、抬梁式构架，后殿建于清乾隆年间。前天井东侧围墙处存古碑三座。

汤和（1326—1396），字鼎臣，安徽安阳人。为朱元璋同乡好友，因作战勇敢，屡立战功，封中山侯，进封信国公。明洪武十九年，倭寇侵犯海疆，汤和受命在浙闽沿海筑寨城，设卫所，以防倭寇侵扰。汤和死后，追封为东瓯王，谥襄武。

汤和庙是龙湾地区明代庙宇建筑中保存较完好的一例。至今，宁村内尚有兵营、古井、上马石等。居民中共有89个姓氏，这是当时抗倭士兵在宁村繁衍的见证。1991年，汤和庙被原瓯海县人民政府公布为第一批县级文物保护单位，2002年因温州市区划变更，划归龙湾区管辖。近年来，龙湾区人民政府非常重视汤和文化建设，汤和文化庙会已被列入全国非物质文化遗产名录。2001年，汤和庙被浙江省人民政府列入重点文物保护单位。

王瓒家庙 王瓒家庙俗称“榜眼公祠”，在李浦河南岸，北为李浦河、东为风水河、西为民居，整座家庙由外围墙包合，城南大道殿前段从家庙南侧通过。该庙始建于明代，明末毁于飓风，清初迁建现址。平面呈长53米、宽35米的长方形合院式布局，坐西北朝东南，占地约1855平方米。

风水河东南岸为长25米，宽4米的风水墩。风水河西北岸为庙前临河小广场。广场上左右立三组旗杆石。广场后为高7.10米、通宽7.30米的四柱三开间三楼式石牌楼，是进家庙的正门入口，牌楼前立一对走狮。进入牌楼通往前院，前院居中用条石平铺设甬道，前院两边安置从王瓒墓上移来的石像生三组。过前院甬道通往家庙前厅，前厅面阔七开间，明次间开敞为门厅，两侧稍尽间封闭成厢房，明次间抬梁式梁架结构，前后双步梁分心用三柱，中柱纵向设大门，方柱月梁，檐柱头设斗拱，为一斗三升，坐斗下又置斜撑拱，托挑檐桁；单檐悬山，明次间屋面高于稍间屋面。门厅入内为天井，天井左右为连接前厅与正厅的厢廊，厢廊面阔五间，单檐悬山，梁架结构抬梁式，内五架梁后檐廊用三柱，檐柱头不设座斗，出丁头拱托挑檐桁，檐柱纵向隔断门，室内陈列王瓒生平。天井居中设条石铺就甬道，连接正厅前的月台。月台连接正厅，正厅面阔七开间，居中三间突出成抱厦状，单檐悬山，抬梁式梁架结构，内双五架梁分槽，前后檐廊，正脊高7.20米、檐高2.80米，室内设开花藻井，月梁方柱，虎爪纹石磉礅。檐柱头设斗拱，为斗三升造，屋面铺小青瓦，沟头滴水，透空叠瓦清水屋脊。两侧耳房屋面低于明次间屋面，耳房与廊庑连接。

王瓒家庙是明代典型的江南祠堂建筑，且等级较高，保存完整。家庙建筑和王瓒生平遗迹，这一组系统的历史文物是研究明代江南宗法礼制建筑的重要例证。1991年，被列为瓯海县重点文物保护单位，2002年4月因温州市区划调整划归龙湾区。

1991—1997年，先后修复正厅、前厅、仪门牌坊。家庙基本保持原有格局，主体建筑保存完整。家庙周边环境较好，其中文物有榜眼桥、望海桥、栏路牌坊等。2011年，被浙江省人民政府列入重点文物保护单位。

二、大堤 街 岭

永强大堤 永强大堤位于海滨街道蓝田到海城街道东海岸线。自 1994 年冬起，经历五载艰辛施工建设，投入土石方 300 多万立方米，耗资两亿元建成。永强大堤全长 62 公里，顶宽 6—10 米，高程 10.1 米，底宽约 40 米，工程浩大，景色壮观，被称为全国的样板堤。每当潮涨时，到永强大堤就能领略到“海堤观潮”的壮观景色。

寺前街 寺前街位于永中街道，因在乾元寺之前而得名，明清时期曾因是“永嘉场”（全国十大盐场之一）的政治、经济、文化中心而闻名遐迩。其街全长约 380 米，宽约 4 米，系南北走向，南至南头湾，北至北头桥。寺前街现依然保存着千年地理格局，保持着清末民初的建筑风格，是温州沿海的众多古镇纷纷“现代化”后保留得较为完整的一条老街，弥足珍贵。走在如今的寺前街上，两旁分布有约 240 间店铺。街北头桥畔有一间百余老店“学林馄饨店”。街上货物琳琅满目——床上用品、善事用品、衣服鞋帽、家用电器等应有尽有，还有一些镶牙店、取名店等，颇有能照顾到民间生活的方方面面。这充分影视出浙南滨海古镇的风情画图。

茅竹岭 古道位于瑶溪镇白楼下村茅竹岭。始建于南宋末年，全程约 500 米，自白楼下殿到状元，为东西走向，是当时永嘉场至温州的必经之路。古道由条石铺筑，每阶用四根或三根条石铺就，并在边沿的条石上雕刻花纹、绳纹、云纹等纹样。沿途古树遍布，枫树成林，溪水流淌，在古道的中段有平山寺，寺前置有二通石碑，均为青石质，分别刻于清嘉庆六年十二月（1801）和清咸丰三年（1853）十月。平山寺的西侧原有 1 座路亭，亭坐北朝南，三开间，屋面硬山顶。据当地村民介绍，亭穿弹石路而过，俗称穿心路廊，现这一段古道用水泥浇注，路亭改建为水泥建筑。

该古道历经数百年保存尤好，沿途古木遍布，散发出古老的历史气息。古时，此道为永嘉场至温州的必经之路，记录了过往名宦贤达、学子、商旅和百姓的千古足道，沿途人文资源丰富，为研究当地古代的交通、地理和历史沿革提供了宝贵的实物资料。同时，也是市民旅游、登山、健身最佳的地方。2009 年，该岭被龙湾区列为文物保护点。2013 年 12 月 26 日，被龙湾区人民政府列为文物保护单位。

附：诗、词、记、文

茅竹岭西庄

明・王瓒

乘闲聊赴野云期，水荇牵风荡桨迟。求友黄鹂声缓啭，伺鱼白鹭步轻移。

江清似此谁同渡，山好吾今更有诗。茅竹岭西千树竹，繁阴如盖坐多时。

王瓒，生平见本志第七章第一节。

游杜岙

明·王叔果

相国衣冠何处藏？空坟寂寂隐松篁。玄台渐觉丹青旧，丰碣犹遗翰墨光。
载酒喜逢黄菊侯，问途遥指白云乡。日斜未尽登临兴，更欲移筇历上方。

王叔果，生平见本志第三章第二节。

茅竹岭

清·金璋

路穷断港舍轻舱，磴道褰衣上翠屏。天外烟云收晚照，海中岛屿散晨星。
雉城壁立山形险，蜃浦风高水气腥。双履非关游览至，为营祠室少延停。

金璋，永嘉人，著有《漱芳斋危言》。

游龙湾山

清·王煜

人事纷纭岁已阑，芒鞋远涉到溪山。村醪数盏难成醉，冰荈堆盘强自餐。
快活岭头霜滑滑，东海滩上水潺潺。砭肤寒气驱驰此，今日方知行路难。

山下井泉

泉脉澄清一镜开，六龙此地旧盘回。共承渤海风云会，远带东溟霖雨来。
天影倒涵波底月，潮音时应谷中雷。由来一滴仙瓢水，沛泽还教遍九垓。

王煜，生平不详。

罗山早行

清·周学瀛

鸡声唱远邻，月影挂高树。仆夫驾言迈，濛濛天未曙。
箬笠圆欹风，袷衣凉湿露。忽闻杜宇啼，揽辔不能去。

周学瀛，生平不详。

茅竹岭

清·丁立诚

八行吾家贤，一门自师友。移孝可作忠，不愧善人后。
民便知所止，山亭且小休。借得浮屠力，聊纾行道愁。

丁立诚，生平不详。

过马鞍岭口占

民国·闻朴

羽客应跨鹤，今朝亡马鞍。只因探胜境，姑作士人看。

闻朴，生平不详。

过张文忠墓

民国·李骧

大礼敷陈一表中，庙堂真觉主恩隆。赶时无术应怜我，希旨为官不独公。
青史悠悠对事在，白杨寂寞墓门空。亭车欲把溪毛荐，日落虞渊感不穷。

李骧，生平不详。

饭甑山即景

叶立夫

放眼观不一甑峰，周围景色拥柔松。春意满地灰尘起，炊熟黄粱晓日红。

叶立夫，龙湾蒲州人。民国时在保定政法学堂毕业，后为福建法官，善书能画，曾在状元甘岙私塾授业。著有《罗山即景》诗六十首，现存三首。

邀陈君游龙湾炮台山

王时颖

虽非漠楚衮大地，却当正史一汗裘。金兵直逼陷偏都，陆张拥帝跸温州。
蛮夷沿海敢寻衅，火龙交轰民自救。云亭区区一小丘，莫道山小浩气遒。

说明：龙湾炮台山，古名云亭山。

王时颖（1933—2011），字乾芬，龙湾人。善书法和国画。

杨梅之乡大岙溪行

张洪杰

云收雨霁日瞳瞳，车送吾俦上碧崧。座座山峦丹实艳，棵棵翠盖弹珠红。
从前滞困城乡里，今日流通环宇中。税费免征童叟笑，中枢善政惠三农。

张洪杰（1938—　），龙湾人，系中华诗词学会会员、中华楹联学会会员、温州诗词学会常委理事、龙湾区诗词学会名誉会长。作品多次在各种诗词楹联大奖赛上获奖。

响动岩

冯强生

李王尖下响动岩，遥向瓯江近龙溪。张璁墓道今安在？饭甑山屏峰仍奇。
翁仲畜兽阁老坟，牌坊碑亭学士仪。毁誉千秋多评说，信行天下岂存疑？

炮台山

北望巨龙卧江南，尖峰余脉郁苍苍。炮台紧销盘石渡，码道频济落帆航。
枕水云亭千船秀，铸铁古炮百世芳。凭吊遗迹思无限，民富国强时运昌。

冯强生（1944—　），又名冯宇，谱名茂之。永中街道沧河村人。乡土文化学者，工书画。曾任瓯海区文化局局长、台办主任、啸秋中学校长等职。

茅东张氏祠堂记

张弓

罗山之巅有茅竹岭，岭之南麓有仁知岩，岩下有泉，日夜不息，饮之如醇醪，最宜于夏日。其北有神庙，美丽可观，介乎南北之间，广数亩，巍然高大，乃我族之祠堂。夫祠堂也，创于宋而坏于明季，又建于国朝定鼎之初，计其兴废已历三变矣。其不至于破瓦颓垣，化为禾黍荆棘、坵墟垄亩，虽赖继修之有人乎，抑亦祖宗功德，源远流长之不汇灭使然也。然则德不大者不足以光前，功不伟者不足以垂后。念先世九成公为宋高宗秘阁修撰，升礼部尚书，文学冠于群英，功名垂诸史册，而分支于此五百有余岁矣。其间克承先业，如太乙公之孝，九治公之忠，皆卓然为人杰者。以此见祖宗功德发祥之远，宜乎祠宇增辉、血食万世也已。弓也不才，未能继此芳徽，每于朔望日登斯堂也，环顾四周，笔峰拱秀，江水朝宗，茂林修竹，掩映多姿，恍然而知先公建此堂者，岂徒为草木土石水泉之适欤，山原林麓之观欤，将欲使为子孙者，克自振拔，睹祖庙而兴思祖德也。退而为之记，登于家乘，以为后之览者观感焉。

时乾隆五十八年岁次癸丑应钟月谷旦。十七世孙邑庠生巍亭弓顿首拜撰。清乾隆五十八年（1793）十月刻。

张弓，号巍亭。庠生。底岭下张氏十七世裔孙。

张璁坟墓破坏案始末

张卫中

坐落在永嘉县梧埏区罗北乡响岩村（今龙湾区状元镇响动岩村）张璁（张阁老）坟墓（原地籍号罗北段391号）。此墓明嘉靖十八年（1539）敕建，占地面积约十二亩多，坟周围有山场三百余亩。墓域凡九坛，依山而建，计一百二十三级，内建有石马、石将军、亭碑、牌坊、石塔等，坟坦平而均用长条石及厚砖而成。坟围有厚墙又围有粗石墙。该墓历经数百年，虽有风化剥刨，但墓整体基本保持原状，林木葱茏，典雅肃穆，气势雄伟，是一座罕见的历史坟墓。

在1950年底，我市开始进行土改运动。当时梧埏区罗北乡人民政府，将该墓周围山场三百余亩分配给响动岩村村民。以后，由于该乡土改政策掌握不够稳，又将该坟墓建筑用地十二亩全部分配给泮 ×× 等十户村民使用。约在1951年三月份左右，响动岩村大部分村民开始大量地挖拆了坟墓之内的长条石，厚砖以及其他坟墓建筑物，用来建造村中道路、修建房屋、砌造厕所等等。而且还将该墓用地出卖他人或村民自己建筑寿坟。历史文物古迹就这样遭到严重破坏，于是永强永中镇普门村（现瓯海区永中镇普门村）立即选派代表到响动岩村与该村村民论理，村民与代表发生口角，代表竟被响动岩村村民扣送乡政府。乡政府主要领导没有及时解决处理问题。使双方矛盾恶化，事态进一步扩大。上级人民政府知情后，十分重视，立即由永嘉县人民法院立案处理。1952 年三月二十五日永嘉县人民法院公布了刑事判决书（刑字日 29 号）：

原告：永强区永中镇普门村张姓代表（略）

被告：梧埏区罗北乡响动岩代表：（略）

案由：破坏坟墓

……经本院派员调查决定如下：

一、根据中华人民共和国土地改革法第 20 条之规定，该坟墙内之坟（十二亩多坟墓用地）不能分配，应归还张姓。抽出之农民应在其他土地上应适当的照顾。

二、砖墙外粗石，墙内之地已分不动，仍归原十户所有。因这部分不是坟，而是坟外余地，按土地改革法规定应该征收分配。

三、响动岩村群众将古坟破坏了，虽是出于阶级仇恨，但破坏古坟的做法是错误的。更将张姓代表扣起来，理属错误。当地政府该给村民破坏政策以严格的教育，为首事应作检讨。该村群众应抽出工夫将未有用了的条石及厚砖抬回坟内。罗北乡长杨 ×× 同志擅自答应造成群众的纠纷，应作深刻的检讨。

四、此后任何人未经县人民政府批准，不得遂意破坏及动用坟石坟砖等。

如不服本判者接到判决马上向本院提出正确理由，由本院再研究处理。

永嘉县人民法院（印）

此案判决后至今近五十年了，响动岩村落中时有见到一些青砖、太湖石、残碑等。该坟墓用地权属纠纷得不到妥善解决与执行。再加以“文革”中人为的彻底破坏，该墓地已是一片蔓草荒烟，仅留遗迹。岁月如流，知此事者渐稀，有关历史档案，也较难读到。今特将该案发生始末简述，以飨读者。

张卫中（1960—　），又名张维中，龙湾区永中街道人，温州地方史研究专家、善藏书，系浙江省民间文艺家协会会员、温州市历史学会理事。编著有《张璁年谱》《张天麟纪念集》《张雁云先生诗文录》《鸣玉集》《王瓒集》《普门文献综录》《龙湾文化丛书》等书。曾担任《大罗山志》副主编。

浙南绿宝石——响动岩

曹凌云

这是一个绿色的世界。

沿着龙湾环山公路向响动岩景区进发，举目望去，满眼苍翠，一路上浓荫夹道，越是走进大山深处，绿意便越是从林间、溪流中溢了出来。

响动岩景区位于龙湾区状元镇，大罗山北部一支脉，它东起茅竹岭，北靠三垟水乡湿地。在响动岩山半腰一条通向山尖的石径旁，有一个东西直径 150 米、南北直径 50 米的椭圆形山石，敲打之下会发出深沉而悠扬的声响，余音数秒之后还在空谷中回荡，久久不绝于耳，像钟声，却没有钟声的清脆洪亮；像鼓声，与鼓声的混浊有异。“响动岩”便因此得名。

据有关资料记载，以及民间传说，响动岩有悠久的历史。早在一千八百年前的三国期间，就有人在此修炼，到了隋唐，有道士来此建寺院，现还有古迹可寻。

沿山径拾级而上，可以看到一小山尖的一块崖顶，有一直径 1 米、深 70 厘米的小水泽，长年累月清水盈盈，即使长期干旱，也经久不涸，因其状似盂，故有“石脚盂”之称，据说掏此盂之水满而不外溢，煞是奇妙。

响动岩景区最惹人注目的，要算屹立于大罗山的李王尖，李王尖海拔 460.3 米，相传唐室李集在此隐居而得名。它仰接云海，俯瞰众山，气势巍峨。站在峰顶上，温州市区尽收眼底，大有“一览众山小”的气概。李王尖西面的美女峰，亭亭玉立，卓然不群，既像一个思念远方恋人的文静少女，更像一个翩翩独舞的风流女郎。每当旭日初升或夕阳西下，万道霞光为她披上了绚丽的衣裳，真可谓风情万种，令人陶醉。

景区群山连绵，此起彼伏。九个毗连的小山峰宛若凌空腾飞的巨龙，侧面望去，又若九个年轻力壮的后生高举着舞动的龙灯作势挥舞，故名龙灯山。在景区西南面，一山峰俨然一只威武的大狮子，得名狮子山。除此之外，响动岩景区的寿桃岩，的的确确寿桃一个；倾鼠岩，形象胜似前倾的老鼠；老虎岩，更是一只虎虎生威的华南虎正在上山呢。还有大蟒皮、八崖、蛙岩、稻桶岩、龟头顶地岩等奇峰怪崖，皆以形象得名，莫不栩栩如生，并且步移形换，昼夜不同，其形态变幻，给人以超然的美的享受。

悬瀑幽洞是响动岩的另一大特点，特别是一千米水流经四处危崖陡落而折成的“四折瀑”，更是令人叫绝。该瀑群一瀑一风姿，瀑瀑有特色，第一瀑两边是高耸的山崖，瀑布似白绢飘舞在崖间；第二瀑地势险恶，瀑布似一缕炊烟袅袅；第三瀑水量开始加大，瀑布便玉龙飞驾；第四瀑水量最大，瀑布倾泻而下，其势给人一种“飞流直下三千尺”的感觉。还有霞水泉，其形、声、色因水量、风力、光照不同而变化无常，不胜形容。

响动岩山中多山洞，多为山岩崩塌侵蚀所形成，大多的天然洞穴中，以龙洞最为奇特，洞深不可测，据说通到东海，有人见洞中有大蛇出没，被说成是龙。

响动岩的植被完美无缺，整个景区的所有山体都布满青翠的森林柴草，凝碧叠翠。把响动岩称为是一块“绿宝石”，一点也不过分，响动岩景区的绿，不是一般的绿，而是绿得发光，绿得滴水，绿得深刻，无论是岩而峰崖，还是草丛树木，都透出油油的绿意，使你心醉。响动岩，是闪闪的绿色在招引着大家，让人们追到了那种昔日没有见过的绿色的神光。“绿”，无疑是响动岩景区的最大特色。

曹凌云（1968—），龙湾区人。中国作家协会会员，温州市文联秘书长。出版有散文集《纸上心情》《心灵说话》《乡尘》《舅舅的后半世纪》等。

第六章　旅游业

自龙湾风景旅游管理局成立以来，相继建立健全旅游业管理监督服务体系，理顺行业归口管理。根据省、市有关旅游行业法律、法规，进一步加强和完善旅游行业管理。编制旅游精品线路、扶持乡村旅游，发展旅游产品和旅游商场，制定各类旅游企业各项规章制度，促进监督力度，加强对旅行社、饭店、旅游场所的业务指导。在旅游安全、旅游基础设施建设、旅游营销等方面做好日常服务工作，使龙湾旅游业步入科学化、规范化管理的轨道。

第一节　旅游业经营状况

一、内外交通

龙湾区行政中心，背依温州市东南屏障大罗山，北临温州最大水系瓯江，地理位置得天独厚。各风景区水陆空立体交通体系发达，基础设施完备、交通、通讯发达便利，电力充足。区内有永强机场和温州港最大的码头——龙湾万吨级码头，金温高速公路直通龙湾港区；全善公路网络与外界紧密相连，甬台高速公路横跨龙湾，机场大道贯穿全区；加上 104 国道和永梅公路以及瓯海大道直通永强机场，将环大罗山周围的互通，特别是洞头岛和灵昆岛陆地公路贯通，促进了两地旅游业发展。龙湾风景区处于温州地区总体旅游网的中心，内外交通便捷，给予龙湾旅游的发展，打下良好的基础。

1. 永强机场　温州永强机场地处浙江省三大中心城市之一的温州市的龙湾区，距市中心 21.7 公里。机场净空条件良好，为国内二级民用机场，可满足 A300、MD—90 等 D 类飞机起降。 1984 年，温州被国家列为十四个沿海开放城市之一，但交通的落后严重阻碍了温州的对外交流和经济发展。经市政府的不懈努力，经国务院、民航总局批准，温州永强机场终于在 1987 年，开始动工兴建，一期工程由温州市政府和民航总局共同投资 1.32 亿元，历时三年建成，占地近 127 万平方米，于 1990 年 7 月 12 日正式通航，为国内二级民用机场（机场等级为 4D）。温州永强机场现有 2400 米长、60 米宽（含道肩）的飞行跑道一条，国内、国际候机楼总面积近 1.4 万平方米，停机坪面积达 15.4 万平方米。

2. 永梅公路　系温州至永强机场公路向南延伸段。1987年机场公路建成后，自机场路口向南永中镇至梅头镇的路段在原有初级公路基础上进行改造，路宽约11米，渣油路面，属二级公路，是龙湾区罗东片区主要运输大动脉之一，同时也是外界通往天柱寺风景名胜区主要公路干线。

3. 茅竹岭隧道与白楼下高架桥　茅竹岭隧道是温州市重点工程，疏港过境公路的重要控制工程，全长261米，行车道宽9米，净宽12米，高7米，是目前龙湾境内国省道最长的公路隧道，总投资300余万元。隧道东口白桥下高架桥是温州机场大道主要控制工程。长373米，宽10米，高7米，是目前龙湾最大的公路高架桥。1995年8月18日通车。

4. 龙湾隧洞　位于状元街道山西岙与龙湾街道马鞍山交界地段，全长790米，是金温铁路温州段18公里铁路线上最长隧道，是温州地段连接龙湾区重要隧洞。

二、旅游业经营状况

以市场为导向，大力推进旅游资源开发，着力打造“山海龙湾，都市休闲”旅游品牌，旅游业得到较快发展，旅游产业关联效应已初步显现。1998—2002年，龙湾区接待国内外旅游者人次从10万增加到33.25万左右，2002年，旅游总收入达到2.88亿元，相当于国内生产总值（GDP）的2.7%；2003年，接待国内外旅游者人次到38.06万，旅游总收入3.35亿元；2004年接待国内外旅客106.86万人次，同比增长27.32%，旅游总收入达9.38亿元，同比增长27.59%。天柱风景区在2005年、2006年、2007年游客分别为12万人次、9.78万人次、11.1万人次，旅游年收入约2000万元左右。旅游经济逐步成为龙湾区新的经济增长点。

瑶溪风景名胜区风景旅游经营情况表

表6—1

时间	接待游人（万人次）	经营门票（万元）	旅游总收入（万元）	多元化投入（万元）	备注
1993年	——	——	——	——	——
1994年	——	——	——	——	——
1995年	——	——	——	——	——
1996年	——	——	——	——	——
1997年	——	——	——	——	——
1998年	——	——	——	——	——
1999年	——	——	——	——	——
2000年	13.44	8.72	10752	31.27	——
2001年	15.60	7.80	12480	46.12	——
2002年	16.20	8.10	12960	58.37	——

续表 6—1

时间	接待游人（万人次）	经营门票（万元）	旅游总收入（万元）	多元化投入（万元）	备注
2003 年	21.00	12.00	16800	130.90	——
2004 年	19.15	14.90	15320	318.30	——
2005 年	23.15	13.67	18520	214.64	——
2006 年	31.11	14.66	24888	338.76	——
2007 年	40.32	16.62	32256	267.51	——
2008 年	51.50	39.33	41200	280.48	——
2009 年	69.28	23.60	55424	321.26	——
2010 年	73.66	29.10	58928	489.89	——
2011 年	69.67	56.57	55736	6890.17	钟秀园项目建设
2012 年	97.32	36.90	77910	3047.00	4 月 1 日起免门票

说明：瑶溪风景名胜区门票以往有售，票价 10 元 / 人，2012 年 4 月 1 日起停止售票

龙湾区旅游景区（点）及节庆活动等接待情况一览表

（2011—2013 年）

表 6—2

景点名称	2011 年				2012 年				2013 年			
	本年接待总人数	其中		本年门票收入（万元）	本年接待总人数	其中		本年门票收入（万元）	本年接待总人数	其中		本年门票收入（万元）
		国内旅游者人数	入境旅游者人数			国内旅游者人数	入境旅游者人数			国内旅游者人数	入境旅游者人数	
瑶溪风景名胜区	696770	695150	1620	56.57	972410	971265	1145	8.12	940315	937993	2322	0
天柱风景区	251770	251152	618	27.45	322860	322000	860	28.35	325081	323655	1428	0
永昌堡	26050	25621	429	0	40210	39429	781	0	39294	38706	588	0
农家乐	742620	741054	1566	0	935170	933466	1704	0	769667	768409	1258	0
龙湾万达广场	101910	101338	572	0	152700	152560	140	0	1184740	1179345	5395	0
合计	1819120	1814315	4805	84.02	2423350	2418720	4630	36.47	3259099	3248108	10991	0

瑶溪风景名胜区内相关服务点情况表

附表 6—3

名称		床位、餐座、建筑面积平方米	性质	
			集体或股份制	个体私营
旅游饭店	温州瑶溪王朝大酒店	256 床位，800 餐座，35000 平方米	√	
农家乐	山上人家	120 餐座，240 平方米		√
	山猫酒楼	110 餐座，200 平方米		√
	瑶景楼	120 餐座，200 平方米		√

第二节　风景点

龙湾自然风光秀丽，依山傍海，河网纵横，这里不仅拥有辽阔壮美的滨海美景，省级旅游风景区，还有众多的人文古迹\风景名胜、生态公园等种类游览风景点。

一、瑶溪风景名胜区

瑶溪风景名胜区位于龙湾区境内，在大罗山脉东北部，距市中心 16 公里，为国家 AAA 级景区，省级风景名胜区。因其“溪石皆玉色”而闻名，碧溪幽谷、苍崖夹峪、孤峰峭壁、石柱叠岩。瑶溪风景名胜区分为瑶溪泷、钟秀园、龙岗山、青山湖和千佛塔五大景区，尤以幽谷金钟、水石同踪、铁壁潭影、梅林情深、山色湖光、鹭鸶闲云、烟雨朦胧、仙叠龙岗、千湖春秋、钟灵毓秀等十大景观最为著名。景区内建有四星级酒店——瑶溪王朝大酒店，是理想的会议商务、度假休闲场所。

交通：瓯海大道瑶溪出口下，经 77 省道，往永强方向即可到达景区。

二、天柱风景名胜区

地处龙湾区永中街道境内，总面积 13.9 平方公里，因有晋代的古刹天柱寺而闻名。天柱景区内林幽翠叠、潭碧瀑飞、岩奇洞怪，名胜古迹星罗棋布，人文景观俯拾皆是，以“峰奇、石怪、瀑飞、水碧、庙古”见胜，有荥阳园、观海坪、天柱寺、盘谷湖、五折瀑、天柱峰、弥勒峰、观音峰、美人峰、鲤鱼倒游、狮子壁、陶成洞、老虎洞、爬山石、母子岩、骆驼石、八戒贪吃、仙人影、仙人潭、第一山、百家尖等大大小小四五十个主要景点。各诸景相得益彰，交映生辉，形成一派风光秀丽、景色宜人自然风光。明代诗人王毓有《七律·游天柱峰》诗云："万仞崔嵬石藓斑，孤标不断不周山。雨凌风撼知多少，兔走乌飞任去还。无假栋梁擎玉宇，独超轮奂出瀛寰。云霄总籍扶持力，万象熙熙覆载间。"

交通：经永梅公路往海城方向直走到大郎桥村右拐即可到达景区。

三、永昌堡景区

永昌堡坐落在龙湾区永中街道境内，距市区 23 公里，距机场 3 公里，与龙湾中心区毗邻，东临东海，西倚大罗山麓，是座名人辈出、文化底蕴深厚的历史城堡，为国家重点文物保护单位。永昌堡南北长达 778 米，东西长 445 米，城高 8 米，基宽 3.9 米，周长 2688 米。城中有城堞 908 个，敌台 12 座，具有极强的防御功能。永昌堡现存有都堂第、状元府第、圣旨门巷、世大夫祠、布政司祠、青石门台、花园古井、洞桥底 40 号、御史巷 12 号、大派宗祠、楼下派宗祠、状元里 6 号、王绍志故居等多处古民居（或祠堂），还存有明清以来多座古桥梁，素有"江南故宫"之称的永昌博物馆更是旷世一绝。永昌堡不但建筑雄伟、布局合理，而且学风浓厚、人才辈出，历数百年而不衰。

交通：瓯海大道建中街出口下，经罗东大街直走即可到达景区。

四、百家尖景区

百家尖景区。百家尖景区位于天柱景区的西南部，与仙岩风景区相邻，海拔560米。主要景点有天河、岩瀑、鹊桥、百家尖等。天河风景秀丽得让人惊叹，水绿得如碧玉，周围山峰对峙，山花簇簇，倒影水中。

线路：瑶溪出口下，到瑶溪风景区，经瑶溪金钟瀑景点翻越。自驾车无法直接到达景区，车可停放在瑶溪山庄。或直接从天柱景区长坑岭进入。

五、炮台山

炮台山中的龙湾炮台，建于光绪九年（1883 年），与乐清盘石"镇瓯炮台"隔江对峙，为近代温州军民抵抗外侮的重要江防设施。抗战时曾遭日机轰炸，后经修建，并增设军事实物图片展览室，为温州市国防爱国主义教育基地。

线路：瓯海大道瑶溪出口下，向北往白楼下，过龙湾码头，到龙东村，出口到景区约 3 公里。

六、永强大堤

永强大堤位于海滨街道蓝田到海城街道东海岸线。自 1994 年冬起，经历五载艰辛施工建设，投入土石方 300 多万立方米，耗资两亿元建成。永强大堤全长 62 公里，顶宽 6—10 米，高程 10.1 米，底宽约 40 米，工程浩大，景色壮观，被称为全国的样板堤。每当潮涨时，到永强大堤就能领略到“海堤观潮”的壮观景色。

七、温州非物质文化遗产馆

温州市非物质文化遗产馆面积为8000余平方米，是目前省内最大的非遗类博物馆，设有县（市、区）分展厅、专题馆、百工一条街、互动区，运用实物、文字、图片、多媒体等形式，通过展示和活动为人们提供丰富多彩的文化享受。此外，温州市非物质文化遗产馆还为温州市非遗保护传承工作搭建了新的平台，为温州市历史文化名城创建工作写下浓墨重彩的一笔。

交通：文昌路文化用品市场三楼。

八、河泥荡公园

龙湾区河泥荡文化公园坐落于龙湾区中心地带，为龙湾区的中心绿洲，是以“水”“月”为自然特色，以草坪、湿地为主体，以历史、文化为内涵，集市民游嬉、青少年活动等功能为一体的具有龙湾文化特色和渔村乡野自然格调的综合性公园。

河泥荡公园分为入口区、渔村区、湿地区、休闲区及赏月区五个区域。为加强公园的自然山水风貌，使公园景色更富空间变化，规划以自然布局为主，突出山水骨架。地形改造包括掇山和理水两部分。首先对基地内的水渠线形做调整，增加水域面积，使水系更为曲折有致，体现水的柔和性，并形成瀑布、锦鲮湖、荷花塘、鸢尾荡、珑月湾等系列水景，增强湿地概念，突出渔村水乡特色。出于经济的考虑和场地空间的尺寸控制，公园的地形起伏总体上以微地形变化为主。为障景、对景及分隔空间需要，在主入口处、南面及中心小岛上堆坡筑山，山坡高程在2—3米左右。

第三节　农家乐

多年来，积极培养以农民为主要经营主体，以“吃农家菜、住农家屋、享农家乐”为主题的农家乐休闲旅游特色村（点），并将一批重点“农家乐”旅游点精心包装推介。现全区已有上规模的农家乐旅游点20多家，主要集中在状元、瑶溪、永兴等街道。其中省级农家乐经营户5家，市级农家乐示范点4家，三星级农家经营户（点）7家。

以乡村风光和田园活动为主题，突出田园、庭院、海鲜和土特产等特色，结合亲近大自然与乡土生活情趣的农家乐，逐渐成为龙湾区乡村旅游中的一道风景线。

一、农家乐

龙湾区农家乐情况一览表（2013 年 11 月）

附表 6—4

单位名称	地址	特色菜	星级	备注
龙腾山庄	状元响动岩	千岛湖秘制鱼头、捞螺丝、羊肉江蟹堡、葱油皮蛋豆腐、农家红薯粉、明火鸡腰、荷兰豆炒红芋、清场羊肉锅仔等	三星 省级经营户	情在山水间
杜溪第一庄	状元大岙溪	海参茸海马煲、延年龟灵汤、长寿神仙鸭、健胃羊肚煲、益寿百合汤、八宝鱼胶、川贝麻雀煲等	三星 市级示范点	杨梅飘香
永兴老五溪	永兴五溪村	沙蒜汤圆、苹果炖本地鸡、野鸭炒粉干、鲈鱼清汤、野蝤蠓地瓜、农家东坡肉等	三星 省级经营户 市级示范点	观永强大堤 品渔家风味
信通人家烧	永兴五溪村	虾菇炒年糕、山药炖牛尾、野生河鳗炖酒、目鱼蛋蒸排骨、本地鸡炖文蛤等	三星 省级经营户	观滨海 田园景色品 生态美食
阿鹏海鲜排档（原山珍楼）	永中上京村	羊肚粉层、蟹黄堡、木桶豆腐、猪肚鸡、药膳羊肉、溪螺、铁板鲫鱼等	三星	原木装饰
大白楼农家乐	海城街道中星村	无花果、虾酱番薯烧粉干、焖炖包头鱼、各种特色海鲜	三星 省级经营户 市级示范点	听大海声音， 品最美海鲜
楠溪堆农家乐	灵昆街道双昆村	本地泥蒜冻、盐水灵昆鸡、家烧本地蝤蠓、鲜炒本地番鸭、江蟹烧红薯、梅菜泥鳅、野生河鳗鱼等海鲜	三星 省级经营户 市级示范点	海岛风情
瑶景楼农家乐	瑶溪风景区	——	二星	——
山上人农家乐	瑶溪风景区	——	二星	——
坦头农家烧	永中坦头村	——	二星	——
老三农家菜	永中坦头村	——	二星	——

二、地方特产

永强寺前街馄饨 地处瓯江口南岸的永嘉场，其中部有一条古老的街，史称寺前街。街的北头桥东巷中段，一间店铺，装饰不十分华丽，店前挂着直式“馄饨老店”店额。该店在清朝道光年间，大罗山东麓青山村人娄学林所开设，因此人们称为“学林馄饨店”。

馄饨是一种普通大众饮食，各地都有馄饨店，如温州市区“长人馄饨”。而“学林馄饨店”馄饨制作上具有独特风味，故名闻温州。其特点：一是采用上白面粉与鸡蛋清制成馄饨皮，薄如纸，透明如玻璃；二是馅芯的猪肉，采用当天宰杀的猪后腿瘦肉剁成；三是规定每碗八只，四只大，四只小，四只大放在上面；四是煮一碗馄饨换一次汤，若生意繁忙，也不破例；五是佐料选精，绿色的葱花、黄色的蛋丝、黑紫色的紫菜、红色的虾米、棕色的肉松等做佐料，色泽艳目，味道鲜美，令人赞不绝口。

历经百余年，“学林馄饨店”至今已是娄氏第四代当炉，不论在什么情况下，都能坚持为发扬祖先留下的传统小吃而辛勤工作，使“寺前街馄饨”成为名小吃。

永强疣海葵（矶花科） 俗名酸蚕、沙蝉、大海葵。形态特征：体形圆长如花瓶，色暗绿半透明，体壁多黏液，触须细长，体长15厘米以上。上有口，口缘环生多数触手，各触手开放时颇似菊花。体壁为柔韧筋肉，中有腔肠。生活时消化腔与体壁之间及触手内部饱含水分。以触手迎接浮游生物为食物，一遇外敌即收缩。分布：龙湾区灵昆、海滨、沙城、梅头等沿海边低潮线下，常在6—7月间捕获较多。食法：先除去体壁外黏液，洗净后切碎，与酸菜做汤，别有风味。邑人孙衣言咏沙蝉诗有“疱丁竞夸味甘脆，灶妇却憎形丑蠢”句。古代本地文人误称沙蝉为海参，温州各书误称涂蝉为星虫。

永强沙蚕（沙蚕科） 俗名海蜈蚣、野蝉。形态特征：体扁长，由多数同形的环节合成。头小略呈三角形，尖端有一对触手和眼，口开于头下。第一环节有触须四对，第二环节起两边有疣足，并有一对长的肛门须。全体淡红带绿，前部背面有黑褐斑，身长约15厘米，全身有70—120个环节。雌雄异体。分布：常栖于咸淡水混合的沿海泥沙中，食植物质，喜咬物，夏季产卵于海滨。秋冬间混在小杂鱼中捕获，因其形状丑陋，人多弃之。其实只要烹饪得法，也成佳肴。“永强沙蚕炒年糕”不仅是本区大众餐品，几乎已成为酒店顾客每餐必点、每桌必上的特色名品。

永强泥蝉 泥蝉称泥蛋，又叫泥肠子。动物学名星虫，灰色，属星虫纲，形如蚯蚓，长约3.3厘米。另外还有两种分别叫沙蝉和野蝉，与泥蝉同为海中野味，其形状虽有所不同，但都生长在浅海涂滩里，温州市沿海岸与海岛均有生长。潮涨潮落，渔民可随时去捕捉。泥蝉与沙蝉又名涂笋，同野蝉相比，不仅产量较多，营养价值也比沙蝉、野蝉为好。一般情况捕捉泥蝉的时间约在春、秋、冬前后。当渔民把它从泥洞一条一条挖出时，泥蝉全身是泥，十分柔软、滑腻。其尾部有一条又细又长的须，如果触碰到，须就很快缩进体内，把肚子鼓得硬硬的。

吃泥蝉时，先将其全身冲洗干净，然后放在水里使劲地捏。要注意，泥蝉鼓在肚子里的泥蝉水会突然喷出来，容易射到身上。捏后将其切成二至三节，先把生姜放进油里炸，然后下泥蝉炒一会儿，再加水和香料。熟了趁热吃，味道鲜美。因它含丰富胶质，冷却后就会凝结（冻）起来，永嘉场人称其为“泥蝉冻”，蘸些酱油醋，吃起来就更加鲜美可口。泥蝉不仅是经济又实惠的好菜，而且还有药用之功能，吃了有显著的止咳疗效。但其性寒，要讲究食用方法，食时宜多加姜、醋，既调味，又驱寒。

灵昆蝤蛑 属甲壳类、蝤蛑科头胸甲短而较宽，两侧无长棘，青绿色，故名青蟹。有对胸足，两双螯足不对称，头大无比，用来捉食与御敌。四对步足，第四对扁平似桨，适于游泳，胸足皆能自断后再生。蝤蛑身披盔甲，每年要脱十几次壳，脱一次长大一些。

蛸蛑栖息在温暖而盐度较低的海浦里和涂上，不难捕捉。捉法颇多，且挺有趣。过去，龙湾区永中普门村五宅井地方，几乎家家子弟都会捕捉。除了用渔网、竹帘兜捕、围捕外，也可徒手捕捉。涂滩上蛸蛑，露出一对火柴头似的小眼睛，不难被人发现，钻入洞内的用脚踩住后手挖泥捉之。灵昆、海滨地方，利用蛸蛑钻铜脱壳的习性，在硬泥涂头造了一排排假洞，请蛑入瓮。近年来，人工繁殖业兴起，一年四季都有蛸蛑销售，是龙湾区主要海产经济收入来源之一。蛸蛑肉色洁白，质地细嫩，膏红色艳，味极鲜美。可干蒸、红烧、生煎、清炖，本景区内闻名的有双味蛸蛑、芙蓉蛸蛑、生煎蛸蛑、老酒蛸蛑、油扒蛸蛑等。

灵昆文蛤　是贝类珍品，号称“天下第一鲜”，是灵昆海水养殖业的重头戏。文蛤属软体动物，门瓣鳃钢帘蛤科。蛤肉有催乳去火功能，鲜蛤肉外敷疮疖或贴治红眼，均有很好疗效。文蛤吃法很多，旺火快炒、清蒸都可以，还可作成鲜松而不油腻的文蛤饼。

沙村弹涂鱼　或称跳鱼，俗名“滥河”。长约 13 厘米，一般手指粗，色淡褐，密布银灰色斑点，眼突，背鳍和尾鳍呈灰褐色，腹鳍会合成吸盘状，漩回水中，或钻入泥洞，以小鱼虾为食饵。本区滩涂常有出产，以夏秋为多，为佐餐佳肴。清炖“花滥”“滥河”羹，是酒筵上名菜。群众有用“老酒炖花滥”的习惯，具暖中益气补肾壮阳、明耳目的疗效。尚有一种体形较小的，俗称“沙粗”或“滥河狗”较便宜，民间多用菜干炒，味鲜美。海滨街道的沙村是捕捉跳鱼的专业地方，历史悠久，远近闻名。

梅头虾虮　虾虮是温州人十分熟悉的传统“菜肴”有俗语云：“海蜇配虾虮味道好爻”“三层肉蒸虾虮，白饭也要半斤吃”。虾虮的原料是细鱼、虾籽。价格便宜，与番薯正好相配，为农家所喜欢。现在鱼生、虾虮也上酒席。捕虾虮，以往不叫捕，有专用网，称拢虾虮、张虾虮。虾虮一般都生长在江正沙、涂边、大小浦这些地段，尤其是我区梅头海涂中资源较丰富。一般捕捉时间大至从古历五六月开始。要掌握潮候，涨、落二潮正是捕捉虾子最佳时间。龙湾梅头不但虾虮资源丰富，而且制作精良有特色。“梅头虾虮”已成为一大品牌。一些居住海外侨胞回乡探亲，回程时特别喜欢带“梅头虾虮”等土特产。

瑶溪杨梅　杨梅古称“机子”，《北户录》称“朱红”“树梅”。李时珍《本草纲目》云：“其形如水杨，而味似梅。”故称杨梅。属木本水果，适应气候温和、雨量充沛，大罗山都有种植。龙湾区是温州杨梅主要产区，栽植杨梅历史悠久，被誉为“中国杨梅之乡”。瑶溪风景名胜区的龙船头杨梅谷杨梅果大颗圆，色红紫、味甜微酸，含有人体所需的各种维生素、氨基酸及微量元素，是杨梅中佳品。

瓯柑　是温州传统特产，宋元明清时均被朝廷列为贡品，其栽培历史约有二千四百年，古人有“有林皆橘树，无水不荷花”的诗句。瓯柑果实金黄鲜艳，清甜多汁，略带苦味，营养价值较高，含有丰富的维生素 C、D 和果糖、柠檬酸及钙、磷、铁等营养物质。瓯柑除鲜食外，果实可制柑饼，可酿果酒，果皮可提炼橙皮油，花可提炼香精，也是良好的蜜源。落地果和柑皮则是宝贵的中药材，味甘、性寒，能解热生津，化痰止咳，对咳嗽、麻疹、肝炎、高热和高血压等症状具有一定疗效。瓯柑耐贮藏，能越冬抵夏，二百多天不坏，食味依然。

龙湾地处东南沿海，气候温和，雨量充沛，土壤肥沃，河道纵横，久雨不涝，久晴不旱，特别适合瓯柑栽培。瓯柑至今已名传全球，远销国内外，深受人们喜爱，在国际市场享有较大声誉。

灵昆白琢瓜　又名甜瓜，永嘉场（龙湾区）种植已有较久的历史，特别是海滨蟾钟村闻名，这几年由于各种因素，基本上没有种植，而龙湾区灵昆白琢瓜种植最多。白琢瓜洁白宜人，肉质松脆，味甜汁多，是甜瓜中的佼佼者，因此销售量较好。

三都素面　一般家庭是不会制作的，但基本都有储备。永中街道普门村车驾巷地方过去大部分人家都会制作，是传统的家庭作坊。同时，也是龙湾区素面加工“专业村”。制作方法：首先在素面的面粉里加适量的盐，与水和好后要“醒”一夜，“醒”后还要揉透，揉得面团光滑十分柔韧为止，再把面团放在面板上搓成手指粗的面条，再把面条一层一层盘在面桶里，盘面时要多撒面粉使其不能黏并。过一段时间，再把桶里的面交叉缠在两支面箸上，稍稍地把两支箸拉开一点，挂在面柜里再“醒”。第二天早晨把面柜抬到空坦里，把柜里的面条连面箸（上面一支）插在面架上，下面一支则用双手向下拉，这个时候要素面粗细，就要靠拉了，要细的拉长一点，要粗的短一点。温州习俗素面是产妇坐月子主食之一，到产妇人家吃“素面汤”也几成习常。近年，一些饮食店常把它加工成各种风味的素面点心，来吸引客人。据三都一位叫洪姆老人说：“约在清朝后期，由他的祖辈从福建学艺归来，传给其他村民。从此流传，成为家庭副业收入的主要经济来源。”随着时代发展，素面加工也机械化。但人们常怀念手工素面好吃，尤其“三都素面”更好吃。“三都纱面”已成为龙湾的品牌，具有地方风味的面食。

永强九层糕　一般用籼米制作。过去人们常把它作为礼品送给人家。制作方法：首先把籼米浸泡一段时间，滗清，加入灰汤及茴香、橘饼等中药之类的香料，开始磨浆，磨出来的米浆一般鹅黄色，倒在盘桶里，放进红糖拌均匀。镬里放进水，同时把九层笼放在镬里，笼里面铺平纱布，放进适量的米浆，盖好镬盖。开始煮，煮到一定时间，熄火后，待几分钟，把镬盖打开，再放进米浆，用镬勺铺平，再煮。依次九番（次）。糕熟了，也要待一段时间，再把九层糕蒸笼移到桌面上，糕面放一些桂花、芝麻、红枣等，待完全冷后，再用苎麻线，把它切成棱形，就可以吃。如果把熟的槐豆、赤豆、绿豆、少量的肥肉粒放进米浆一起蒸煮，所煮的九层糕就叫“槐豆九层糕”。平常市场上出售所称九层糕，并没有永嘉场九层糕好吃，这就是独特地方风味。

永强清明馍 过去在清明前后常常能吃到清明馍。其原料是米粉与绵菜（学名叫鼠曲草，生长在田野之中，开黄花、枝叶长白毛）和青蓬（茼蒿科）。先去田野间采摘绵菜和青蓬（基本上是绵菜），然后洗净、水煮、沥干，放进石臼里和糯米粉团舂成粉馍，再做成一个个饼，并裹入或甜或咸的各种馅料，用香柚叶或箬叶作垫，蒸熟即成。过去永嘉场清明馍很有名，现在成了稀罕的生态食品。

响动岩“黄叶早”茶叶 “黄叶早”早茶，是中国茶类中早熟品种之一。“黄叶早”早茶贵在早。二月下旬发芽，三月上旬采摘，三月中下旬就可上市，比其他品种早茶提早十五天左右，因而独占春茶市场鳌头。“黄叶早”还具有发芽整齐、轮次分明、老嫩均匀、持嫩性强、抗旱、防病能力强等特点，制成干茶条索细紧，色泽翠绿带黄，香气清爽；该早茶的汤色嫩绿微黄、鲜艳明亮、香馥如兰，饮后齿颊留芳、回味无穷。深受各地消费者好评。

胶冻 “胶冻”是老少咸宜的风味小吃，营养丰富，口感清爽，滑而不腻。胶冻有两种，一种是以黄鱼、鮸鱼、鳗鱼的鳔为原料（而黄鱼鳔最好）的胶冻叫鱼胶胶冻（又叫真胶）。制法是将 50 克（一市两）干鱼胶加 2500 克水（五市斤水），放在锅中煮沸 20—30 分钟，再用苎布过滤，待冷却冻结即成。另一种是以海边岩石上的“岩衣”为原料的胶冻叫“岩衣胶冻”。制法是先将 1 公斤水加入岩衣 1 两，浸泡 1—2 小时，再加入 2—2.5 公斤水，附加 1 调羹（小汤匙）醋，放入锅中煮沸 10 分钟，经过苎布过滤后冷却即结成。胶冻有甜味或咸味食法；甜味加糖、薄荷；咸味加酱油、味精、麻油等。

永强糖蔗 糖蔗原名甘蔗，属热带、亚热带作物。其中皮色黄白质地坚硬而味浓者，是制作红、白糖的原料，故称糖蔗。罗东种植糖蔗约有百年历史，过去曾是全省重点糖蔗、红糖的生产基地。黄石山北、双岙山、坦头山、大度山、钟桥山、郑岙山、天马山、老鼠山等山麓的沙田里都有种植。近年，仅存灵昆、天河等地有小量种植。

第四节　饭店、宾馆、旅行社

温州滨海大酒店 龙湾区首家五星级酒店。酒店位于龙湾区永强大道、得天独厚的地理位置与快捷便利的交通环境：西依永强塘河、东靠滨海园区、南接瑞安，毗邻瓯海大道、机场大道，距离温州永强机场仅 4 公里，温州火车站 20 公里。

温州滨海大酒店汇集住宿、餐馆、娱乐、健身、商务、休闲等功能于一体。其现代时尚豪华的建筑设计、酒店环境优雅，绿化别致，设施设备一流，引领奢华舒适酒店生活。酒店拥有 400 多间设计超前、装饰豪华的套房、公寓式客房和别墅式客房，470 多个泊车位。1000 多平方米的单体娱乐总汇，汇集 KTV、桑拿、商场等多项功能。行政楼层每间客房均配备个人电脑、液晶电视，提供体贴入微的管家式服务、入房登记和退房，多功能商务设施和服务，独立的行政走廊每日免费提供饮品、下午茶等。高速宽带上网及公共区域无线上网。各具特色的中式、西式餐厅。功能齐全的健身房、游泳池、斯诺克、乒乓球，可尽享休闲健康的品质生活。

瑶溪王朝大酒店（原称瑶溪外商活动中心）　是一家四星级的旅游饭店，集商务、会议、休闲、度假于一体之高档酒店，系温州市率先推出全程“管家式服务”的四星级酒店，由温州王朝大酒店有限公司管理；酒店坐落于风景优美的省级风景名胜区——瑶溪，占地 3.5 万余平方米，风光秀丽、依山傍水，交通便捷，距温州永强机场仅 10 分钟车程，距温州市区约 20 分钟车程。

酒店拥有 150 多间 / 套装潢考究、豪华精致的各类客房及套房，9 个功能齐全的现代化会议室，中、西餐厅同时可以容纳 800 人就餐，餐厅内设有 11 个风格各异的包厢和一个可以同时容纳 300 人就餐的王朝宴会厅。酒店内同时设有 200 多个规范的客户专用停车位。

除拥有一流的住宿、餐饮和商务设施外，其休闲娱乐设施更是一应俱全。KTV、桑拿、红酒雪茄吧、棋牌、登山、健身等常规项目外， 260 平方米的大型室内恒温游泳池、国际标准室外网球场以及独一无二的瑶湖湖面配套水上娱乐项目，如垂钓、湖边烧烤、湖中泛舟等，是商务、考察、宴请、会务以及高尚休闲度假的佳处。

温州机场宾馆　温州机场宾馆始建于 1995 年，坐落于永强机场内，隶属于民航温州空中交通管理站。机场宾馆大楼建筑面积 5200 平方米，有附属楼、洗衣房、中央空调房、锅炉房等。拥有豪华套房、商务房、标准客房 105 间，以及可供 520 人同时就餐的中餐厅。并配备商务中心、航空售票、大小会议室、300 平方米的多功能厅等。是中国民航饭店协会常务理事单位，温州市饭店协会常务理事单位，被市旅游局评为涉外旅游饭店。2005 年年底，投入资金 100 万元对客房、洗衣房按三星级标准进行装修，并更换大型洗衣设备。机场宾馆 2006 年再投入 200 多万元对餐厅、大堂、厨房及客房内设施、用品等按三星级标准进行系统装修、添置。2007 年 4 月，温州机场宾馆成为浙江省第一家三星级机场宾馆。

永强云天楼大酒店　永强云天楼大酒店是由云天楼餐饮娱乐有限公司投资兴建，总投资 5000 万元。酒店采用新欧式建筑风格，外观设计新颖壮观，内部装饰富丽堂皇，建筑面积 1.2 万平方米，主楼高 7 层（地上 7 层、地下 1 层），裙楼高 5 层，总建筑高度 24 米，是目前永强镇规模最大、档次最高、功能最齐全的四星级标准涉外综合型酒店。

温州云天楼品牌已有 20 年的历史，是酒店业的著名品牌，荣膺国家特级五钻酒店称号，浙江省著名商标企业，以引领酒店业发展潮流为己任。

莫泰 168 温州 Motel168 永宁路店坐落于温州龙湾区永中永宁路 102—124 号，距温州市区仅十分钟车程（欧海大道可直达），乘坐公交车快速 71、快速 21 路龙湾博物馆站下车，距永强机场仅 5 分钟的车程。莫泰 168 永宁路店拥有商务房、大床房、标准房、复式房、套房等各类客房共计 130 余间。每间客房都配备卫星电视，有线无线宽带上网，国内国际直拨电话，标准卫生洁具，静音排风装置等设施。酒店设有集中餐、西餐、咖啡、茶座为一体的“美林小厨”，融合了东西方餐饮文化，还提供免费寄存行李，代办票务和 24 小时免费停车等服务。永宁路店地理位置优越、交通便捷，是商务客人的理想选择。

速 8 酒店 温州兴荣速 8 酒店位于温州大道 78 号，距甬台温高速公路出入口仅 600 米，机场 10 公里，西临温州汽车东站，东靠龙湾交通中心，门口更有公车直达市中心，交通条件十分便利。酒店环境优美，客房设计独特，具有人性化与现代气息。

龙湾旅游企业一览表

表 6—5

名称	地址	名称	地址
顺发酒店	龙湾区永裕路 233 号	温州祥狮旅游装饰制品有限公司	温州经济开发区 涌江路 158 号
阿六大酒店	龙湾区永中二号横街东	温州兴仕铜饰有限公司	温州经济开发区 涌江路 158 号
美乐大酒店	龙湾区永强建中街 25 号	永宁旅行社有限公司	龙湾区永中街道 永宁东路 152 号
东方大酒店	龙湾区永中工业南衙前 房路 103—113 号	华通旅行社有限公司	龙湾区永中街道 振中路街 114—116 号
永强海鲜楼	龙湾区海滨街道沙村	龙湾旅行公司	龙湾区永中街道桦组团 12 幢

第五节　旅游商场

温州文化商品市场 位于温州大道文昌路。市场占地面积 6.3 公顷，总建筑面积 13.5 万平方米，总投资 6 亿元，于 2007 年 8 月 7 日开业迎客。温州文化商品市场是浙江省首批文化产业重点扶持项目，温州市政府建设文化大市重点配套工程，是目前为温州市最大规模、现代化的文化商品专业市场。市场经营范围为办公文具、商务礼品、图书报刊、印刷制品、体育用品、工艺美品、古玩字画、花卉茶叶、电脑耗材、旅游商品、非物质文化遗产展示等。市场设施先进，中央空调、自动扶梯、物流配送、仓储办公、电子商务、餐饮休闲、免费班车、产品发布等一应俱全。先后荣获改革开放三十年“全国著名品牌市场”及“中国百强商品市场”“中国浙商行业龙头市场”“浙江省四星级文明规范市场”“温州市文化产业示范基地”“温州市对外宣传采访基地”等荣誉称号。

万达广场　温州龙湾万达广场位于龙湾区行政中心区，总投资38亿元，是温州首个真正意义上的城市综合体项目，也是龙湾区近年来引入的投资额最大、档次最高的服务业项目。项目东至龙海路，西至龙祥路，南至永定路，北至永强路。项目总用地面积约11.2公顷，总建筑面积约38.6万平方米，其中商业面积27万多平方米，总投资额约30亿元，整个项目由商业步行街、大型购物中心、影城、KTV、超市大卖场、商务酒店、写字楼等组成，是集购物、餐饮、文化、娱乐、商务、休闲等多种功能为一体的城市综合体。该项目是龙湾区委区政府2011年“双十工程”之一，也是温州市服务业发展“十大工程”。

交通：温州龙湾区龙祥路与永西路交界东，龙湾区政府东南200米。

公交路线：142路，9路，49路，132路，22路，124路，139路，138路，117路，140路。

第六节　旅游线路

推荐以下几条龙湾旅行线路，供游客选择。

一、特色一日游推荐

山水风光游

上午：百家尖风景区、游览郑岙古岭、天河东西水库风光、群仙岩、石瀑岩、西垟头山居、百家尖天然地质风貌、长坑溪。

下午：天柱风景区，游览水帘洞、天柱寺、龙潭碧波、五折飞瀑、盘古湖、观海坪、荣阳洞、第一山。

生态休闲游

上午：农业旅游观光园、李王尖田园生态景区。

下午：瑶溪风景名胜区，浏览钟秀园景区、瑶溪泷景区、金钟瀑景区、灵昆海鲜养殖场、灵昆海鲜养殖场、品尝灵昆特色海鲜。

文化访古游

上午：瑶溪风景名胜区，浏览千佛塔景区、龙岗山景区。

下午：永昌堡，游览王氏宗祠、古建筑、古民居、张璁祖祠。

海滨度假游

上午：永强大堤、汤和庙、炮台山。

下午：灵昆海鲜养殖场、品尝灵昆特色海鲜。

农家乐一日游

A线：龙湾古炮台山—品尝大岙溪特色农家菜—瑶溪风景名胜区。

B线：永昌堡—品尝海城特色农家菜—滩涂捕捞体验游。

C线：永强大堤—品尝五溪特色农家菜—永昌堡。

二、其他一日游线路推荐

1.探古堡 品海鲜 时尚购

上午：市区—探秘永昌堡（东海第一堡）环海楼—都堂第—王氏宗祠

午餐品尝永强特色海鲜

下午：游购物天堂——万达广场 适时返回

2.赏山海都市 探东海古堡 玩急速赛车

上午：游天柱景区、水帘洞、龙潭碧波、磐谷湖、天柱寺

午餐吃永强特色海鲜

下午：市区—探秘永昌堡（东海第一堡）环海楼—都堂第—王氏宗祠 体验瑶溪国际赛车的乐趣 适时返回

三、二日游线路推荐

D1 上午：市区—探秘永昌堡（东海第一堡）环海楼—都堂第—王氏宗祠

午餐吃永强特色海鲜

下午：游购物天堂——万达广场

宿瑶溪王朝大酒店（或滨海大酒店）

D2 上午：游天柱景区、水帘洞、龙潭碧波、磐谷湖、天柱寺

午餐吃天柱寺（或龙岗寺）健康素斋

下午：体验瑶溪国际赛车的乐趣 适时返回

第七节　娱乐设施

一、温州国际网球中心

温州国际网球中心，三面环山，绿意盎然，空气清新，这里设施配套齐全，规模及档次较高，有10个国际标准的室外硬拖网球场，可供比赛和练习，设置照明灯具，便于市民夜间打球，真正做到全天候服务。另设贵宾接待区域，可满足市民的不同健身需求与消费观念。

地址：龙湾区瑶溪风景区内网球中心。

二、东方夏威夷

东方夏威夷商务会馆面积两万余平方米，是集洗浴、演艺、客房、KTV、休闲、养生、健身、娱乐为一体的大型商务会馆。东方夏威夷致力于打造全国休闲行业品牌企业，以超凡脱俗、彰显尊贵的空间环境，细致入微、至臻至善的配置设施，突显人性的礼遇服务，为每位贵宾提供至尊至贵的全程服务。

地址：龙湾区永中街道永强东路87—97号。

第七章 附 录

第一节 名人名家

娄寅亮 （生卒失考）字陟明。永嘉（今永中街道青山村）人。宋政和二年（1112）进士，初授州仪曹椽，调越州税院，为上虞丞。建炎四年（1130）上疏言宗社大计，次年召赴行在，复上疏论储嗣之计。擢监察御史。因秦桧讽言官论劾，坐族父冒占官户罢职。家乡有纪念他的文物建筑物，对促进瑶溪风景名胜区旅游，起一定的作用。

姜立纲 （1444—1498），字延宪，号东溪，瑞安东岙村人。以“善书”闻名海内，远播日本，被誉为“一代书宗”。卒后，明孝宗皇帝遣使谕祭。一生历经正统、景泰、天顺、成化、弘治五朝，天顺七年授中书舍人，累官至太仆寺少卿。

姜立纲幼童时就能写径尺大字，被征为翰林院秀才。书法，学瑞安黄蒙，继学钟繇、王羲之，后自成一家。擅长楷书，其字体度浑厚，清劲方正，世称馆阁体或诰勒体。凡内廷制诰，宫殿碑额，大都出其手笔，人称“姜字”。“人得片纸，争以为法。”明范钦在《评书》中曾谓：“成弘以来尚正书，姜立纲端正、凝重，世顾好之，迭相宗习。”草书造诣也极高，笔势流畅宛转，笔法潇洒秀逸，深得唐怀素神髓。并善作山水画，“其画山水，深得黄子久法”。

据何乔遴《名山藏》一书所记，日本国门高十三丈，为求额匾，遣使请姜立纲为书之。日本人民赞叹说：“这是中国惠我的至宝。”遗著有《东溪书法》一卷，论八法八病。墨迹被收入清《三希堂法帖》，传世作品有中堂草书《李太白梦游天姥吟留别》，行书《咏易诗》，楷书《七言律诗》，以及楷书碑刻多方。墓在今南白象街道金竹村山中。

李阶 （1456—1533），字升之，号月川，唐宗室李集之后，永嘉茶山人，后居兰田（今龙湾海滨街道兰田村）。明弘治五年（1492）乡魁，正德六年（1511）进士，聪敏善属文，工诗，旁通算数、阴阳、医卜。初任山东寿光县令。有政绩、祠名宦，后任广东按察司佥事，以吏部主事致仕，终年七十八岁。王瓒在《重修茶山李氏宗谱序》说他和升之“幼同笔砚、契谊姻友”。李曾为张璁师，张后为相，在瑶溪立李主事祠以祀。该祠是瑶溪风景名胜区难得的人文景观，具有一定的历史价值。

娄浚　（生卒失考），字潜夫，永嘉四都青山（今永中街道青山）人，明代宗景泰二年（1451）进士。授贵州道监察御史。奉命按庐风淮扬，发奸锄暴，风裁凛然。时朝政有乖，灾变迭至。率同官上疏极谏，谪邢台典史。天顺初稍迁曲周尹，矢心奉职。以忧归，结社赋诗终老焉。

王瓒　（1462—1524），字思献，号瓯滨，永嘉华益乡李浦村（今龙湾区永中街道殿前村人）。明弘治八年（1495）举人，次年春（1496）及进士第，殿试得二甲二名（榜眼），官至礼部侍郎。平生胸怀坦荡，刚正不阿，在朝时不论弄权宦官甚或昏君，都敢于直谏不讳。历事三朝，为官近三十年，政绩卓著，名闻朝野。在家乡茅竹山建有“茅竹精舍”方便行人。并且在瑶溪、天柱等风景名胜区留下不少诗文。嘉靖三年，病卒家，谥文定，并加赐“三朝宠命”表额一方。著有《政教篇》《瓯滨文集》《弘治温州府志》等书传世。墓在瑶溪风景名胜区皇岙山之麓。

张璁　（1475—1539），字秉用，号罗峰，嘉靖十年（1531）世宗赐名孚敬，字茂恭，永嘉县（今龙湾区永中街道普门村）人。24 岁中举之后七次应礼部试铩羽而归，在离家十五里大罗山麓瑶溪购地一区，修筑“罗峰书院”（后奉旨改为贞义书院），授徒讲学。课余走遍瑶溪、并历览茶山、仙岩、天柱寺等名胜区，以“山中宰相”自居。正德十六年（1521）登进士，官至吏部尚书华盖殿大学士。嘉靖十四年（1535）乞休至仕。十八年（1539）二月病逝，年六十有五。诏加太师，谥文忠。墓葬今状元街道响动岩村罗山第一峰下。《明史本传》赞扬他“持身特廉”，一时苞苴路绝。著有《礼纪章句》《大礼要略》《张文忠集》《嘉靖温州府志》等书。

项乔　（1493—1552），字迁之，龙湾区沙城街道七甲人，是七甲项氏六世祖，著名学者，世称瓯东先生，为温州永嘉学派“事功学说”继承者，于 2007 年被评为“龙湾历史文化名人”。他是明代嘉靖朝进士，官至广东左参政，以善政闻名。著有《瓯东私录》12 卷，入编《温州文献丛书》（易名《项乔集》）。墓葬迁建于瑶溪南山祖墓群旁。

张元观　（1702—1769），字肇上，号昂斋，永嘉县华盖乡（今永中街道普门村）人。乾隆甲子举人。历官国子监助教。刑部、户部主事，著有《昂斋集》（佚），张元观家学渊源深厚，有较好的书法功底，工行楷。其行书“双树岩前舞翠虬”直轴，民国时，浙江永嘉城区艺术展览会展出。传世作品不多。

张振夔　（1798—1866），字庆安，号馨庵，龙湾区永兴街道祠南村人，十七岁考上秀才，二十一岁中举，道光六年经朝考大挑一等。他是清中晚期温州著名学者，任镇海县学教谕等职后，反对学生醉心八股，提倡文艺教育，著有《介轩集》存世。其集中有较多的诗文及记事反映天柱风景名胜区与瑶溪景区的历史情况，为景区开发提供了一定的历史资料。2008 年，被评为“龙湾历史文化名人”。墓葬于大罗山洪崖。

项维仁 字寿春，一字勉轩，号果园，永嘉人（今龙湾），约生于乾隆、卒于道光年间。光绪《永嘉县志》十八《人物志》有传，著《果园诗稿》五卷。项维仁工诗画，时称“本朝永嘉第一”，而且项氏善营造，曾园为其设计。温州博物馆藏其作品《听秋图》等。

王毓英 （1852—1924），字学训，号俊卿，又号罗东。永嘉一都三甲（今龙湾区天河街道）人。1911 年任永嘉县教育会长，1917 年担任温州图书馆首任馆长。致力桑梓教育事业，重视兴修水利，1908 年自广东回乡发起凿通永强与梅岗之间“横河”。使罗东人民实现永、瑞通河愿望。带领乡亲凿阔河道，便利排洪入海，并在河堤两岸种植柏树，以绿化环境巩固河岸。在三甲浦入海口建造“芦碓陡闸”。著有《继述堂诗文集》一卷、《续集》二卷、《家训》二卷、《自治谱略》二卷，均已刊行。

王鸿年 （1870—1945），字世屿，号鲁豫，龙湾区天河镇西前村人，平时好读书，富于记揽，也工诗词，是著名爱国外交家，在对日外交国际事务中贡献颇多，生平著有《国际中立法则提要》《战时国际法规总钢》《南华诗存》等。在天柱寺景区南入口主要交通公路北侧有一处其故居门台，该门台雕刻精美，保存较好，具有一定的历史、艺术和情感价值，已被龙湾区列入文物保护点。

张光 （1879—1970），字德怡，晚号红薇老人。祖籍永嘉场（即今龙湾），系上海中国画院画师，上海文史馆员、中国美术家协会会员、中国美术家协会上海分会理事等。擅长花卉、翎毛，近宗清代恽南田、蒋廷锡，远法五代的徐熙、黄筌，所作笔致秀雅、设色妍丽，具有相当深厚的功力，曾多次举行画展。1948 年，出版《红薇老人书画集》，著有《红薇吟馆诗集》《忧仙馆诗抄》。红薇老人是传统延续型画家，她精于工笔花鸟画，作品用线活泼，飘逸而不失刚劲，用色明快而不失凝重，艳丽而不失高雅。温州博物馆收藏她作品《百菊图》六条通景屏等。

吴佐卿 （1885—1975），企业家，永强上吴（今龙湾区永中街道寺西村）人。辛亥光复后，有识之士纷纷大办实业，佐卿出身商业家，聪明能干，深知马鞍岭出产陶土，大罗山东麓青山瀑泉水力资源丰实，当即合股创办碗窑投产，产品价廉物美，深受用户欢迎。其后创设电厂，碾米厂，锯板厂，为发展早期永强地方工业做出贡献。今瑶溪风景区青山湖风景点留下当年碗窑遗址。

王荣年 （1889—1951），字世瑛，号紫珍，芝珍、天徒、罗山人，梅安、梅庵等。别署持福、锄月庐、三瓯斋、永嘉永强三甲（今龙湾区天河街道三甲）人，书法造诣极深。“熔篆隶碑帖于一炉。真书、行、草兼工、临褚深得神髓、章草尤独绝一时”，与溥心畬、沈尹默、叶恭绰等书法大家齐名燕京，有“江南一支笔”之誉。著有《锄月庐诗抄》《越巢集》《大罗杂咏》，20 世纪 30 年代有《王梅庵临褚河南圣教序》行世，今编辑有《王荣年遗墨信札书法集》和《王荣年唐宋联句手稿作品集》。特别是《大罗山杂咏》四千言古风诗，反映郑岙、西垟头、西河水库、化成洞等，1938 年秋这一带的风光。

张柱 （1891—1965），号云耘，龙湾区永中街道普门村人。创办“罗山小学”，附设“罗山小学幼稚园”开创浙南农村幼儿教育先河。1934 年，全国“抵制日货”，他从上海取得除虫菊良种，在龙湾区瑶溪璋浃桥山试种成功，制成鹰球牌臭虫粉，效果良好。此后遂将璋浃桥 4 公顷山园辟为农场，名“统记农场”，全种除虫菊。1937 年创办“大中蚊香”工厂，生产鹰球牌蚊香大王，打入市场，成为畅销国货。栽种除虫菊经济收入较好，青山东谷庵附近及坦头、双岙、破岩、东樟等地山民纷纷上山种植除虫菊，在整个大罗山得到推广种植。成为大罗山一种特产。

王晓梅 （1896—1968），又名瘦梅，龙湾区永中街道城南村人，历任浙江省立温州中学附属小学（原名模范小学）主任、三希小学校长，永嘉县政府督学。毕生忠诚于教育事业，是浙南著名教育家，特别是在永嘉县立第二高等小学工作期间，不断探索新的教学方法，提高教学质量。创刊《永强小学》，常常带领学生到双岙、瑶溪等风景区远足活动，并且指导学生写游记。桃李满天下，今有不少专家学者如刘旦宅等都出自他的门下。

夏承焘 （1900—1986），字瞿禅，晚号瞿髯。祖籍龙湾状元镇石坦村。夏先生是中国现代学术界温籍学者中卓有成就的代表人物，被海内外誉为“一代词宗”。由于先生在学问上，尤其是词学上非凡造诣，使得他的书法作品也呈现出一种极其博大精深的面目和内涵。

陈启明 （1905—1985），永中街道前街村人。以看相算命为掩护开展革命活动。1927 年由中央农运特派员、浙南特委书记王国桢和胡允中介绍参加中国共产党。曾任瑞安东区农运委员，在当地创办农民夜校，担任教员、宣传土地革命政策。1930 年受组织委派返回永强从事农运工作，并先后发展范亦辰、陈福尧、王兆勋、王标云等人入党。1932 年，在天柱寺产生了中共新城中心支部，陈启明为书记，王兆勋为宣传委员、陈福尧为农运委员，积极在永强范围内开展地下革命活动。

许岳 （1906—？），字仁生，号太乙，永中街道坦头村人。早年就读于永兴“罗山书院”（后改称“永嘉县立第二高等小学”）。1924 年，考入黄埔军校第三期少科班，参加东征，北伐，抗日战争。1926 年，任陆海空总司令部大队长。1930 年，任陆军第五十五师宣传处上校处长。1937 年，任金华师管区兰溪团管区副司令。1949 年赴台湾，著有《兄弟的政治常识》等书。家乡峰台、坦头一带留有他少年时期勤奋劳动、学习的故事，是天柱风景名胜区内民国时期的历史名人。

施炳文 （1910—1970），字叔轩，号瑞安兴，永嘉场四甲（今沙城街道永安村）人。幼喜书画，勤劳俭朴，孜孜不倦于民间艺术。青年时，以绘制寺庙殿堂门神壁画及家具画饰，名播乡里。为永嘉场及瑞安等地首席民间画家。中年时善创新画艺，将传统工艺漆画，融西洋油画技艺，创造独具一格温州民间工艺油画。

邵度 （1910—1970），出生于龙湾区瑶溪街道上河滨自然村一个书香世家，其父乡人称之为“静山相”。邵度对摄影艺术具有锲而不舍、锐意进取的精神，14岁开始接触摄影，20岁便于《文化画报》（1931年23期）发表处女作《伟大的桥工》和《龙泉洛川桥》。嗣后，作品多次在各种刊物上发表，先生的风光摄影独具特色，对家乡的山山水水倾注了全部的深情。其留下300多幅作品中，有许多已成为历史文物珍品。龙湾风景名胜区有其作品多幅，成为景区宝贵财富。

姚鹤湘 （1910—1999），原名汪梅、悟仙、觉悟老人等，永中街道新联村人。先生能勤学苦练，自学成才。特别是对家乡瑶溪风景区的一草一木及树石、山川、鸟禽等独爱，留下大量写生作品传世。人们称之为温州一代花鸟画家。

王璞 （1911—2002），又名王朴，字纯朴，号微园老人，今龙湾区永兴街道沙园村人。毕业于浙江省立第十中学（今温州中学）、上海中华艺术大学。解放前，参加抗日救亡运动，在抗战部队担任宣传干事、政治教官（上校），曾受训于国民政府军事委员会战干1团政训班、中国国民党中央训练团第28期党政班。解放后，加入民革，曾任瓯海县第一届人大代表、瓯海县政协文史委特邀委员、瓯海区诗词学会顾问等。有《芥轩诗文选》《罗东诗编》等行世。曾在《学术月刊》《美术》《史学月刊》等学术刊物分别发表有关古代文献校勘、古代服饰研究、历史教学诸方面论文。晚年为龙湾及天柱、双岙、瑶溪风景名胜区历史文化的挖掘、整理及宣传工作做出重要贡献。

王鸿章 （1912—2005），字世尧，号勉三。别署怡怡老人，龙湾区天河街道三甲人，中共党员。先生早年任私塾教员，小学教师11年，抗日时期，投笔从戎参加抗日救亡工作。曾任水利部浙江塘工委员会办事员，浙五区温州专员公署视察员，1949年5月，深明大义参与和平温州的起义行动，受编入伍。1983年，为温州市民政局离休干部。先生家学深远，尤善诗词、书法，晚年更是勤练书法。永强多处风景区、寺院、祠堂、公园有其撰写的碑文与楹联。天柱、双岙、瑶溪其墨迹留存较多，为家乡文化传播做出一定贡献。

张聘珍 （1912—1997），原名张宪荣，龙湾区瑶溪街道璋川村人。少年就读于永兴至弱冠三年一边在乡村当私塾教师，一边工学诗文、书法，被称为瑶溪一笔。20世纪40年代离乡去湖南谋生。在湖南工作至退休。晚年回故乡，专为凉亭、寺庙等赋诗、联并书写。如今留着较多墨迹。特别是对瑶溪风景区初期开发，做了大力宣传工作，并在景区内留有许多墨宝。

胡式桂和尚　（1912—1976），俗姓胡，名兰芳，龙湾区永中街道坦头村人。1928年，家乡两遭风灾，颗粒无收，次年春，随众远赴台湾基隆港码头当搬运工。10月间患病，乡亲资助回家。病愈后到瑞安塘下韩田吴岙村龙圣寺出家。1934年，到密印寺（头陀寺）受戒，1947年云游名山大川，至韶州乳源县云山大觉寺深造。1954年夏初，回到龙圣寺。1960年僧众还俗，遂往永昌联丰大队（今坦头村）看守林场，历时15年，既未发生盗伐乱砍林木，还筑长达五里石板小道从坦头村通往龙潭坑。1976年5月29日午夜圆寂，僧腊44年，葬于林场旁观音堂北侧。他是龙湾区天柱风景名胜区内一位较大影响的近代名人。

王毅　（1915—1995），今永中街道城南村人，是英桥王氏后裔。解放初迁往温州市区康乐坊，生前为温州画帘厂美术设计师，擅长中国人物、山水画，尤精花鸟，曾为中国民主促进会会员、浙江省美术家协会会员、温州市美术家协会顾问，存世作品较多。

古塞　（1917—1993）原名陈国珍，笔名长城、常晴，今海滨街道沙中村人。先后受于上海美专、陕北公学分校、鲁迅艺校。1936年北上延安，远赴晋察冀，任察哈尔省文联执委兼张家口市美协副主席。生前为中国美术家协会浙江分会会员、温州文联委员等职。其一生在木刻版画、中国画、戏剧、雕塑、诗歌、仿古瓷器等领域均有建树，留下不少珍贵的作品。2001年，出版《古塞艺术作品选》。

郑日铭　（1920—1994），龙湾区永中街道镇北村人。早年参加土改历任联甲乡乡长、宁村乡乡长、灵昆管理区主任、永强区革委会主任、永强区人民政府副区长等职。1956年永强大修水利，开山造水库，安营扎寨大罗山，亲自测量设计，完成十多座水库建设工程。接着筹建白水电站，自行赶制水轮机等电站配套设备，节约经费，得到好评，1959年被评为温州市农业战线先进生产（工作）者，市科委批准为水利专家。他是龙湾区风景名胜区内的一位典型的历史人物。

张宪文　（1920—2004），白象上蔡村人，幼承家学，毕业于省立温州师范学校，抗战期间，从事教育工作，游学于温州前辈夏承焘，王季思，戴幼和等先生，中华人民共和国成立后任职于温州市工商联民盟温州市委会工作，后担任温州市图书馆古籍部主任，学术成绩显著，著有《仰云楼诗文集》等，生前担任大罗山志顾问，认真指导，书成后，心有感慰地写下“我愧虚张沾令誉，不辞奔走亦欢颜”之句。尤其对瑶溪风景区内历史文化古迹的修复做了大量工作，并为景区、寺院、亭、牌坊等撰写联语，使景区增添文采。

张开祯　（1921—2008），原名永森，字千夫，云虚，号因善居士，晚号罗峰山人，瓯海布衣，天河街道二甲人。自幼酷爱书法，民国25年拜师同乡著名书法家王荣年先生专习诗词书法。其作品曾在《书与画》《书法报》等刊物上发表，参加“华风书画精品”赴日展出，多次在国内外各项书赛中获奖并被收藏。开祯先生又是20世纪至90年代温瑞地区民间壁画代表人物。首创张氏佛像泥塑传统工艺艺术。

张雁云 （1925—1989），字正梓，号龙川。永中普门村人。出生于私塾家庭，生而颖异，好读书、有胆略。1947年毕业于省立温州师范学校，毕生从事教育事业，曾任永强中学副校长等职。在“文化大革命”时期与改革开放后，先生近20多年时间里，对大罗山的风光及文物古迹特别爱惜，能在工作之余基本走遍整个龙湾风景区及大罗山部分景点，记录了一些山中变化的所见所闻，并撰写了数篇文章，为开发天柱风景名胜区做出一定努力。

项崇贵 （1927—2000），龙湾区沙城七二村人，浙南民间知名农民工艺美术家，1958年后作品多次参加浙江省、全国展，涉及绘画领域的各种类别。油漆画作品散布温瑞各地。特别是大罗山风景名胜区庙宇均有他的作品。其作品白描手稿《永嘉场民俗画》是温州农村民俗风情系列画作品中后期代表作品之一，取之于家乡民情风俗，曾于温州市区展出，让人们像翻阅了一部永嘉场千百年来的百科全书。

第二节　非物质文化遗产

宁村七月十五汤和节 是温州地区最具规模的民俗文化节日，也是中国古老的中元节习俗中最具特殊性的个案。

明初，中国东南沿海经常受倭寇骚扰。明太祖朱元璋派大将汤和前去部署防务。《明史·汤和传》载：“倭寇海上，帝患之……和乃度地浙西东，并海设卫所城五十有九。”瓯江口南岸筑有宁村所。

这59所城堡在后来的抗倭斗争中都起了巨大作用，《明史·汤和传》载：“嘉靖间，东南苦倭患，和所筑沿海城戍，皆坚敌，久且不圮，浙人赖以自保，多歌思之。”宁村人缅怀汤和之功，家家设立“宁村所主汤和公之位”的神位祭祀。嘉靖七年（1528年），巡按御史请示朝廷后，于宁村内建立汤和庙，时人尊为“城隍庙”。嘉靖四十年（1561）后，浙江一带倭患基本荡平，人们为纪念汤和追悼倭难亡魂，在每年七月半“鬼节”里，举行抬神像巡游与祭祖仪式，延续下来，渐成一年一度的七月十五汤和节。

“七月十五汤和节”的基本内容包括巡游和祭祖（神），由七月十三至十七，持续5天。十三日背“路经牌”，即一人背着“路径牌”，一人敲锣，沿着巡游路线走圈。十四日“符司爷”扫街，即一人骑马装扮成“符司爷”，四人打着锣鼓钹，沿途又走一圈。十五日为正日，汤和神像出巡。在汤和庙举行隆重的出巡仪式，“文武元师”“先铎”“土地”“七星神将”等扮演者叩拜过神像，带领众“衙役”在庙内三进三出后，拥簇着汤和的香炉，神像出庙。庙门随即关闭，高挂“公务出巡”牌。

汤和节的神像巡游遍及龙湾区（永嘉场）的“上横路”和“下横路”的40多个村庄，行程25公里。最后到达南郊倭难捐躯将士的英烈陵园，举行“祭祖”。这个隆重又悲壮的仪式，已一直延续400多年。

汤和节里宁村户户摆酒迎客。七月十五那天凡能出门上路的人基本参加巡游，每年的人数多达2000人，队伍逶迤2公里多。

“七月十五汤和节”以突出的思想性区别于其他庙会。“七月半鬼节”在这里不是通常意义上的“超度野鬼孤魂”和祭祖，而是对民族英雄汤和及在倭难中牺牲的祖辈的缅怀与悼念，闪烁着爱国主义的思想光芒。是龙湾东片全体人民对抗倭英烈与死难同胞的一次自觉的群体性“公祭”。

巡游的表演节目几乎涵盖了民间艺术所有的门类，有手工艺技艺、歌舞、曲艺等，还“古为今用”地用了传统文化中的“城隍”“判官”“无常”等警示“善恶必报”的形象手段，潜移默化地在广大群众中起了“护善惩恶”的教育作用，促进社会的安定与和谐发展。

2008年6月，“七月十五汤和节”被列入第二批国家级非物质文化遗产名录。

永嘉场拼字龙灯舞　拼字龙灯舞是以舞龙摆字的一种民间习俗。舞蹈动作追求刚健有力，整个过程显示出奋发向上、气势逼人的不屈精神。在龙舞过程中，运用龙灯舞蹈去组成“天下太平”“太平吉利”等字样。

这种“舞龙显字”的独特构思，全国罕见，是众多龙舞中的一大特色亮点，是宝贵的文化遗产。2007年，拼字龙灯舞被列入第二批浙江省级非物质文化遗产名录。

玻璃银光刻　玻璃银光刻又称“镜画”，即在玻璃上作画。如今龙湾的玻璃银光刻融入了“月份牌”和“杨柳青”年画技巧，还将这门制镜技艺从衣柜门的装饰镜扩展到了堂匾、对联、奖品等领域中去，给玻璃镜光刻注入了新的技术。玻璃银光刻已被省有关部门批准为浙江省非物质文化遗产，是一种具有较高艺术价值的民间艺术。2007年，玻璃银光刻被列入第二批浙江省非物质文化遗产名录。项有礼成为“浙江省非物质文化遗产代表作”传承人。

永嘉场撞歌　明书《岐海琐谈》中写道，每逢元宵节，儿童结伙踏歌，唱百应，遇别伙歌乾，与之较胜，谓曰“撞歌”。龙湾的撞歌，起先也是由牧童在放护地时所唱，后来发展成农村青年男女聚会的自娱自乐的节目形式。在过去的几十年中，撞歌逐渐淡出我们的生活，但最近几年，社会有识之士和政府部门对撞歌高度重视，并创作出新的形式，还搬上了舞台进行演出，成为了龙湾又一民间文艺亮点。2009，永强撞歌被列入第三批浙江省级非物质文化遗产名录。

龙湾糖塑 挑着一副糖人担，捏上几个糖人儿，伴随着几声吆喝，吸引众多人特别是少年儿童聚集摊担前，欢声笑语汇聚一片。啧啧声是人们对民间艺人“吹糖人儿”技艺的赞赏。这是一幅温馨的民俗风情图。

龙湾糖塑技艺，历史悠久，长期在民间流传。其特别之处就是与众不同的“糖人儿”的制作。糖塑技艺所需要的材料简单。选购上等的优质麦芽糖若干斤，麦芽糖胶性强，且随捏随成型，捏成的糖人儿惟妙惟肖，生动活泼；选用几根小细竹签，用来插入制成的糖人儿，支撑着“糖人儿”，插在“糖人儿”架上。用花絮、小旗、头脸面具等，装饰“糖人儿”即时五彩缤纷，人见人爱。“糖人儿”担一副，下置糖匣，并分三格，分别装着不同颜色的麦芽糖，下面点着一盏小煤油灯（早时保持温度软化麦芽糖的一种方法）。龙湾糖塑技艺流程有相当的专业性。

灵昆十字花绣 灵昆十字花绣，因以“挑”为主体的平面造型工艺，俗称“挑花”，在灵昆岛上有过辉煌的“业绩”。“女儿会说话，先教十字花”，挑花是灵昆妇女的“立身之本”和“传家之宝”。十字花绣品在“七艺节”上登台亮相，成为瓯越文化的一部分。十字花绣以抽纱类纯棉线为原料，纯棉线要经过染色，材质柔软、光滑细腻，保持自然绿色特性。十字花绣制作流程：设计、挑样、配线、接样挑花。品种分五占、七占、九占、十三占和十七占。产品除销往温州地区、港澳台外还走进美国、加拿大、意大利等国家。

龙湾区非物质文化遗产表（部分）

表 7—1

名称	类别	名录等级	时间	备注
宁村“汤和庙会”	民俗	国家级	2008 年	第二批
张阁老传说	民间文学	省级	2007 年	第二批
永嘉场拼字龙灯	传统舞蹈	省级	2007 年	第二批
永嘉场撞歌	传统音乐	省级	2009 年	第三批
玻璃银光刻	传统美术	省级	2007 年	第二批
龙湾民间壁画	传统美术	市级	2008 年	第二批
龙湾糖塑	传统美术	市级	2009 年	第三批
学林馄饨店	传统技艺	市级	2008 年	第二批
龙湾泥塑	传统美术	市级	2008 年	第二批
大若岩香会	民俗	市级	2009 年	第三批
龙湾参龙	曲艺	市级	2008 年	第二批

第三节　水库、溪流、步道一览表

龙湾风景名胜区内各水库情况一览表（供参考）

表 7—2

水库名称	坝高（米）	总容量（立方米）	集雨面积（平方公里）	建成时间	景区所在地	备注
瑶溪	135	——	2.9	1996 年	瑶溪	1957 年建，61 年坝洪水冲塌
瑶湖	约 8	——	5	1996 年	瑶溪	最深处 80 米
青山（东阁奄）	1.6	29	0.6	1957 年	瑶溪	近年修建
范家岙	8	——	0.22	1958 年	瑶溪	近年修建
天河（东）	16.5	232	2.4	1957 年	天柱寺	近年修建
天河（西）	13	192	2.5	1957 年	天柱寺	近年修建
天柱寺	19	35.9	3.2	1958 年	天柱寺	1986 年曾修
白水	12.25	21.7	2.3	1958 年	天柱寺	近年修建
山门坑	14.5	35	1.785	1958 年	天柱寺	近年修建
丰台	19	205	1.4	1958 年	天柱寺	1999 年修建
后坑	19.5	29.8	0.5	1958 年	天柱寺	近年修建
雷打岩	19	13.9	——	1958 年	天柱寺	近年修建
银河	19	10	——	1958 年	天柱寺	近年修建
黄坑岙	11	——	2.9	1956 年	天柱寺	近年修建
双岙	31.6	107	4.1	1979 年	双岙风景点	1972 年曾建

龙湾风景名胜区水系溪流情况简表（供参考）

表 7—3

名称	所在村	长度（千米）	集水范围（平方公里）	范围内主峰高度	所在景区
瑶　溪	瑶溪村	6.2	11.2	牛度堆 631.5	瑶溪
皇岙溪	皇岙村		6.1	李王尖 459.6	瑶溪
青山溪	青山村	2.4	1.5	340	瑶溪
钟桥溪（长坑）	钟桥村	3.5	7.2	牛度堆 631.5	天柱寺
美人瀑	白　水	3.5	6.5	牛度堆 591	天柱寺
郑岙溪	郑岙村	6.0	7.6	706 寿桃山	天河水库
双岙溪	双岙村	7.0	5.0	牛度堆 631.5	双岙风景点

龙湾名胜景区内古树名木一览表（供参考）

表 7—4

编号	中文名	别名	树龄（年）	平均冠副（米）	身体生长位置	管护单位（人）	所在景区
0303300016	无柄小叶榕	榕树	200	20	水旁	苏川村	瑶溪（范围）
0303300019	无柄小叶榕	榕树	100	6.5	寺院	河口村	瑶溪（范围）
0303300020	无柄小叶榕	榕树	100	30	水旁	皇岙村	瑶溪
0303300021	无柄小叶榕	榕树	100	13	水旁	南山村	瑶溪
0303300022	无柄小叶榕	榕树	100	22	村旁	瑶溪村	瑶溪
0303300023	无柄小叶榕	榕树	100	17.5	村旁	瑶溪村	瑶溪
0303300027	无柄小叶榕	榕树	100	13	路旁	瑶溪村	瑶溪
0303300038	无柄小叶榕	榕树	100	20	水旁	青山村	瑶溪
0303300039	无柄小叶榕	榕树	100	20	水旁	青山村	瑶溪
0303300106	无柄小叶榕	榕树	100	8	路旁	城北村	永昌堡
0303300107	无柄小叶榕	榕树	100	7	路旁	城北村	永昌堡
0303300113	无柄小叶榕	榕树	200	15	路旁	刘宅村	——
0303300114	无柄小叶榕	榕树	200	18	路旁	刘宅村	——
0303300115	无柄小叶榕	榕树	200	30	路旁	庄桥村	天柱
0303300116	无柄小叶榕	榕树	150	29	水旁	庄桥村	天柱
0303300128	无柄小叶榕	榕树	300	13	村旁	郑岙村	天柱（范围）
0303300129	无柄小叶榕	榕树	200	9	水旁	郑岙村	天柱（范围）
0303300143	无柄小叶榕	榕树	100	10	路旁	孙垟村	——
0303300144	无柄小叶榕	榕树	100	8	水旁	孙垟村	——
0303300145	无柄小叶榕	榕树	100	8	村旁	双岙村	双岙风景点
0303300146	无柄小叶榕	榕树	100	8	村旁	双岙村	双岙风景点
0303300147	无柄小叶榕	榕树	100	8	村旁	双岙村	双岙风景点
0303300024	无柄小叶榕	榕树	220	30	水旁	永胜村	瑶溪景区外围区重点保护
0303300099	无柄小叶榕	榕树	410	12	村旁	沙南村	区重点保护
0303300100	无柄小叶榕	榕树	250	10	村旁	蟾钟村	区重点保护
0303300135	无柄小叶榕	榕树	200	10	路旁	全益村	天柱寺景区外围
0303300140	无柄小叶榕	榕树	220	11	水旁	水潭村	永昌堡外围区重点保护

说明：本表参照龙湾区政府温龙政办 2003 年 44 号文件的通知

大罗山国家登山健身步道（龙湾片）出入口处一览表（供参考）

表 7—5

步道名称	步道路线	步道路况	路线长度（千米）	综合情况
龙泽出入口	龙泽—老陈山—罗山—倒垄坑—瑶溪	石板路、土石路、石台阶、古道	7.5	观赏典型的花岗岩地形地貌
石坦出入口	石坦—老陈山—罗山—倒垄坑—瑶溪	石板路、林荫路、土石路、土路、古道	8	俯瞰三垟湿地、观赏台岗形地貌
皇岙出入口	皇岙—老陈山—罗山—倒垄坑	石板路、林荫路、土石路、石台阶、古道	5	观赏典型的花岗地形地貌
永胜出入口	永胜—瑶溪	石板路、石台阶、土路、古道	6	俯瞰东海、观赏溪水、花岗岩地形地貌
瑶溪出入口	瑶溪—潭山—蘑菇岩—龙骨—石竹—香山—金钟溪	石板路、石台阶、土石路、古道	10	俯瞰东海、观赏、溪水、花岗岩地形地貌
青山出入口	青山—瑶溪	石板路、林荫路、土石路、石台阶、古道	6	观赏典型花岗岩地形地貌
朱垟出入口	朱垟—瑶溪	石板路、石台阶、土石路、古道	7	观赏台岗形的花岗岩地貌和龙湾新城区
双岙出入口	双岙——瑶溪	石板路、石台阶、土石路、古道（库区石块路）	3.5	峡谷路线为主，瑶溪景色精彩
坦头出入口	坦头—峰台水库环线	石板路、林荫路、土石路、石台阶、古道	15（往返）	此线路起伏较大（十二盘）沿途观赏最典型花岗岩地形地貌与峰台水库风光
刘宅出入口	刘宅—峰台水库线	石板路、土石路、石台阶（库区石块路）、古道	13（往返）	观赏最典型花岗岩地形地貌与峰台水库风光
郑宅出入口	郑宅—天柱寺—峰台水库线	石板路、林荫路、土石路、石台阶、古道	15（往返）	观东海日出，看五个水库风光，观赏台岗地形地貌
天风出入口	天风—天柱寺—长坑—天河水库—百家尖—盘垟	石板路、土石路、石台阶、古道	7（单程）	观赏典型大罗山地形地貌及天河水库风光
郑岙出入口	郑岙—天河—盘垟	石板路、林荫路、土石路、石台阶、古道	6.5（往返）	路线起伏较大，观赏典型的花岗地形地貌和天河东西水库风光

后　记

经过改革开放30年多年的发展，龙湾旅游业取得一定成绩。回顾历程，挖掘龙湾旅游文化资源，总结过去的工作经验，为进一步推动龙湾旅游产业发展奠定基础。鉴于此，龙湾风景旅游管理局决定编纂《龙湾区风景旅游志》。

发展旅游业是一项经济活动，同时也涉及政治、文化、社会等方方面面的内容，综合性强、层次多。因此，风景旅游志不单单是经济志或风物志、部门志等，其编纂工作必然涉及风景名胜区管理、文物、古迹、宗教。龙湾现代旅游业的发展历程虽然较短，但其在温州文明历史进程和自然地理等方面有特殊地位，文化积淀深厚，旅游景点丰富，因此广义旅游成型很早。这些特点给编纂工作带来材料丰富的好处，但也增加了遴选材料、突出特点的困难。编纂和编写人员以认真负责的态度反复研究、参考《温州市风景名胜区志》的有关纲目、内容等，多次征求有关领导和单位部门同事意见，从组稿到送审稿历时近一年多时间。可以说，《龙湾区风景旅游志》是龙湾风景旅游管理局全体工作人员和相关部门共同努力成果。作为一本志书，一年多的编纂时间显得仓促，若出现错误，请批评指正，不吝赐教，铭感之至！

本书付梓之际，值得一提的是龙湾区人民政府区长陈应许为本书作序，温州市风景名胜区协会副会长赵章培和厦门大学历史系教授、博士生导师张侃等在具体编辑工作中热情支持与帮助。在此深表谢忱！希望更多的人阅读此书，加深对悠久深厚的龙湾旅游文化了解，关心和支持龙湾风景旅游事业的发展，共同把龙湾风景旅游事业做大做强。

谨以此书出版献给龙湾区成立三十周年。

《龙湾区风景旅游志》编纂委员会

二〇一五年夏